作者简介

石文龙　男，上海师范大学法律系副教授。曾从事近十年的法律实际工作，后回高校担任教学与研究工作。研究方向：宪政制度、国际法治、当代中国法治建设。现为中国法学会宪法学研究会理事，中国法学会国际法学研究会理事，中国行为法学会理事。已出版《21世纪中国法制变革论纲》、《法伦理学》等专著。在《法律科学》、《政治与法律》、《理论与改革》、《思想战线》等刊物发表论文四十多篇。

作者电子信箱：swlstar@163.com

现代法学教材

法伦理学

（第二版）

石文龙　著

中国法制出版社
CHINA LEGAL PUBLISHING HOUSE

再版说明

《法伦理学》出版于 2006 年 9 月，今再版时对全书进行了修订，修订的主要内容与修改方法包括：

一、对全书目录、体例作了修正

原有目录包括了 15 章的内容，这一篇章结构安排略微偏长，为了确保内容的紧凑与精炼，现将 15 章压缩为现在的 11 章。因此，删去了五章增加了一章内容，其中对于其中的第二章法伦理学研究方法论，第九章法论理学的价值取向——保护弱者，第十二章法官的职业伦理规范，第十三章律师职业伦理规范，第十五章 21 世纪的中国法律的终极之"善"进行了调整。具体调整方法如下：

1. 将原第二章法伦理学研究方法论并入第一章法伦理学概述之中，成为该章第四节的内容。

2. 将原第九章法论理学的价值取向——保护弱者从大标题到第一节谁是"弱者"的全部内容并入现在的第四章，成为第四节的第一部分内容，第四节原有的"内容动物与环境保护法中的人性底蕴"成为该第四节的第二部分内容。

3. 将原第十二章法官的职业伦理规范，第十三章律师职业伦理规范并入现有的第九章法律人的职业伦理规范，成为该章第二节、第三节内容。

4. 将原第十五章 21 世纪的中国法律的终极之"善"的第一节、第二节、第四节的内容，并入第三章法伦理学视野中的"人"，成为该章第四节的内容。

5. 将原第九章第三节"为人民服务"对政府而言也是一种法律要求与原第十五章第三节 21 世纪与我国政府行政职能之转变与等并入现有第十章，成为该章第一节、第二节的内容。

二、对节目录进行了压缩、修正

1. 将原第四章法伦理学视野中的"人"中的第五节关注法律人，并入该章第一节，成为第三部分内容。将该章第二节我国部门法学对"人"的研究与突破与第三节法学所急需解决的有关人的主要课题的内容进行了合并，成为第二节法学对"人"的塑造与培育的二部分内容。

2. 将原第五章法伦理学的人性内涵中的第一节什么是人性？第三节人性在现实生活中的价值进行合并，成为现有的第一节人性的法伦理学价值的主要内容。

3. 将原第十章情与理的法伦理学之解的第三节"有理走遍天下"一说之不足，修改后并入该章第二节之中。

当然，原第十五章21世纪的中国法律的终极之"善"的第一节、第二节、第四节的内容也是经过合并，成为现有第三章法伦理学视野中的"人"第四节公民在现代法治建设中的地位的三部分内容。

三、修改、增加了部分内容

1. 对用词、文句等进行了修改，如将"人民始终是现代法治的主体"更改为"公民始终是现代法治的主体"，将原第八章法伦理学与法律的"真、善、美"的节标题作了修改，原第一节的什么是法律之"真"？第二节什么是法律之"善"？第三节什么是法律之"美"？分别修改为：第一节法律之"真"：良法的内在要求，第二节法律之"善"：良法的价值基础，第三节法律之"美"：良法的品质保证。

2. 增加了部分内容。包括增加第十一章第四节、第五节的内容以及现有的第三节平等与"差别对待"中的第4部分内容等。

3. 结合部分法律文件的修改对内容进行了部分调整。

希望这次的修改是在原有基础之上的发展，是对《法伦理学》的又一次深入的探索。在这一探索中，我也希望能够得到读者们的支持与帮助，包括批评指正等。故此，我将我的电子信箱公布于此：swlstar@163.com，望有幸与读者共同交流，共同研讨。

石文龙
2011 年 8 月 25 日 于上海

目　录

导论 法治是一场"对人的
培育与塑造"的事业

1997 年 9 月，我国提出："依法治国，建设社会主义法治国家"。作为一种治国方略，"依法治国"已写进宪法，为现行宪法所确认。但"依法治国"不能仅仅停留于一般的口号或者理念层面，需要结合法治的实践，使得其内容逐渐丰富与完善。近年来，"依法治国"在实践中的运用已呈泛滥之势：在地域上，有诸如"依法治省"、"依法治市"、"依法治县"乃至"依法治村"的说法；在各个领域中，又有"依法治山"、"依法治水"、"依法治路"之说；在各个行政机关管理的行业上，有"依法治税"、"依法治电"、"依法治企"等标语。总之，诸如此类的口号层出不穷，令人目不暇接。但口号的繁荣不能替代中国法治建设所面对的现实问题，上述对"依法治国"在实践中的"依葫芦画瓢"式的运用，反映了我们对法治认识的幼稚。

在没有法治传统的中国，我们却对法治有着过高的期待，我们似乎认为只要有了法治，对国家的治理就会万事大吉。事实上，法治脱离了"人"的内涵就会空洞无物，成为徒有其表的政治"装潢品"。因为法律的制定、执行、监督等各个环节都离不开人的作用，法律的作用也是通过对人的行为进行规范来实现其作用与价值的。与人治不同，法治是"法律的治理"、"规则的治理"，但是"法律的治理"、"规则的治理"无论如何都需要由人来完成。可见"人"是法治永恒的主题，是法治始终面对的问题之"核"。因此我们说法学也一种特殊的人学，这既是法伦理学立论的基础，又是法伦理学得以发展前提。纵览现实的法治，我们不难发现，没有合格的法官队伍，法律的执行就容易"变味"，就容易导致"司法腐败"。没有合格公务员队伍，行政法制建设就会"走样"。此外，我们仍没有意识到的是没有合格的立法队伍，法律就会首先被"扭曲"等等。因此，法治的重要任务之一是培养一支合格的法律人队伍。换句话说，法治的成熟有赖于人的因素，特别有赖于法律人的成熟，包括成熟的职业法学家集团的养成、合格的立法与司法队伍的建立、稳定有序的公务员队伍的形成等，而法治的最终成熟有赖于合格的公民的形成。因此，培育合格的现代公民就是法治的终极目标，即本书提出的"终极之善"。就此，我们提出法治是一场"对人的塑造与培育"的事业。我们主张法治，反对人治，但不能忽视人的作用与价值。离开了人的因素来谈论法治，往往会形成"高射炮打蚊子——空对空"的局面。以这种形态建设法治，法治很容易在现实社会中"变形"、"走样"。

我们认为法治的根基在于民众，因此依法治国这一治国方略不仅需要我们在实践中要将其具体化，成为"具体法治"，更需要我们将其大众化，成为能够被大众所接受的"大众法治"。现有法治理论建设的重大不足之一，就是过于强调所谓的"精英"法治，使得法治理论的建立几乎已脱离民众。就当前中国法治推进的路径选择上，似乎已成定论的观点是强调政府自上而下的推进。这种通行的政府推进型法治的法治模式说，强调了政府的作用而忽略了人民群众的最终作用与地位。如有学者提到："中国法治建设属于比较典型的政府推进型的强制性制度变迁，强调运用国家权力资源对社会秩序进行规制，强调全民普法式的集体规训、注重以制定法为表征的国家法对以习惯法为标识的民间法的自上而下式的征服和改造"①。我们认为，无论是"具体法治"，还是我们强调的"大众法治"，其目的都是将法治的研究引向深入，使得法治能够最终扎根于民众这一坚实的土壤中。我们主张的"大众法治"强调三方面的内容：一是民众的参与，二是法治的内容要能体现民众的利益，三是强调民众对法治的认同。如何同时做到这三个方面？我们认为其中的关键就是提高法治的品质，使得法治体现出应有的人性基础，让法律能为众人所用，并能对众人所有利，而非相反。

"生活乃法治之母"，立法的基本方法或者说途径就是发现民众心中的法②，就是从老百姓的生活经验出发，挖掘出能够成为规则的法律。因此，人民群众是法治的主体，是我国法治最重要的本土资源。人民群众对法治的愿望，是法治强大而持久的动力。人民群众的价值观念、思想意识以及行为方式、思维方式，是法治文化构成的主体，是实现法治最深厚的基础。所以我们提出法治是一场众人的事业，而不是个别领导人、个别精英的"独唱"。

反思现实，为什么我们对法治的认识会浮于表面，会形成种种令人啼笑皆非的"说法"与"花样"？究其原因，不能不说是我们忽略了法治应有的意蕴，忽略了法治建设中人的因素。近年来，即使在学界对法治的研究更多的仍是有关"法治"的概念、原则、历史以及制度方面的思考，很少能从人性的视角来审视法治，并挖掘出法治的人性内涵。我们所说的人性视角，是一种研究的方法，而人性内涵则是法治的内容。正如休谟所说的："一切科学对于人性总是或多或少地有些联系，任何学科不论似乎与人性离得多远，它们

---

① 刘武俊：《法律该如何"下乡"》，载《法制日报》2000 年 11 月 12 日。
② 关太兵、赵世义：《立法的实质：发现民众心中的法》，载《西南民族学院学报》（哲社版）1998 年第 3 期。

总是会通过这样或那样的途径回到人性"。① 尽管在理论上，我们早就懂得法治并不万能，但事实上现有对法治理论建设的重大不足，还表现在现有理论忽视了对法治与人性关系的研究。我们认为人性是法治的基本内涵，忽视这一命题，就容易将法治的作用绝对化，同时容易将法治的内容机械化，形成"法律万能"等错误的观念。我们坚持认为研究法治离不开对人性的研究。在西方，人性问题上最大的争议是人性的理性与非理性的问题，即究竟人是理性的或是非理性的；在中国，人性问题上最大的争议是人性的善与恶的问题，即究竟人性是善良的或是邪恶的。因为"伦理学是离不开人性问题的，人性理论是伦理学的前提和基础。从根本意义上讲，人性理论预制伦理学的理论建构，有什么样的人，就有什么样的伦理学；人性理论也范导伦理学返归价值科学和人学主题，使伦理学成为真正的伦理学"②。因此，从人性出发研究法治，不仅是一种方法，又是对现代法治内涵的补充。

在现有的法治的内涵中注入人性，无疑增加了不可或缺的内容，能避免将法治"空心化"，以提高法治的品质与内涵。因此，我们认为法伦理学的诞生具有历史必然性，在当今社会具有独特价值。法伦理学是法学和伦理学相互交融而产生的一门独立的学科，是一门研究法治氛围中人与人性问题的学说。围绕上述思想，我们将法伦理学的学科体系概括整理为法治与人，法治与人性，法治与善恶，法律与道德，法与情、理等相互关系以及良法与法律职业道德等问题，其主要内容为：

一、法治与"人"。我们认为人是现代法治的主题，现实法治的不足是重"物"不重"人"，法伦理学具有许多急需解决的有关人的课题。

二、法治的人性内涵。法治社会中，善有善的作用，恶有恶的价值。实践表明"性善论"已经对我国的法治产生了重大的负面影响。同时我们也提出了环境与动物保护法中的人性问题。

三、善与恶的一般规律。在人类社会中，仅有"善"是不够的，因此，我们一方面提出"善意地对待法律"乃一国法治之根基，同时提出制度建设中的"先小人后君子"。

四、法律与道德的一般关系。以往我们对法律与道德关系研究不足，法律与道德关系在新时期具有新内容，表现为法律与道德相互渗透、相互补充与融合的趋势的出现等方面。随着我国社会主义法治建设的深入进行，我们越发深刻地认识到法治建设离开了伦理与道德的支撑，就容易成为没有灵魂的装饰品。

---

① ［英］休谟著，关文运译：《人性论》，商务印书馆 1991 年版。

② 龚天平：《伦理学的人性基础》，载《光明日报》2004 年 3 月 30 日。

五、法伦理学与"良法"。古今中外的很多大家研究过良法，对什么是"良法"、"良法"的标准问题提出了很多观点，我们认为在中国语境下存在良法定义与标准，我们将之概括为：真、善、美。如就立法而言，法律之"真"在于是否真实地反映了社会发展的客观规律。

六、法论理学的价值取向——保护弱者。谁是弱者？我们认为在现实社会中谁都可能成为弱者，因此要实现"立法上差别对待"。

七、情与理的法伦理学之解。理与法既冲突又和谐，法本无情，法亦有情。因此所谓"有理走遍天下"已经不合时宜。

八、法律人的职业伦理。在法律人职业道德建设中我们忽略了对法学者的队伍建设与职业道德建设。如在排名上，我们常常将法学者放在法官、检察官、律师之后，它深刻地反映了法学者在现实法治生活中的地位。

九、法官的职业伦理规范。在法官的职业定位上，我们提出法官不是官；在法官的道德定位上，我们提出了法官的良知，并提出了"判决要讲理"等原则。

十、律师职业伦理规范。我们认为律师职业伦理具有独特性，因此，为建立真正科学合理的律师伦理规则我们需要做些具体的事。如规范法律服务市场，维护律师执业公平竞争等。

十一、在21世纪中国法律的终极之"善"。我们认为人民始终是现代法治的主体，目前法治建设的重要任务是培养成熟的公民，因为法治乃人民之治。

此外，鉴于国际人权法与国际人道主义法的深刻影响，这一影响已经渗透到了国内法，所以我们还提出了国际法伦理学。

正由于中国法治的历史并不长，在法治建设的过程中我们也缺乏足够的理论准备，中国要实现真正的法治具有复杂性、艰巨性、长期性，它不是一蹴而就的事情，更非急功近利的产物，它需要理论的准备和证成。如何将发端于西方文化背景下的法治理论，移植于中国并使之开花结果，始终是我们面临的一大课题。这也是本课题的价值与意义所在。

不管怎样，毕竟这是一本原创性的著作，我们欣喜的是自己在法伦理学的路上走出了自己的一步，我们知道未来的路还很长。

　　当今社会科学包括法学研究呈现出两种趋势：一方面社会科学已经朝着越来越专业化、专门化的方向发展，另一方面打破学科界限、进行科际整合与跨学科的研究也已经成为当今社会科学的必然趋势。虽然说这两种趋势同时进行，但又以后者为我们这个时代的强势话语。当今的科学领域，无论是自然科学还是社会科学，都需要我们打破学科界限，关注学术的整合与重组，进行跨学科的研究。这不仅是当今社会科学的必然趋势，也是我们进行学术创新的重要途径与方法。

第一章 法伦理学概述

我们说建立我国的法伦理学,并不是特意去标新立异,而是时代与社会历史发展之必然,是我国法治建设的现实需要。随着社会的发展与司法实践的深入,我们越来越发现法伦理学的建立有其理论基础与现实价值,而且法伦理学的独特内容与价值对我国社会主义法治建设具有极为重要的意义。它将深化我们对法治的认识,赋予我们进行法治建设以新的思路,并能填补我国法制建设理论与实践方面的空白。

第一节 法伦理学的概念与性质

任何学科的建立首先要求明确该学科的概念。法伦理学又可称为法律伦理学,是法学和伦理学相互交融而产生的一门独立的学科;它是一门研究法治的人性内涵与价值的学问,包括法治与人,法治与人性,法治与善恶、法律与道德,法与情、理等相互关系以及良法与法律职业道德等问题的学说。

从上述概念出发,就法伦理学的性质,我们可以从形式上的法伦理学和实质上的法伦理学两个角度来认识。就形式而言,法伦理学作为法学和伦理学相互交融而产生的一门独立的学科,属于边缘学科。从实质上讲,法伦理学仍是一门关于人的学说,属于人学。

一、就形式而言,法伦理学是法学和伦理学相互交融而产生的一门独立的边缘学科

当今社会科学包括法学研究呈现出两种趋势:一方面社会科学已经朝着越来越专业化、专门化的方向发展,另一方面打破学科界限、进行科际整合与跨学科的研究也已经成为当今社会科学的必然趋势。虽然说这两种趋势同时进行,但又以后者为我们这个时代的强势话语。当今的科学领域,无论是自然科学还是社会科学,都需要我们打破学科界限,关注学术的整合与重组,进行跨学科的研究。这不仅是当今社会科学的必然趋势,也是我们进行学术创新的重要途径与方法。

法学是研究"法"这一特定社会现象及其规律的科学,伦理学是研究人与人及人与社会之间各种行为、关系及伦理规范的一门科学。新的形势下,之所以将这两个学科进行融合，是因为现实法治的实践使我们充分认识到法治并不是规则的简单罗列，法治的制度设计离不开对人与人性的认识与思考。我国社会主义法治建设，本质上是一场"人"的建设，是一场"对人的培育与塑造"的事业。在这一建设过程中不能缺乏对法治的人性基础、道德基础的研究与建设，也不能缺乏对法律职业道德与职业纪律等方面的研究与建设等，这些伦理学的内容，需要我们在法治时代的今天进行思考与整理。

"伦理学"一词可以从不同的角度来下定义。如果把伦理学当作一种关于道德问题的研究来看待的话，又叫做道德哲学，我国大多伦理学著作都把伦理学解释为一门关于道德的哲学。如有学者认为伦理学是以道德为研究对象的科学，是关于道德的学说，是道德思想、道德观点的系统化、理论化。又如伦理学是一门对全部人类道德现象进行系统的、理论的概括和总结的学问等。但我们认为不能仅仅从道德的视角来研究与构建法伦理学，而且在构建法伦理学的过程中，我们反对将伦理学的研究仅仅局限在道德领域，因为这样无疑缩小了法伦理学的范围与领域。我们强调的是道德是伦理学的研究范畴，但绝不是唯一范畴，这对我们构建法伦理学具有特别重要的意义。

那么伦理与道德这对概念有什么样的区别？伦理学学者王海明指出，人们大都认为，道德与伦理是一个东西。从两者在西方的词源涵义来说，确实如此。因为"伦理"源于希腊语"thos"，意思是品性与气禀以及风俗与习惯。"道德"源于拉丁文"mos"，意为品性与习风。所以道德与伦理在西方的词源含义相同，都是指外在的风俗、习惯以及内在的品性、品德，说到底，也就是指人们应当如何行为的规范。但是，在中国，道德与伦理的词源涵义却有所不同①。我们同样坚持道德与伦理则是不同的概念。从语源学上，伦泛指人与人之间关系。理即文理，引申为条理、顺序、道理等。伦是人与人之间的客观关系，理即蕴涵事物本质的一种条理。伦理就是存在于人与人之间关系中的应有条理和顺序。伦理作为一定社会关系的存在的合理秩序，必然具有某种必然的应有的秩序和条理。伦理与道德间存在密切联系，就在于是"理"引发了具体的道德规范。尽管目前伦理学界大多认为伦理与道德两者没有区别，我们坚持认为伦理与道德具有明显的区别，具体表现在：

1. 性质不同。伦理，指的是一种人伦关系，表现为个人与家庭、个人与社会、个人与国家之间的关系。如孟子的"父子有亲，君臣有义，夫妇有别，长幼有序，朋友有信"都是对理想人伦秩序的具体阐述。道德是社会意识形式之一，它是依靠社会舆论、人们的内心信念和传统习惯，以善恶评价的方式来调节人与人之间、个人与社会之间、个人与自然之间的伦理关系的行为准则、规

---

① 王海明：《伦理学原理》，北京大学出版社 2005 年 6 月版，第 88 页。

范的总和。

2. 内涵不同。有学者认为我国的道德与伦理则是部分与整体的关系，道德是部分，其涵义就是人际行为应该如何的规范；伦理是整体，其涵义除指人际行为应该如何的规范，还包括人际行为事实如何的规律①。可见，伦理的内涵远比道德丰富。

3. 适用范围不同。作为规范，伦理具有普遍性。作为非强制地调节社会性关系的规范，道德具有独特性，道德表现为使人向"善"的一种品质，它外在作用表现为人的一种修养。

4. 两者的语言用法不同。伦理，一般用于学科领域，如生命伦理学、法律伦理学，而不说生命道德学、法律道德学等。

伦理学的发展又形成许多分支，就西方伦理学而言，人们一般将伦理学划分为四种类型。一是描述性伦理学，也就是通常我们所说的伦理学史；二是规范伦理学，其任务在于探索为了实现"好的生活"所应遵循的正确的伦理准则；三是元伦理学，其任务在于研究伦理论证的方法；四是应用伦理学。应用伦理学是 20 世纪六十年代末至七十年代初才形成的一门新兴学科，其任务是把伦理学的基本原理应用于具体的现实生活中而形成的伦理学理论。如安乐死问题、自杀问题、人工流产问题、自卫问题以及影视暴力问题等，都属于应用伦理学的研究范围。法伦理学也是伦理学在现实法治生活中的运用而产生的一种学科。

既然法伦理学是法学和伦理学相互交融而产生的一门独立的学科，属于边缘学科，那么，如何对这一学科进行定位与归类？即法伦理学究竟是属于伦理学的范畴，还是属于法学的范畴？对此，我们的观点的是：

1. 就学术研究本身而言，两者不存在绝对的界限。不管是法学还是伦理学都可以对法伦理学进行研究，在学术上不应存在禁区。作为跨学科研究而言，法伦理学可以是伦理学的学科之一，同样也可以是法学的学科之一。从这个角度而言，无论是将法伦理学列入伦理学科还是法学学科，都具有合理性，上述两种分法与说法也都没有绝对的错误。

2. 就学科的现实需要与未来发展而言，应将法伦理学归入法学范畴。我们不能忽略法学在社会生活中属于"显学"这一事实，将法伦理学归入法学有利于提升法伦理学的地位与价值，特别是将法伦理学归入法学容易使其研究走向具体化。因为现实的情况是法学需要伦理学进行更新，用法学的知识武装法伦理学，可以避免法伦理学学说的"空心化"，这也是我们对法伦理学进行重论的重要资本与基础。

因此，结合理论与社会形势发展的需要，在学科定位与归类上，我们主张

---

① 王海明：《伦理学原理》，北京大学出版社 2005 年 6 月版，第 89 页。

将法伦理学归入法学范畴。

二、就实质而言，法伦理学属于人学

要回答法伦理学是什么样的学问，首先要清楚法学是什么样性质的学说，其次为伦理学的性质。

法学是什么样性质的学说？我们重申法学是人学，这看似一个简单的问题，但却隐藏有极大学问，我认为这既是我们研究法治的起点，又是我们研究法伦理学的起点。

法学是一门研究人的学问，因为其中的基本概念，如权利与义务、权力与职责等都是人的权利与义务、人的权力与职责，离开了人，法律就成为徒有其表的"皮囊"。法律的形式表现为规则，尽管有些规则，如诉讼规则、时效规则等条文中，可能不含有"人"的因素，如"本法自2007年5月1日起施行"的规则似乎与人的因素无关，但该条文必须与其他条文一起才能运行，也才有意义，并且法律制定与运行的最终目的是为了人。因此，法律因人的存在而富有意义，不管是传统法学，还是现代法学都是如此，这也是法伦理学能够成立的前提。尽管我们在这里是"重申"了法学的性质，事实上，在现实生活中这一基本判断几乎已被人所遗忘，以至于我们在强调法学是社会科学的重要组成部分，是强国之学、治国之学、正义之学、规则之学等学问时，已经很少有人再倡导法学是人学这一最基本的命题，这也是目前我们对法学研究的重大缺失之一。

就伦理学的性质问题，没有人否认伦理学更是一门关于人的学问。

回答了法学与伦理学性质后，我们再探索法伦理学的性质，虽然我们不能机械地说法学的性质加伦理学的性质等于法伦理学的性质，但法伦理学与前两者具有"血缘"关系，法学与伦理学为法伦理学之源，或者说法伦理学之母，这是我们研究法伦理学性质的前提。从这一前提出发，我们提出法伦理学是一门研究人的本性的学问，通过研究人性，如善与恶等这类人的最基本的问题，来探索法治运行的规律。当然，法学与伦理学之和并不是法伦理学的全部，法伦理学有自己所独特的内容。

三、对法伦理学是什么的多重回答

我们以往在对概念的界定与认识上过于依赖绝对真理，认为能反映概念的本质只有一个，因而忽视相对真理的价值与作用。具体而言，比如说法律的概念，我们定义为法律是统治阶级意志的体现，这样的认识不能使我们把握丰富多彩的物质世界。在21世纪的今天，我们一再追问法律究竟是什么？事实上，对法律的多重回答可以丰富我们对法律概念的认识，即相对真理具有完善充实绝对真理的作用。例如，就什么是法律问题可以有以下若干回答：

1. 从阶级性的角度而言，法律是统治阶级意志的反映；
2. 从社会学的角度而言，法律是一种社会规范；
3. 从法律作用的角度而言，法律是社会关系的调节器；
4. 从法律规范的角度而言，法律是一种用来规范人们行为的行为规则；
5. 从规范的内容而言，法律是以权利与义务为内容的行为规范；
6. 从规范的形式而言，法律是法律规范的总和等。

这些答案都揭示或者部分揭示了法律的本质，它们使我们对法律本质的认识走向了深入。在法伦理学是什么的问题上，我们同样可以形成以下几个判断：

1. 法伦理学是一门研究法律之善的学问。尽管法律本身就是一种"必要的恶"，同时在法治领域"恶"有恶的价值，如"严打"在特定的时期有其独特的作用等，但最终而言法律之"善"是法治成长的动力，法律的功能与作用就是惩恶扬善。

2. 法伦理学是一门研究良法并使良法得以运行的学问。人们生活水平与质量的提高不仅仅表现在吃穿住行上，还包括我们法制环境的改善。与传统法律制度不同，现代社会对法制的品质提出了要求，即我们的法治不仅要"有法可依"，而且要求"依良法而治"，强调法律的道德基础与人性内涵，而不再仅仅是"有法比没法好"的"原始"阶段。

3. 法伦理学是一门研究法律职业共同体行为职业操守的学问。这就是我们常常说的职业道德与职业纪律，它是法律职业人员在职业活动中应该遵循的行为准则，是一定职业范围内的特殊道德要求，即社会对职业人员的职业观念、职业态度、职业技能、职业纪律和职业作风等方面的行为标准和要求。这也是法伦理学在现实生活中的具体应用，对法律职业人职业纪律与职业道德规范的构建是我们完善法治的重要内容。

4. 法伦理学是一门研究重在如何规范权力，包括规范司法权以及运转的学问。法伦理学重视人道的价值，强调对人权的保护，在法伦理学视野里，对权利的保护的关键性因素离不开对权力的制约。

5. 法伦理学是研究法治与人以及人性关系的学问等等。我们认为现有对法治的研究中缺乏对法治与人性问题的研究，这正是法伦理学研究的重要内容。

对"法伦理学是什么"的多重回答，不仅丰富了我们对法伦理学含义的认识，而且这又是我们寻找并确立法伦理学的研究主题、基本原则、基本内容甚至研究方法的关键因素。

四、法伦理学相关名称之辨别

关于法伦理学的名称问题，我们所称的法伦理学与法律伦理学是同一个名称，但仍然存在的一大问题是法伦理学与伦理法学、法律职业伦理学、司法伦理学是不是一回事？

1. 我们不主张用伦理法学这一名称。在本书中我们多处强调从法律的角度来构建该学科，而不强调从伦理的角度来构建法伦理学，因此，法律与伦理两部分在构建法伦理学的作用中，我们侧重于强调法律而不是伦理，而且用伦理法学一词，容易与生命法学等产生混淆。

2. 法伦理学与司法伦理学、法律职业伦理学同样存在重大区别。掌握他们之间的区别的关键在于必须理解"司法机关"与"法律职业"一词的含义。目前的通说是，司法机关特指法院与检察院，而严格意义上的司法机关仅仅指人民法院。当然，在学科领域可以在一般意义上使用"司法"一词。在这里必须特别指出的是，公安机关不属于司法机关，而属于行政机关，因此，人民警察的职业道德问题就不是司法伦理学的内容。因此，司法伦理学主要是司法机关在执业过程中的伦理问题，具体而言，主要是指法院、检察院在执业过程中应遵循的伦理问题。之所以用"主要"一词，是因为除了法院、检察院在执业过程中应遵循的伦理问题外，还会涉及律师的职业道德与职业纪律问题。"法律职业"是指与法律有关的所有职业，这样法律职业伦理学的范围要大于司法伦理学。因为，与法律有关的职业除了法官、检察官、律师外，还有人民警察的职业道德、仲裁员的职业道德与公证员等人员的职业道德。

由此可见，法律职业伦理学的范围要大于司法伦理学，同时，法伦理学的范围又要大于法律职业伦理学的范围，因为法伦理学不仅仅研究法律职业伦理学问题，还要研究大量的理论问题，如法律与人性、法律与道德、法与情、理间的关系等等。因此，法伦理学与法律职业伦理学、司法伦理学三者之间在范围上是包含与被包含的关系。法律职业伦理学是法伦理学的重要分支，而司法伦理学又是法律职业伦理学的核心部分。

同时，必须特别指出的是，"职业"与"执业"是两个不同的概念：前者是名词，后者是动词，应注意区别使用，特别是在规范的名称上要注意使用的场合。

总之，我们认为法伦理学是一门重要而又被人遗忘的学问。说其重要，是因为没有对法伦理学的研究，我们对法治的研究终将流于表面而不能深入，这正是现有对法治的研究热热闹闹，而成效与人们的期望差距较大的重要原因之一。说其被人遗忘，是因为目前国内虽然有了法伦理学的书籍，但一般是从伦理学的角度研究法伦理学，从法律的角度来论证法伦理学的著作很少。两者因为视角、方法等的不同，所出现的内容、观点等差别很大。

第二节 法伦理学的基本原则

任何学科作为独立学科存在必须具备的条件就是有该学科存在自己独特的精神与灵魂，其最主要的表现就在于具有该学科的研究对象特有的原则。值得一提的是，与民法、刑法的基本原则不同，我们这里所说法伦理学的基本原则不是指一项法律原则，而是主要强调其独特的精神内涵与基本立场，且具有全局性而贯彻法伦理学的始终。因此，我们认为法伦理学的特有的原则，并不是人们惯常思维中的所谓公正原则、正义原则等陈词滥调，尽管法伦理学的原则体现了这一精神内涵，但仍然有很大的区别。

在理解与表达法伦理学的基本原则这一问题上，我们认为应当注意两个方面：一是避免政治性，伦理学的本来就具有"中立性"的价值；二是强调人性方面的内容，如良知、善意等内容。强调特有，避免雷同，这是我们提炼与归纳基本原则的基本方法，法伦理学区别于所有法学的关键在于人性。我们根据这一精神来探索法伦理学的基本原则之构建。

一、人道原则

什么是人道原则？与此相应，人道与人道主义、人文主义、人本主义之间有什么样的关系？相互之间有什么区别与联系？可以说这是一个历史性的难题，因此至今尚无统一的说法。人道是一个具有几千年历史的概念，但因为中外学者基于不同的理念、不同语境，得出的结论也有很大不同。我们的时代在变化，观念在变化，也需要我们对这一概念进行更新。对此我们的基本态度是：我们不能陷入概念的泥潭，是概念为我所用，而非我为概念服务。不存在一个一成不变的概念，时代在变，观念在变，概念当然也要变。对这些概念我们不再做文化上的"考古"，也不在历史概念定义中徘徊，并自觉地跳出"从概念到概念"的思维模式。同时合理、审慎地排除对古人与西方名人之崇拜，根据今天的语境对以往的概念进行重新诠释。

我们提出，所谓人道原则就是对受难者予以同情与救助的行为机制，包括态度、心理与行为等。这里的受难者包括人类社会各种各样的人：在范围上包括本国人、外国人、无国籍人；在政治领域包括人民，包括敌人；在生理上包括残疾人、健全人。同情与救助包括了两层含义：一是在心态上体恤他人、怜悯他人；二是在行为上给予援助。人道原则的本质内涵就是体恤人的自然要求，尊重人所具有的两重性，即自然属性和社会属性。体恤人的自然需求，表现为在对人的衣、食、住、行以及友情、亲情等自然要求应予以基本的考虑。在现实生活中，人道原则表现为在特定的环境中对特定人群的保护。如红十字人道原则的内涵就是"保护人的生命和健康，保障人类的尊严，促进人与人之间的相互了解，友谊和合作，促进持久和平"。国际人道法的核心，就是保护战争受难者，非战斗员必须得到尊重、保护和给予人道待遇。

世间的人尽管有千千万万，但如果我们简单地进按照强弱来分类的话，可以把人分为三种：比自己强的人，比自己弱的人与和自己实力相当的人。对待这三种人，人们的伦理规则是不同的。其中对同辈要尊重，对弱于自己的人要同情与关照，对强与自己的要有警惕与防范意识，而不能助纣为虐。因为这些强势者拥有更多的资源，他们更容易侵犯他人的利益。之所以对弱于自己的人要同情与关照、要有人道，是因为这样做，从感性而言体现了人性，就理性而言，这样的行为有助于壮大自己的力量，以形成与强者的对抗，所以民间常说："害人之心不可有，防人之心不可无"，这正是人类经验之总结。

法治社会里，人道原则要求对被告人、犯罪嫌疑人、罪犯给予人道的待遇，即使是对待死刑犯。这些待遇包括在生活上给予人的起码对待，使其吃饱穿暖，有病给予治疗，严重疾病患者还可以保外就医；在管理上，尊重其人格，不打，不骂，还容许其亲人定期接见等等。人道原则不仅是法伦理学的基本原则，也是无产阶级在改造世界、改造人类这一伟大使命时所应坚持的原则。所谓天道、王道、人道三道相和而成大道，意思是说如果能够真正做到尊重天、尊重地、尊重人则能"要风得风，要雨得雨"，天下就能实现大治。

二、人权原则

"法治的真谛是人权"[1]，人权是人作为其人应该享有的权利，人如果离开了这些权利，就失去了人的资格和尊严。因此，人权应该是与生俱来，人人皆有，既无贵贱之分，也无男女之别。在人权与权利的关系问题上，我们认为人权概括了学者普遍认为的权利的三种存在形态理论，即将权利分为"应有权利"、"法定权利"和"现实权利"三种[2]。"应有权利"、"法定权利"和"现实权利"三者是一个渐进的过程。其中作为价值概念的应有权利，是指人们积极追求的合乎道德的应为法律所确认和明确保护的权利。注意，这种权利实际上不一定已为现实法律所确认，但却是"应当"在目前或将来予以确认的。而法定权利则是应有权利的法律化和制度化。最后，现实权利则是法定权利实现的结

---

① 徐显明：《法治的真谛是人权 —— 一种人权史的解释》，载《学习与探索》2001 年第 4 期，第 44—45 页。

② 李步云：《论人权的三种存在形态》，载《法学研究》1991 年第 4 期。

果或形成的一种实有状态①。

人权原则与人道原则的两者的区别表现为：

1. 使用范围不同。人道原则的使用范围远远大于人权原则，因为人道原则是针对了所有的受难者；而人权原则针对的是人的"应有权利"、"法定权利"和"现实权利"。

2. 语境不同。人道原则偏重于从伦理的角度而言的，因此，可以说人道原则是伦理的要求；人权原则偏重于从制度层面来探讨，因此，人权原则是法治的要求。

3. 内涵不同。人道原则的内涵是同情与尊重；而人权原则的内涵是"不伤害"，尊重他人的权利，在行为模式上更体现为一种消极的不作为，当然在债务纠纷中，债务人作为义务人，对其行为的要求是作为。

4. 人道的适用范围更广泛，人权适用的要求比前者更严格。人道往往体现一种作为，即对受难者给予关怀与实际援助，而且付出不求任何回报；人权强调相互的尊重，要求权利的平等拥有与享受，典型的表达如"法律面前人人平等"。

在法治社会中，法律必须保障人们的基本权利，必须把人当人看，尊重他们的人格和尊严，保护公民的人身权、财产权等权利。过去，由于长期受官本位等因素的影响，"以法治民"的思想严重，民众的权利常常被忽视，有时被恶意侵犯。如非法查封财产、治安拘留、强行搜查等。在刑事方面，对在押人犯的人格尊重不够，诸如剃光头、穿囚衣、游大街、插大牌；对重刑犯，戴镣铐等等；刑讯逼供者有之，侮辱人格更是屡见不鲜。所有这些都与人权原则背道而驰，进入 21 世纪的今天，社会生活的各个方面有了显著的改善，有人称之为这是一个权利的时代。人权是我们进行立法的出发点和归宿，也是执法的基本理念和原则。离开了人权，法律将因失去人性的基础而缺乏合法性基础，这就是西方自然法学派所主张的"恶法非法"。

三、善意原则

善意原则强调以和善、友好的心态做事行事，不无端、任意地怀疑他人、歧视他人、敌视他人，不无缘无故地欺负他人、侵犯他人。

如何正确对待他人，是善意原则的重要内容。他人是谁？他人实际上是又一个自己，因此，如何对待他人取决于如何对待自己，凡是看不起自己的人也不会看得起他人。看不起他人的人事实上也就是看不起自己，看不起自己与他人的人实质上是把"人的地位"看得很低。我们强调：一方面要懂得他人与自

---

① 程燎原、王人博：《赢得神圣》，山东人民出版社1993年版，第336页。

己都是人，两者同样重要，看不起别人等于看不起自己；另一方面，任何别人与自己一样都是有缺点存在的，每个人都有局限，因此，在人际交往中要善于看到别人的优点，容忍别人的缺点，尽量以欣赏的眼光看别人，宽容别人是一种能力与品德。

上述思想归结为一句话就是善待他人，别人的接纳与赞美，社会的接纳与赞同是一个人事业的基础。他人既是自己的评价系统，又是自己的生存系统和事业发展的基座，因此，他人与社会是一个人取得荣誉的场所与舞台。

作为法伦理学的基本原则，善意原则的具体要求为：

1. 国家在行使权力时应尊重公民的权利，不任意扩大自己的权力，遵守比例原则，能够适当地、谨慎地处理好法律赋予的自由裁量权。比例原则在宪法意义上，是指只有在公共利益所必要的范围内，才能够限制人民的权利；在行政法意义上，比例原则是指行政权力在侵犯人民权利时，虽然必须有法律依据，但是必须选择在侵害人民权利最小的范围内行使。因此，行政法意义上的比例原则所关注的是在实施公权力行为的"手段"与行政"目的"之间，应该有一定的"比例关系"。

2. 公民在行使自己的权利的时候应该尊重他人的权利，禁止滥用权利。

权力与权利的行使两个都必须善意行使，但对权力的要求大于权利，因为权力对权利的侵害更加容易，后果也可能更严重，因此任何法治国家都必须强调对国家权力的控制。

四、良知原则

良知是一种人与生俱来的先验之知，就如任何动物一生下来就懂得喝奶一般，我们将它比喻为"上天所赐予人的最崇高、最珍贵的礼物"。良知内在表现为"恻隐之心"、"仁爱之心"等，外在表现为知廉耻、懂是非、明善恶等。这恰恰是其他动物所没有的，是人类能够在精神上学会"走路"，实现精神独立与精神"成人"的基础。良知的存在是"善"的基础，良知不存，"善"将无以"焉附"。良知是可以培养的，并且培育良知是一国的头等大事之一。良知在现实生活中具有极为重要的意义，尽管我国社会经过多年的发展，人民的精神面貌有了很大的提高，但良知的水平并不自然地同步发展。现实生活中人民追求快乐的形式有了变化，存在着"把荒唐当作高尚"，"把肉麻当作快乐"等情况。因此社会是在曲折中前进的，良知有时会出现退步的情况，所以需要时时强调全社会的思想与文化建设。

在法治领域，良知原则要求全体法律职业人，包括从事法学教育者、研究者，法官、检察官、律师等具有高尚的道德情操，善意对待法律，积极维护法律的尊严。在职业活动中不仅能够体现出对人的尊重，具有教育人、挽救人、

12

感化人的使命感，而且要能以人道主义的情怀对待失足者。对犯罪者要唤醒他的良知，感化其灵魂，引导其改恶从善，悔过自新等。

第三节 法伦理学在当今社会的独特价值

当代社会科学的研究已从以本学科为中心向多学科交叉、渗透、整合与转变，法伦理学作为交叉性学科，在我们这个时代将发挥着独特的作用。我们说法伦理学不是人为的假想，而是时代发展之必然。法伦理学不仅为我们打开认识与研究法治的一个新视角，开辟了法治研究的新天地，而且还会极大丰富地我国的法治理论，完善现有的法学体系。法伦理学这一特殊作用是别的学科所不能代替的，所以它是法学体系中必不可少的重要学科之一，法伦理学也因为"有位"而"有为"，其独特价值主要表现在以下几个方面：

一、从宏观上弱化法律的强制性

法律特征之一就是法律的实施由国家强制力保证，如果没有国家强制力作后盾，那么法律就会等同于道德，违反法律的行为得不到惩罚，法律所体现的意志也就得不到贯彻和保障。但是必须注意的是：1）法律的强制力不等于纯粹的暴力。法律的强制力是以法定的强制措施和制裁措施为依据的。2）国家强制力不是法律实施的惟一保证力量。法律的实施还依靠诸如道德、纪律、经济、文化、舆论等方面的因素。在现代社会，法律出现了强制力日益弱化的趋势。表现为强制法的比例减少，相应的任意法的比例增加，因此，就法律的总体性质而言，出现了强制性的弱化，这反映了权利时代人们对法律的伦理要求。我们认为，法制发展的历史就是法律强制性弱化的历史，现有的关于取消死刑的制度正是这一趋势的典型反映。现代法治文明的标志之一就是法律"强制力"弱化，这也已经成为现代法治发展的重要趋势。

法伦理学研究的重心是如何使法律更加深刻地体现人性，使法律具有充分的伦理基础，这无疑会弱化法律的强制性。我们认为，法制发展的历史就是法律强制性弱化的历史，现有的关于取消死刑的制度正是这一趋势的典型反映。现代法治文明的标志之一就是法律"强制力"弱化，这也已经成为现代法治发展的重要趋势。

在传统观念中，人们强调法律强制性与强制力；随着社会的发展，人们权利意识的觉醒，权力制约机制的建立，国家机关守法意识的形成以及行政机关服务功能的自觉化，法律的强制性呈现出弱化的趋势。当代西方学者已经关注到了现代社会法律"强制力"的弱化问题，这是时代发展的必然结果。因此，目前流行的"软法"一说也同样是这一现象的反映。在国际法，特别是国际经济法领域，法律因当事人选择而生效，如对国际惯例的选择等，这与传统意义上的国家强制力存在重大的区别。

法律强制性的弱化是时代的需要，也是法制发展的必然结果。就人类法制文明的历史进程而言，从刑法时代到民法时代再到宪法时代是法律发展的基本轨迹。随着市场经济的确立、市民社会的发育、民法典以及一大批行政法律、法规的酝酿和制定，中国已摆脱了刑法时代而逐步走进了民法时代。在民法时代，民法所孕育的是自由、平等、公正、法治等观念，这些观念不仅是刑法时代所缺乏的，也是难以单纯地由刑法能培育的。更重要的是，这些变化已经奏响了宪法时代的前奏。然而所谓"立宪易，行宪难"，宪政的真正实现，并不仅仅取决于宪法文本的完美设计，更取决于推行宪政的社会基础、国家结构的法治化、公民意识的培育和成熟，其中最重要的是宪法权威必须真正高于任何政治权力。这一切有待于我们的不懈努力。在这一进程中，行政法制的发展对宪政的实现具有极为重要的意义，因为行政法常常被认为是"动态的宪法"，因此，行政法的发展与完善是宪政实现的前提条件之一。尽管与现有民法、刑法等部门法相比，行政法的理论仍显薄弱，行政法的实践水平也需进一步提高；但是，21世纪，我们将步入宪法时代，在这一过程中，行政法将起着重要作用，这是行政法面临的历史机遇与挑战。行政法制发达的重要标志是在权力与权利两者关系的力量对比上表现为不是权力的最大化而是权利的最大化，因为行政法的核心价值在于全面建立权利对权力的制约机制，当然也包括权力对权力之间的制约。法律强制性的弱化正是在这样一个时代背景下酝酿而逐渐形成的。

二、深化了我们在法治环境下对"人"的认识

深化对法治的研究，需要把法治放在具体的环境中去研究，如法治与人的关系问题，这是我们所忽视的一个问题。目前我们的法治还是强调法治的"治人"作用，代表性看法是在某些权力部门或者权力行使者看来，"法律就是管老百姓的"，把人作为了法治的客体。我们认为法治最终是一场"人的事业"，是一场"培育与塑造人"的事业，法治的终极目标是人自身解放。法治需要由人来"治理"，与"人治"所不同的是法治应该是大多数人之治，而人治为一人之治。所以有学者认为法治的关键是管住"一把手"。"法治与人治的分水岭，根本不在于是不是由人制定、靠人实施，而是权大还是法大。具体说，当法律与掌权者的个人意志发生冲突时，是法最终控制、支配个人意志，还是个人意志凌驾于法律之上。若是前者，那就是法治；若是后者，那就是人治。因此，人治与法治的根本区别，通俗说来，就是能不能管住'一把手'。能管住一把手

的，就是法治，管不住一把手的，就是人治"①。我们反对人治，但不能因此而否认"人"的作用，在人与法的关系问题上，人始终是法治的主体，即人是法治的主导性因素。

法伦理学有助于我们科学地认识法治社会中的人的因素，具体表现在：

1. 立法中的人。对人性的理解是我们进行法律设计的前提，我们提出立法中的"先小人后君子"规则，在某些领域对当官者实现有罪推定等，这些思想已不再一味地从"性善论"出发，在制度设计前简单地推定当官者都是"好人"，都是经过长期考察永远不会犯错误的人。传统的"性善论"理论，使得我们的法律设计缺乏科学性，从而失去了稳定性与权威性。对人性恶的因素的承认与运用，是我们进行制度设计的关键性因素之一。

2. 守法中的人。这表现在两个方面：一方面我们要在法治环境下研究如何调动人的积极性，包括民众的守法问题，如何从消极守法发展为从内心深处积极的、主动的守法，这就是从国家主人翁的地位上来谈守法，而不是"仆人"的守法心态；另一方面我们强调行政机关与国家领导干部的带头守法作用。尽管从一般法律的意义上而言，人人应平等地守法，但在法伦理学视野里，强调领导干部、行政机关及其工作人员在守法中的积极作用，而不能与民众进行同样的要求与对待。

3. 司法中的人。具体而言，我们不主张法官在审判中主动"与群众打成一片"，司法过程中的"为人民服务"具有特定的含义，我们强调法官的"中立"等，因此，提出了法官审判中的"不单独接触原则"，这不仅是司法伦理的要求，也是审判艺术的需要。

三、完善现有的法学理论与法学体系

目前，我国对法伦理学的重视不够，但早在在 20 世纪三、四十年代，孙晓楼就在其《法学教育》中写道："我们中国现有大部分法律学校的课程，都是以日本大学的法律课程作标准，其中有几种课程，在我们中国的法律学校是不十分注意的的：一是法律伦理学，一是会计学，再有一种是法理学"②。

事实上，现有法学体系中尚无法伦理学，尽管在现实的法治生活中，法律职业道德与职业纪律早已成为法律工作者必须学习与掌握的内容，也是国家司法考试的重要内容之一。就现状而言，法伦理学的实践已经走在了理论的前面。令人欣喜的是，随着实践的发展，法伦理学的地位已经有了变化，典型表现为法伦理学已经成为一些高校的选修课之一，但内容仍主要偏重于职业道德与职

---

① 郝铁川：《法治的关键：管住"一把手"》，载《检察日报》1999 年 7 月 21 日。
② 孙晓楼：《法学教育》，中国政法大学出版社 1997 年版，第 37 页。

业纪律，虽有一些理论方面的探索，但从法律的角度阐述法伦理学基本理论的不多。

这一现状表明了法伦理学的理论建设已远远落后于现实的法制建设的步伐，这正是法伦理学现实价值之所在，显然，现代法学体系离开了法伦理学同样是不完善的。

总之，法伦理学之所以是现代法治建设中不可或缺的一门新学科，是因为这一学科具有与现实社会相联系的独特价值与基本原则。法伦理学的独特价值与基本原则是法伦理学得以成立的内在基础，同时法治与德治的强调是社会的客观需要，这是法伦理学得以成立的外在基础。

第四节　法伦理学的研究方法

在建立一门新兴学科的过程中，研究方法不仅是进入与打开这一学科大门的关键，而且也是这一学科的科学性之所在。在方法论问题上，我们总习惯于指导思想、理论基础等宏观性的方法，如辩证唯物主义与历史唯物主义的方法、理论联系实际的方法、比较分析的方法等，而对具体的技术、技巧等方面重视不够，以至于在谈到方法论上总是千篇一律，缺乏针对性，这一惯性思维影响了学术的创新。我们强调的是仅有这些宏观性方法仍然不够，法伦理学研究需要特有的研究方法与技术，这是我们进行学术创新的资本与基础，没有方法论上的突破，创新就成为孩童的"戏言"。因此，该章研究的是除了指导思想、理论基础外的其他专门性方法。我们认为这些具体方法是对指导思想与理论基础的深化与发展。

对我们而言，仅仅懂得法伦理学的重要性，知道它是一国法治建设所不可缺少的学科之一，这还是远远不够的。因为这只是一种可能性，而非必然性。在建立法伦理学的过程中，研究方法不仅是打开与进入这一新兴学科大门的关键，也是这一学科的科学性之所在。

一、法伦理学研究的路径选择

在研究方法上，我们要坚持马克思主义的理论指导，坚持辩证唯物主义与历史唯物主义的方法，这也是任何社会科学的思想基础与方法论基础，所以又称为一般的研究方法。但在专一的学科建设，特别是在法伦理学这一新兴学科的建设上，必须要有自己独特的方法，我们称之为特殊的方法，而且我们强调的是要有自己独特的研究技术。研究技术是指导思想、研究方法的具体化，包括路径选择，如何处理历史材料等，这是我们过去所忽视的，然而它是我们构建法伦理学及其他学科的重要手段。

（一）找到问题的最佳视角，即找到法伦理学的"切入点"或"突破口"

研究任何问题，特别是在构建法伦理学的过程中，最重要而又最艰苦的任务是要找到问题的最佳视角，就是我们分析与研究问题的"切入点"或"突破口"。在法伦理学领域，道德究竟是不是我们研究法伦理学的切入点？我们认为不是。这就如同我们站在不同的地方看到的景观不同一样，研究者需要努力找到研究问题的最佳"视角"，也就是说要找到问题的最佳切入点。这一视角将最终决定了问题研究的质量，它往往表现为概念或者一组概念，在寻找研究视角时应当注意的问题是：

1. 最大的信息量规则。这一概念或者一组概念在该学科中能够体现出最大的信息量，这是它能够成为最佳视角基本条件。如马克思是通过商品与资本这一视角来研究资本主义，形成了马克思主义政治经济学等学科，由这一概念进而得出了资本主义必然灭亡，社会主义必然最终会取得胜利的结论。

2. 体现最大的现实需求规则。概念能够体现现实法治的最大需求，就是说通过这一概念能够建立起一个相对有效的理论体系，能够反映现实法治的最大需求。社会需求是影响理论的内容与形式的重要因素，理论的力量来源于对现实的概括力，离开社会现实，理论往往会陷入"皮之不存，毛将焉附"的尴尬境地。中国法治建设的现实需要是什么？尽管我国的法律还不健全，但现有的法律已经不少，社会生活所需要的基本法律体系已初步形成，但在现实生活中的运行质量并不乐观。目前中国现实法治的主要问题是多方面的，比如在理论上过于谈论抽象的法治、理想的法治，缺乏对具体法治、现实的法治的分析，法学者善于洋洋洒洒空谈法治，照搬照抄西方的观点、理论，极少深入社会生活内部，分析中国法律的生成与运作的规律。在我国法治实践中，有关法律部门重立法、轻执法，特别是法律所必不可少的法律监督机制更加薄弱，形成了我国法治"顾头不顾尾"或者说"虎头蛇尾"的现象，并最终影响了我国法治的内在质量与权威性。

3. 通过该概念构建的理论能最大程度地展现出理论的形式美。新的理论要有独特的内容，需要能解决国家特殊的社会问题，而且这一理论的外在构架也应是完美的。即该理论具有理论价值、实用价值与形式之美。这一形式之美完全不同于我们平常所说的外在包装，它不只是体现其理论本身的外在美，又是对理论本身的补充、发展与完善，深化了理论，并体现出理论的价值美。如哲学中的对立统一规律、质变量变规律等。

事实上，找到问题的最佳视角是一项艰苦的工程，在法伦理学理论的建设中，我们曾经把这一最佳视角归结为法律与道德的关系问题，后来我们又将之归结为"善"，最后我们把视角归结到了"人"。这一艰险的探索过程使我们认识到了视角的重要性。

（二）细分，打开法伦理学领域的重要技术与方法

找到视角是我们打开真理之门的一个"入口"，但是研究者不能仅仅停留在

这个"入口"处，研究者的任务是必须沿着这个"入口"继续深入，找到下一个路标与再下一个路标，这就是我们科学研究中的分类研究，我们在这里将其描述为"细分"。通过细分、细分、再细分，我们就会发现一条线，这条线就是我们探索法伦理学的基本线索，甚至可以说是通往法伦理学的一条路，再将这条线索或者路连接起来，我们就会发现一个全新的世界——法伦理学。上述思路反映了我们探索世界与建立学科的一个从"点"到"线"，再由线到"面"的过程与路径。

我们将人作为了研究法伦理学的切入点，而不是道德。但就人谈人永远不可能深入，就好像我们整天就法治谈法治不可能深入一样，并且很快就成为法治话语中的"噪音"，研究者需要不断变化与深化这一概念，这就需要把概念细分出去。把人，作进一步细分，这样才能接近问题的本质，具体而言，就是将人细分成人性，将人性再细分为善与恶，将善与恶再细化为实践中的人性化执法等，再细化为实践中的职业道德。这样最后我们就会看到法伦理学这个面，这个面也就是法伦理学这一新的"世界"。

事实上，不仅仅是法伦理学的研究需要细分，所有科学的研究都需要在找到视角之后，再进行细分，法治概念的深化与深入也同样如此。一个概念是不是能够成为我们的最佳视角，就是看其有没有最大的信息量，最大的信息量的重要标志之一就是能不能进行相对"无穷尽"的细分，只有通过细分我们才能扩大这门学科的视野，形成新的独特的精神领域，形成能够改变社会的学术"支点"。

总之，视角如同一个点，或者说是我们探索真理的一个路标；细分是一条线，是一条引领我们走向真理的一系列路标。我们正是沿着这一系列的路标才接近或者达到新的世界，并最终打开新世界的大门。

二、法伦理学研究应避免的几个误区

在方法问题上，我们过去总是仅仅依赖于马克思列宁主义的指导，强调辩证唯物主义与历史唯物主义的基本方法，并以此作为最终的方法，对各学科的具体方法深入不够。因此，这就难于突出各学科的个性，容易在几个关键性的问题上陷入误区。我们认为只有克服这些误区，才能避免在解决构建法伦理学时所走的弯路，并能最终完成构建法伦理学这一科学大厦的使命。

（一）走出定义的误区

构建法伦理学必然遇到人、人性、善恶等问题，因为按照目前学者最通常的思维习惯，在这里首先必须解释概念，首先解决人的定义是什么，尽管事实上人类历史发展了几千年，对这些概念仍然没有统一的定义，这一现象本身就说明了问题。

关于人的问题，首先我们必须走出定义的误区。我们认为这与后面提到的善的定义一样，人是不能在没有语境，没有语言背景的情况下被突然定义的，因为人就如同阳光、空气一样弥漫在每个人的心中，每个人的心里都有一个人的影象，他们是如此丰富、如此具体，以至于我们一旦做出所谓"唯一的"定义，就会对事物本身产生扭曲，就可能会立刻遭到质疑。这就是人们通常所说的："不是一句话能够说得清楚的"。这也就应了老子在其《道德经》的开篇之首所说的那句名言："道可道，非常道。名可名，非常名"。

但就构建学科而言，我们不能回避对概念的分析，但仅仅有一个概念不能解决所有的问题，与其这样，不如不作定义更好。对诸如"什么是人"或者说人的定义这类问题最重要的是掌握人的分类。我们提出"掌握分类比掌握定义更重要"，如人在医学、文学、法学等领域，其研究的内容具有明显的区别。医学上对人的研究，强调的是人的生理，其对象一般集中为病人。具体在实践中，表现为医院里的耳鼻喉科、外科、内科等。文学对人的关注，强调的是人的个性，突出"这一个"人，所谓"人物形象栩栩如生"是文学上最通常的表达。法学侧重从权利的角度研究人，所谓完全民事行为能力人、限制民事行为能力人、无民事行为能力人等。心理学是侧重从心理上来研究人，等等。所以我们说不仅仅文学艺术在塑造着人，法律也以其特殊的方式塑造与培养着人，其方式是通过授予权利，规定义务与法律责任等形式，使人们的行为方式与社会相协调。可见，只有对人进行分类研究，才使人变得具体丰富。

目前我们的学者仍习惯于定性研究，而不习惯于定量分析与分类研究，这就容易使我们的研究方法单一。值得注意的是这一惯性思维在法伦理学领域会走投无路，因为就人谈人会不着边际或者说抓不住重心，就如同就法治谈法治一样。

同样的问题存在于什么是人性，什么是善，什么是恶等概念。为什么这些概念至今没有统一的说法，因为如同人的概念一样，如果不放在具体的学科（背景与环境）中，这些概念就没有存在意义，即使煞费苦心做了定义也难以成立。所以，我们强调的是这些概念的内容与对这些概念的分类。

（二）对待与处理历史材料的误区

究竟什么是正确的历史分析的方法？对待与处理历史材料是我们经常面对的问题，是否在每本书都要详细地论述概念的历史发展，如善与恶的概念，是否首先应从东方的孟子的善恶观开始，后再从西方开始？我的回答是没有必要。

首先，今天的现实不是历史的简单延续，况且历史、文化都存在过断层，虽然我们都在谈"善"，但今日之"善"显然已经不是昨日之"善"，所谓："古人不见今时月，今月曾经照古人"。21世纪的今天，时事、时世变化是如此之大，我们没有必要事事根据古人的思想来挖掘并形成今天的思路。过于依赖古人的思想，与其说是尊重古人，不如说是一种研究方法上的复古主义，终将使学术失去应有的活力。

其次，对历史材料的挖掘与整理，如对中外历史上善恶观的研究，这是进行学术研究的准备工作，而不是学术本身。不能把作者自己的准备等同于学术，认为在书本里大量堆积历史材料就是学术的做法，应该称之为文化学或者说文化意义上的"考古"，尚没有形成充满生机与活力的学术，而且离真正的学术尚有漫长的距离。材料只有经过学者本人的消化吸收或者说思考之后才能称之为学术。因为这样才会有作者的思想火花，才会有学者的灵魂，也只有在这种状态下才能与读者形成交流。就读者而言，大多数读者对文化的"考古"没有兴趣，有兴趣的是考古后的"结论"。因此，我们认为用"人性"、"善"、"恶"等历史材料对付读者，也是对读者最大的不敬。

再次，历史不是现实。历史中具有"活力"的"活性"知识，已经在现有的知识体系中打下了印记，而不是简单的"刻录"。虽然历史上会存在知识的"复活"，但也是时代与现有的知识所需要的，是因为现有知识的呼唤或者需求引发了"复活"。因此，我们也可以从现有的知识中理清历史，理清与过去、与历史有机联系的知识，而不是知识的碎片。

最后，任何研究始终体现作者的精神气质与风格特征。在法伦理学中，历史分析的方法，也许是适合别人的方法，不是适合作者本人的方法。因为，作者的目的是想用自己法学理论与实践来构筑法伦理学，这不仅是作者创作法伦理学的初衷，也是切合法伦理学的时代脉搏的，同时这也是作者本人知识的专攻。

（三）走出纯理性的误区

1. 从经验出发研究并构筑法伦理学

我们强调用现有的经验来构筑法伦理学，尽管经验有其局限性，但是完全忽视经验是一种绝对的错误。从经验出发研究并构筑法伦理学，是主要的构建方法之一，这一经验有这样几个方面的内容：

第一、法律理论与实践方面的知识。理论是对过去历史的总结，并能指导未来的实践；对于理论方面的知识，我们强调的是过去的历史而能存留在我们内心中，并为这个时代所需要的。对于理论的知识我们还强调感性的知识与生活的经验，因此，本书中用太阳与月亮来比喻并论证法律与道德间的关系，我们在本书中指出：如果我们把法律比作太阳，道德就是月亮，我们说法律像严父，道德更像慈母，同样，如果法律代表着阳，道德就代表着阴，正像阴阳调和人才健康一样，法律与道德协调之后，社会才得以健康发展，离开了道德的支撑，社会主义法治不过是一句空话。另外，我们用善花恶果、恶花善果等感性知识来论证善恶律，这些感性的知识，同样使得理论变得具体而又简练。实践方面不仅包括自己的实践，还包括这个时代的实践，不仅包括中国的实践还包括国外的实践。

第二、充分展开研究者的想像力，将相关关键词有机联结，形成新的境界。

创新是一场高强度的心智活动，是在一组彼此没有联系的事物中找到有机结合点。想像力则是我们飞翔的翅膀，是我们将一堆没有逻辑联系的词语连接起来的能力，我们经常讲的"学术力"或者说学术能力的重要方法是想像力。在"创"与"新"两者关系中，"创"是前提，"新"是"创"的必然结果，是想像力发挥作用的结果，是智力因素中的想像力的合理创造。

第三、关于注释、引文。我们认为学术研究需要注释、引文，但永远不受其所束缚。许多有创新的著作，比如说老子、孔子或者毛泽东的著作里根本就没有注释，没有引文或者很少。那种一本书中有一半为注释的做法，我们认为只是众多的写作方法中的一种，而不是唯一的研究方法，当然也不一定是最好的方法。而且我们始终认为不能因为注释、引文而淹没作者的影子、作者的声音，这是对人类精神的一种"阉割"，思想者应努力并且敢于表达自己的声音，当然文化考古学者除外。

总之，我们认为"理性"并非万能，在某些情况下，社会科学研究会存在"不用理性更好"的情况，我们认为"不用理性更好"有其合理性。

2. 善于发挥研究者本人精神气质，形成独特方法

任何研究方法都与学者本人的经历、性格、学术背景有关，学术研究同样是作者与社会、与读者的思想交流，作者应该努力让读者感受到作者本人的"呼吸"与"心跳"，而不是人云亦云。因此，我们提出：

第一、在研究中大胆展现自己的声音，自己的思想。创新离不开作者本人的技术、方法与理念，不是按照过去"著名学者"的想法来写作，而是敢于表达自己的思想。沉湎于前人的光辉之中，总是以前人为规范，那是模仿，如果我们习惯于模仿，就会失去创新的能力与习惯。我们认为终其一生，我们或许也来不及梳理整理中外历史上中外名家关于人性、善、恶等的论述，而且即使整理了，也说不出所以然。但当调动那些能够触动我们心灵的历史，我们就能自然地说出自己的思想。在这里我想套用国外教育家劳厄的一句名言："教育无非是一切已学过的东西都忘掉后所剩下的东西"。我们在构建法伦理学时，想用的知识也是在我们遗忘了其他知识后而剩余的一样。因此，就技术而言，所谓创新也就是忘记一切技巧，说自己想说的，唱自己想唱的。

第二、在创作中，我们也努力给学术"减肥"，试图做到"文章不著一字空"。作者好比雕刻手，努力删除那些该删除的，凸现那些重要的，这样的"作品"才会饱满而富有生机。限于篇幅，我们把必须对历史的整理部分删除，而凸现更有价值的。我们认为这也是大多数读者的兴趣点，因为读者希望看到的法律部分或者说法伦理学的内容，而不是几千年来，人们对于什么是善、什么是恶的探讨。

第三、根据作者的特点建立学科体系。将法伦理学归类为法律科学或者伦理科学本来没有根本性的意义，但就时代要求而言，应将法伦理学归类为法律科学，只有这样才能最大程度地发挥法伦理学的理论价值与实践价值，才能指导我国法

律职业伦理制度的建设。同时就作者本人而言，我们反复强调法伦理学的构建必须努力将法伦理学建设成为法律学科，而不是相反地建设成为伦理学科，当然这一做法并不因此影响法伦理学这一学科在伦理学领域的应用。同时，这样能更充分地发挥作者法律方面的长处，使得对这一学科的建设更加科学与合理。

上述方法与思路，事实上也是我们进行法伦理学研究的几个重要技术。根据上述思想，我们将法伦理学的研究视角定位在了"人"，研究的基本思维方法是从"人"这一视角出发，找到人，人性，善法与恶法，良法，人性化执法，法律人职业道德等一组相关的核心词汇，或者说关键词，通过对这些关键词串联与分析，我们得以构建全新的法伦理学。这组概念不仅是法伦理学的内容与灵魂，也我们进行学科建设的基本路径与思维程序，同时这也是必须向读者交代的学科建设的方法与途径。

研究方法分析

<u>资料背景</u>：正如我们在文中所说，找到问题的最佳视角是一项艰苦的工程，在构建法伦理学的过程中，我们曾经把这一最佳视角归结为法律与道德的关系问题，后来我们又将之归结为"善"，最后我们把视角归结到了"人"。我们将曾经反映我们思路历程的第二稿目录附在这里，本书的目录为第三稿。① 我们强调研究方法不仅是打开与进入法伦理学大门的关键，而且也是法伦理学这一学科的科学性之所在。对我们而言，研究方法是需要不断的总结与完善的；对读者而言，有助于读者进行分析、比较与评判这一学科的科学性与合理性。

目　录

法伦理学
—— 一门研究法律之"善"的学问

---

① 此处的第三稿指第一版。

22

思考题

1. 伦理与道德是一回事吗？
2. 法伦理学研究的内容有哪些？
3. 试述法伦理学的作用。
4. 什么是研究技术？它包括哪些具体的技术？
5. 举例说明什么是法伦理学的研究方法与技术。
6. 结合本思考题后的法伦理学第二稿目录，与现有的目录进行比较，您认为法伦理学研究的最佳视角是什么？

案例分析与社会热点问题探讨

　　——评最高人民法院《关于民事执行中查封、扣押、冻结财产的规定》。

背景介绍： 2005 年 1 月 1 日起，最高人民法院出台《关于民事执行中查封、扣押、冻结财产的规定》，明确提出，法院可查封房屋，但不得拍卖抵债，财产冻结最长不超过两年。根据新的司法解释，人民法院在依法查封、扣押、冻结财产时，被执行人及其家属所必需的家庭生活物品和费用、完成义务教育所必需的物品，以及有身体缺陷的被执行人所必需的辅助工具和医疗物品等八种财产不得执行。对房屋，人民法院可以查封，但不得拍卖、变卖或者抵债。司法解释还明确规定，对动产查封、扣押的期限为一年，不动产和其他财产权为两年。人民法院未能在上述期限内执结的，申请执行人可以在不超过上述期限二分之一的时间范围内申请继续执行。高法《关于民事执行中查封、扣押、冻结财产的规定》正式施行后原本是为解决"执行难"而制定的专项司法解释，不料竟因其中银行不得将居民第一套住房拍卖抵债的规定引起各界议论，并已对住房抵押贷款市场产生了一定的冲击。

相关资料：

　　1.《人道原则诚可贵契约精神不可违》，载《证券时报》2005 年 2 月 16 日。

　　2. 戴福：《在生存权与财产权之间—评最高人民法院〈关于民事执行中查封、扣押、冻结财产的规定〉》，北京市京都律师事务所律师，葵花法律论坛，地址：http：//www. khbd. com. cn。

　　3. 最高人民法院《关于民事执行中查封、扣押、冻结财产的规定》。

　　今天的我们都把浮躁当成一个贬义词在用，我们在批评学术的浮躁、人性的浮躁等等。事实上，浮躁是骚动的另一种表现，躁动的法治孕育着另一种新生。在这个躁动的时代，我们要学会静听一种声音，一种新生命的诞生，这种新生命里就有法伦理学的萌动。如果说法治也是有生命的，那么法治的过程是一次灵性的孕育过程。如同生命在于成长，在这一成长过程中，法治同样会出现"成长的烦恼"，如"司法腐败"、"三陪律师"等等。

第二章　法伦理学诞生的历史必然性

任何事物都有其存在、发生、发展乃至于消亡的规律，这一过程不依赖人的意志，不为人的意志所左右。法伦理学的诞生有其历史必然性，我们在批评学术的浮躁、人性的浮躁等等时，我们要学会静听一种声音，一种新生命的诞生，这种新生命里就有法伦理学萌动。

第一节　法伦理学诞生的基本条件

法伦理学的诞生不是学者的一厢情愿，这是历史的必然。法伦理学诞生的历史必然性首先表现在它是现实社会的需要，体现了时代的要求，具有充分的现实基础。

一、法律独立地位的最终形成是法伦理学诞生的前提条件

时代的发展使得法律成为法律，而不是道德与政治的附庸，这是法伦理学诞生的前提条件。

法律与道德关系问题历来为中外贤达所争论不休，这说明法律与道德关系具有复杂性。在我国历史上法律曾从属于道德，特别是在封建社会里长期实行所谓"德主刑辅"、"出礼入刑"，就是说在德与刑的关系上主张两者相辅相成，而在作用上分清主次，法律的作用是辅助礼教之不足。我国封建时代出现了特别的断案方法"春秋决狱"，即断案不以法律为依据而以《春秋》一书中表达的儒家经义为准绳。"春秋决狱"始创于西汉的董仲舒，他撇开法律的规定，以《春秋》的伦理道德为准绳，前后断处疑难案件232起，并开创了以《春秋》经义断案的先例。后人将这些案例汇编成书，叫《春秋决狱》，也称为《春秋决事比》。因此，我们认为中国传统法文化是一种伦理型法文化。它建立在宗法制度的基础上，以儒家学说为理论基础，其基本含义大致有三个方面："第一，儒家伦理法是把宗法家族伦理作为大经大法的法文化体系；因此，第二，在这个体系中，宗法家族伦理被视为法的渊源、法的最高价值，伦理凌驾于法律之上，伦理价值代替法律价值，伦理评价统率法律评价，立法、司法悉以伦理为转移，由伦理决定其弃取；并且，第三，在现实的社会生活和政治生活中，以伦理代

替法律，伦理和法律之间没有明确的界限，宗法伦理道德被直接赋予法的性质，具有法的效力，从而形成法律伦理化与伦理法律化的双向强化运动。"①。因此，有法律史学者认为："有关礼的观念与学说是中国传统文化的核心，它影响到社会生活的各个领域，调整着人与人、人与天地宇宙的关系。礼与法的相互渗透与结合，又构成了中华法系最本质的特征和特有的中华法文化。"②

传统法文化的这一伦理主义特征对于法的发展的阻碍作用，具体表现在：

1. 伦理规范与法律规范相混淆，阻碍了法与道德的分离；

2. 伦理规则取代法律规则，使得人们难以从礼这一种道德思想体系中抽象出一种具有相对独立性的法学体系；

3. 伦理型法文化具有强大的社会整合机制，它通过家庭的、社会的和政治的教化功能培养人们的顺从意识，从而造成社会思想和意识的单一化，任何对伦理主义意识和观念的违背都是对统治者倡导的官方思想的背叛；

4. 伦理型法文化还将社会各种职业、各种利益主体整合为以君主为核心的单一化结构，在这种结构下，家庭利益大于个人利益、家族利益大于家庭利益、社会利益大于家族利益，最后君主利益大于其他一切利益，法律、道德和宗教都必须为皇权服务，成为统治者手中的工具③。

因此，这个时期的法律是道德的附庸，法律在社会生活中不占主要地位。而法律不独立，就只能形成伦理型的法，而不可能出现法伦理学。而法律的独立地位的形成是法伦理学诞生的前提条件。

二、"德治"与"法治"关系的理论是法伦理学产生的理论基础

法律与道德的关系理论以及"德治"与"法治"关系的理论的酝酿与形成是法伦理学产生的理论基础。

从奴隶社会与封建社会道德对法律的包容，到资本主义社会法律与道德的分离，再到法律与道德之交合，深刻反映了法律与道德关系的历史发展轨迹，体现了否定之否定规律。对这一变化规律的研究与利用将对社会发展具有重要意义，两者的相互关系与变化规律是法伦理学诞生的理论源泉。

我国在提出"依法治国"的同时，也提出了"以德治国"，因此，并不是说"法律的作用再怎么强调也不过分"，法律与道德已经成为"社会文明圈"中不可或缺的"生物链"。"依法治国"与"以德治国"的提出，正说明了两者对国家的发展都具有的重要性，两者不可偏废，这是法伦理学建立的理论基础。"德

① 俞荣根：《儒家法思想通论》，广西人民出版社 1998 年版，第 138 页。
② 张晋藩：《中国法律的传统与近代转型》，法律出版社 1997 年版，第 3 页。
③ 朱福惠：《宪法与制度创新》，法律出版社 2000 年 9 月版，第 240 - 241 页。

治"与"法治"在社会中的共同作用与有机协调，又成为法伦理学研究的内容。正如学者说"法治伦理是在现代社会法治原则得以确立之后，围绕着'依法治国'的原则要求而提出的社会伦理中的一个相对具体的子系。在依法治国的法治原则未确立起来之前，还不可能有法治伦理。""传统社会的治理，非但不会有法治的方式，反而根本地与此法制的精神相反对、相背离。""在法治伦理中，法、道德和伦理之间，尤其在法与道德之间，应当是一种怎样的关系或顺序，都需要重新加以审视。相应地，新时期社会科学的开放与重建，必然回溯到其理论基础与前提的重构上来。""对于当代中国而言，法治伦理建设的重要性，可以落实为它在'依法治国'实践上所具有某种实用价值，当然这种实用价值需要首先在理论上得以确立和论证"[①]。

三、法律与道德的分离与相交是法伦理学诞生的现实基础

法律与道德的分离与相交，产生了法律与道德的"共同地带"并形成了"共振效应"，这是法伦理学诞生的现实基础。

法律与道德作为社会的上层建筑是建立在经济基础之上的，它们随着经济基础的变化而变化。目前，我国的经济基础已经由计划经济逐步向社会主义市场经济迈进，现代科技的发展，特别是高科技的发展，在社会生活的各个领域都引起了革命性的变革，这对传统的法律制度与道德观念产生了巨大的冲击。知识经济、信息经济、网络经济已经给社会带来了非常大的变化，这一变化要求我们的知识也应当更新与发展，我们认为法律与道德关系已经不同于以往的概念，社会的发展赋予了法律与道德关系全新的涵义，这种涵义集中表现在四个方面：

1. 就静态意义而言，法律与道德的适用范围表现为两个相交的圆，两者形成了重叠部分，这就是"共同地带"，即有一块内容既属于法律的内容又属于道德的内容，如诚实信用既是法律精神又是道德原则，其他还有公平、正义、良心、效益、秩序等等都是两者的"共同地带"，从这个意义上说法律是对社会重大的伦理原则的表达；

2. 就动态意义上而言，两者相互影响、相互渗透，因此，如何使得两者相互协调和相互配合，以对社会起到促进的作用，就成为法伦理学所要研究的重大课题；

3. 两者可以相互转化，具体表现为法律的道德化与道德的法律化，比如"为人民服务"发展到目前已经不能仅仅是政治和道德要求，而且也应当是法律

---

① 宋惠昌：《应用伦理学》，中共中央党校出版社 2001 年 7 月版，第 40 – 42 页。

要求，特别对政府而言更是如此①。

4. 在法律的具体实施中，道德是法律的基础。一方面，无论是立法还是执法、司法，都离不开人的活动，事实上，法律是写在纸的东西，法律的实现必须依靠人的力量。因此，人的道德状况特别是法律工作者的道德状况直接影响了一国法制的最终质量，离开道德谈法制现代化是一句空话，这也是我们的误区之一，我们经常会单方面责怪我们的法律制度不健全，事实上，没有道德的支撑法律就永远不可能健全。其次，法律在运行中特别需要人民的爱法热情与护法精神，如果我们每个人都积极维护法律的尊严，每个人都能做到勇于与违法犯罪行为做斗争，我们的法治就不会是目前的状况，而爱法热情、护法精神、维护法律的尊严、勇于与违法犯罪行为做斗争等等都是社会主义道德在社会生活中的体现，因此说，道德不仅仅是法律的补充，更是法律的基础。

上述关于法律与道德关系的观点，反映了法律与道德在社会生活中的共同作用，这也是法伦理学形成的现实基础。

四、商品社会中的道德"滑坡"与"爬坡"现象的并存，是法伦理学诞生的时代机缘

现代法制的发展使得法律与道德相脱节并且同时产生了道德"滑坡"与"爬坡"现象，这是法伦理学产生的现实条件，成为了法伦理学诞生的催化剂，这也是法伦理学诞生的时代机缘。

所谓"滑坡"，是相对于中国优良的传统道德而言的，指的是在改革开放和发展社会主义市场经济过程中国出现的丢失优良道德传统和"道德失范"的现象。"爬坡"，则是指在这一历史变革过程中应运而生的新的道德观念，在得到社会普遍认同的其他上呈现的困难状态。②"爬坡"现象主要表现在：人们普遍地发现了个人价值的真实存在，普遍地重视职业活动的服务性质和质量要求，普遍形成的公平意识和时效观念，以及人们特别地发出对道德进步的呼唤、对道德走向新境界的热切的期待，等等。③在我国的社会主义市场经济建设中，对道德建设中有一种错误观念，认为当前出现的"道德滑坡"现象是发展经济必须付出的代价，叫做"代价论"，似乎发展经济就必须放弃道德建设，两者不能兼顾。此外，还有一种观点是先发展经济，后发展道德，经济上去了，道德自然就上去了，所谓"先后论"。事实上，这种观点之所以是错误，一是它把道德建设与经济建设对立起来；二是根本忽视了法律的力量以及法律对道德的促进作用，割裂了法律与道德的联系。在我们的司法实践中，经常使用"法不容

---

① 石文龙：《21世纪中国法制变革论纲》，机械工业出版社2004年10月版，第50—51页。

② 钱广荣：《中国道德国情论纲》，安徽人民出版社2002年12月版，第200页。

③ 钱广荣：《中国道德国情论纲》，安徽人民出版社2002年12月版，第275页。

情"，以表明法律与道德的区别与界限，这正是法律与道德脱节的最好说明。实践中诸如注射死亡的应用，精神损害赔偿在法律中的确立等等，正说明"法亦容情"。

随着社会实践的发展，法与道德将呈现进一步分化又进一步融合的双向历史发展趋势。一方面，由于人类文明的发展，人的自觉意识和道德意识的增强，道德的理性色彩和法律的情感色彩均会有所扩大，法律与道德将具有更多的共同点，法律道德化与道德法律化的新情况将会日趋明显。[1] 法律与道德关系融合与分离趋势给了我们许多新的课题，我们有必要建立一门法伦理学来专门研究法与道德这一特殊现象。

五、社会的发展形成了法伦理学的独特的课题与任务，这最终使得法伦理学有了立足之地

新的学科需要解决新的问题，时代对法伦理学提出的独特的课题，形成了新的任务与挑战，至此，法伦理学最终诞生，所谓有位才能有为，现实的需要是一个学科得以成立的根本。

研究法律的道德基础与人性内涵，研究法律道德化、道德法律化、法律人的伦理规则等等是法伦理学中的重大课题。时代的迫切需要成为法伦理学发展、成长的催化剂。现实社会对法伦理学提出了如下几个主要任务：

1. 适应新形势的要求，正确认识法律与道德的关系，既反对"法律至上"否认或者忽视道德在国家政治生活中的作用，同样也反对过分夸大道德的作用与力量，而忽视法律的作用；

2. 充分认识它们之间相互影响、相互协调和相互配合的功能，发挥其组合功能与整体优势，使得它们对社会起到相互促进作用；

3. 研究两者相互转化的规律与条件，确保法律与道德的适当调整与相互转化；

4. 在法制建设中，充分发挥法律的教育功能，防止单纯惩罚主义，注重发掘法律中内含的道德情感因素，使法律最大程度地建立在道德的基础之上，努力实现"被遵守的法律是良好的法律"；在道德教育中，努力把法律要求内化为个人的道德修养，这样才能最大程度地实现人与社会的和谐；

5. 通过对法律与道德建设的完善，促进法学与伦理学的建设与发展，丰富我国的法律研究与教育。

总之，法律在国家政治生活中的独立，法治、德治思想的提出，现实中存在的道德滑坡，司法工作者的道德水准在法制社会中作用的显现等新的形势下，

---

[1] 万斌：《法理学》，浙江大学出版社 1988 年 8 月第 1 版，第 183 页。

要求新的法律伦理规则，包括司法伦理规则等，这些都促进了法伦理学的诞生。

第二节　法伦理学的独特范畴

法伦理学这一学科诞生的历史必然性还表现在该学科有自己独特的理论范畴。什么是范畴？据《辞海》解释：1. 指类型、范围；2. 指各个领域中的基本概念，反映客观事物的本质联系，各个具体学科中都有各自的特有范畴。如经济学中的商品、价值等。范畴的作用在于这是我们构建学科的基础，列宁把范畴概括和比喻为："认识世界过程中的一些小阶段，是帮助我们认识和掌握自然现象之网和网上组结"①。在人类的思维成果中，各门科学都有自己特有的范畴，这是学科与学科之间形成区别的重要内容。

仅有法律是远远不够的，需要道德的、宗教的等综合力量形成对社会的全面规范；但仅仅如此依然是不全面的，依然属于对事物的"一知半解"，我们提出在法律与道德间，还有第三种力量，这是新时代、新的环境下生成的一种新规则，在理论上我们将其归纳为准法律。

准法律是一种道德规范在法制生活中的转化而成的更具有规范性、明确性与可操作性的行为规则，是一种介于法律规范与道德规范之间的一种行为规范，是类似于法律但又区别于法律的东西，就是我们经常说的"墙上的法律"，具体表现为我们日常生活中的行为规范，比如，小学生行为规范、公务员行为守则、律师职业道德与职业纪律、法官工作守则、公民道德实施纲要等等。在现实生活中更主要地表现为各种法律人必须信守的伦理规则，它是法伦理学研究的基本范畴。这些都是道德规范在法制社会中的具体行业、领域的具体化，我们认为准法律是法律能够运转的"软件设施"，离开了准法律的支持与维护，法律运行的质量将大打折扣。社会生活中交通行业的无人售票制度等，说明了社会生活领域中道德的自发作用；以至于有人在学生考试时设计"无人监考"制度，取消监考，让道德中的诚信原则在社会生活中自我实现，这种深刻体现道德因素的措施与办法，就是"准法律"。它介于法律与道德之间的，既不是法律，不是道德，又体现了法律与道德精神，它生动反映在社会生活中，"准法律"正是法伦理学的最基本的范畴。

具体而言，法伦理学领域的准法律集中表现为如下的法规形式：

1. 律师职业道德与职业纪律规范；

2. 律师执业行为规范（试行）；

---

① 《列宁全集》第38卷，第90页。

3. 中华人民共和国法官职业道德基本准则；

4. 最高人民法院、司法部关于规范法官和律师相互关系维护司法公正的若干规定；

5. 检察官职业道德规范；

6. 检察人员纪律处分条例（试行）；

7. 人民警察职业道德规范；

8. 人民警察警容风纪管理和纠察办法等。

究竟怎样去理解"徒法不足以自行"，经过对法律实践的观察与分析，我们认为即使在"法治"国家，仅有法律也是远远不够的，支撑法治运转的除了法律之外，还有道德，特别是离法律更近的"准法律"。准法律是法制社会中确保法律正常运转的不可缺少的规则，我们也可称之为"隐法律"或者说"潜规则"。

目前在我国的理论研究中，已涉及到了准法律的影子，沈达明在其编著的《准合同法与返还法》中，涉及到了准合同一词，提出：准合同是罗马法的一个概念，包括不当得利和无因管理。《德国民法典》第二篇（债篇）第七章把无因管理与不当得利并列，没有使用准合同这个总括概念。《法国民法典》则使用准合同一词，第 1371 条至 1381 条规定无因管理与返还所清偿的不欠之债，法国最高法院以这些规定为依据发展了一般性的不当得利返还之诉，可见在现行法国法上，准合同有三项内容[①]。《法国民法典》第 1371 说准合同是"人的纯粹自愿的合法行为，其结果是对于第三人承担某项债务，有时是双方当事人相互承担债务"。近年来法国学理把准合同概念适用于在没有协议的情况下法律强加于个人的所谓合同性地位，例如公共交通运输人的强制保险、延长已到期的不动产租赁合同等。法国判例沿用准合同这个名称。按照判例，准合同是一个自愿的、适法的行为[②]。当然，准合同并不是特指准法律，但我们可以借鉴该语义与语境，以创设我国的法伦理学。

掌握准法律与法律的区别具有重要意义，两者的区别在于：

1. 调整范围不同：法律调整的是国家生活中的具有普遍性质的根本问题，而准法律一般是以某一类人群、某一行业为范围，如小学生、中学生或者大学生等。就内容的性质而言，对小学生、中学生或者大学生等的调整事项与内容尚未到需要国家法律加以规定的地步。具体而言，这些小学生的行为规范，只需由国家通过倡导等方式即可在社会生活中得到实现。

2. 两者的调整领域不同：法律对全社会进行调整，而准法律则对特定的人，

---

① 沈达明：《准合同法与返还法》，对外经贸大学出版社 1999 年 11 月第 1 版，前言第 1 页。
② 沈达明：《准合同法与返还法》，对外经贸大学出版社 1999 年 11 月第 1 版，第 44－45 页。

特定的领域进行调整。

3. 法律具有国家强制力。准法律有没有强制力？显然准法律具有强制力，甚至具有国家强制力，这种力量的源泉在于国家对该准法律的认可。但总体而言，准法律的强制效力明显低于法律，它由相关行业、单位根据国家法律精神变通后，通过设立相应的制度自行处理。

4. 两者的法律渊源或者说表现形式不同：法律表现为由国家颁布的正式的法律或者法规；而准法律一般表现为行为守则、职业道德与职业纪律、纲要等。

5. 法律主要规范人民的外部行为，通过对外部行为的规范，来控制人们的内心世界；而准法律主要是通过规定人们的内部世界，而控制人的外部行为的。因此，准法律的活动方式类似于道德的作用方式。

6. 就规则本身而言，准法律从其内容上看，具有实用性和弹性，在规则的严谨性与严肃性方面与法律不同。准法律在结构上具有松散性，在实际处理中具有更大的弹性，它往往会根据当事人的态度等作出相对灵活的处理，因此，此案与彼案处理的差距相对也会比较大。

法律并不万能，法律的实践发展充满了对伦理的呼唤，改革开放后中国社会保障等制度的建立与完善也正是对伦理的回应。法律是由人制定的，先进的道德是人选择、推崇与宣扬的，没有人的积极活动，法律就会"迷失方向"，没落的道德就会"沉渣泛起"。因此，没有准法律支撑，法治几乎是一句空话，所谓"道德是法治的基础"，法治的运行须臾离不开具有道德内涵的人。准法律的意义与价值在于，人的道德的规范与塑造是不会自动完成的，必须由准法律来完成对人的调整，以正确发挥人自身的主观能动性。准法律的理论价值在于让法律与道德能够产生积极的融合作用与互动效应，以提高法律的运行质量与实效。

第三节　法伦理学是法学领域的重要学科之一

法伦理学诞生的历史必然性这一客观现实，促使法伦理学成为我国法学领域中的重要学科之一。多年的法律实践使我们深深地认识到法律的运行离不开人的因素，特别是法律职业人的因素。法治作为国家的治理模式，其基本要求一是要有良法，二是良法得到良好的运行。在21世纪的今天，强调法治，反对人治已经成为共识，但是我们不能忽视法治状态下人的作用，不能忽视法律职业人的行为准则与行为操守。

实践已经表明法律职业人轻易就能使法律走样与变形，因此，必须规范法律职业人的行为，必须用法律的、道德的、行政的、行业的等多种方法综合规范法律职业人的行为，而不仅仅是强化职业道德建设。对司法权力运用行为的规范单靠法律的手段或者道德的手段都是不够的，必须在法律之外建立一整套规则，使司法权行使得以规范化、科学化。就总体而言，法律的运行离不开道德的支撑，否则法律极容易成为某些人"赚钱的手段"，终将使法律、法庭等成为"美丽的谎言"。我们必须建立系统的制度，使得法律能够得到良性运转，系统的制度的建立正是法伦理学的任务。法律从制定到法律精神的实现，离不开伦理准则对法律共同体的伦理制约，因此法伦理学学科建设意义重大。

目前，就我国法制建设的现实来看，法伦理学的实践事实上已经走在了理论的前面，具体表现为：

1. 实践中已有了大量的职业伦理的"立法"。如：律师执业道德与执业纪律，国家公务员守则等，法官、检察官也都有了自己的行为守则；

2. 诸如律师执业道德与执业纪律等法律职业伦理早已成为国家司法考试的内容；

3. 许多法律院校已经开设法伦理学课程，有些高校甚至将其作为必修课程。值得注意的是我国的台湾地区对这一学科较为重视，法律院校普遍开设法伦理学课程。

目前理论建设的现状为：我国已开始认识到了这一学科的重要性，并已经有了这方面的教材，但真正从法律角度来论证法伦理学的著作尚不多见，而在理论上能突破法律与道德关系的束缚，在实践中能突破现有职业道德与纪律的规定，全面论证法伦理学的内容的著作，可以说至今尚未问世。

因此，总结国内外的研究现状，我们可以得出如下结论：

1. 在观念上，我们能够认识到法伦理学的作用与价值，认识到这是一门重要而又独立的边缘性学科。

2. 目前我国对法伦理学的理论建设，尚处于初步性的探索阶段，虽然我国在上世纪 80 年代就有学者提出法伦理学这一名称，近来也不断地有一些文章、著作，但目前该学科尚未形成自己的独特范畴、领域与研究方法，即尚未形成自己的理论体系，特别是缺乏从法学的角度来论述法伦理学的专著。

3. 实践已经走在了理论的前列，实践急需理论的指导。一方面，就国家法制建设而言，需要系统的理论指导，现有的理论需要进一步提升；另一方面，就大学的法学教育，包括国家司法考试而言，需要充实、完善其内容等。

我们说法伦理学是关于人的学问或者说学说，法伦理学应当研究与解决的理论与现实课题大致有：

1. 法治中的善恶律。善与恶在法治中的地位与关系，善在法治中的有什么作用？恶在法治中有何价值等。

2. 什么是法律之"善"？善的法是不是就是良法，良法如何形成，其标准是怎么样的?

3. 法治状态下如何发挥"人"的作用。在法治的氛围中发挥"人"的作用与人治有什么区别? 或者说"法治下的人治"、"通过规则实现对人的治理,最终实现对社会的治理"等说法能否成立?

4. 法治与德治的关系问题。这不仅是传统的法学问题,也是法伦理学的重大课题,这一问题已经争论了几千年,在新的时代应赋予怎样的内容?

5. 中国法治建设如何贯彻、落实以人为本。中国现阶段的法治建设强调了"精英"的力量,政府的力量,忽视了民众的参与,简单地将中国法治进程的路径选择归结为"政府推导型"模式,这是目前法治建设与研究的重大误区之一。

6. 法律人的职业道德。中国向来不缺乏道德传统与道德说教,在这一背景下,法律人的职业道德就成为法治建设的重大难点之一。

构建法伦理学理论与学科体系遇到的困难是非常大的,作为一门由法学与伦理学结合而成立的交叉学科,其中必然涉及大量的道德准则的内容,如何将这些道德准则与法律相融合是重要的难题之一。关于道德准则问题,必须与一般的道德说教相区别,与政治要求相区别。因此,在构建法伦理学理论与学科体系时,必须掌握住这样几个问题:

1. 应从法律的角度论证法伦理学,使其成法律书籍,而不是伦理学书籍,这样才能发挥法伦理学理论价值与现实价值。

2. 强化法伦理学理论与应用的独特性。法伦理学既不是现有的一般法学研究,更不是伦理研究,它是对两者的借鉴,但又区别于现有的法学与伦理学。法伦理学的研究应有自己独特的概念与理论体系,在此基础上建立出一门独立而重要的学科。

3. 应当注意这一学科的实用性,不能是纯粹的理论。中国是一个重视道德的国家,但在道德的制度化建设问题上尚做得不够,使得道德难以在生活中适用,影响了道德的适用性与实用性。

总之,离开了道德的支撑,法治不过是一句空话。新的形势下,需要对法律与道德关系等理论进行重新梳理,以形成新的理论,从而填补法制建设中的空白,并指导中国法治的实践。

思考题

1. 为什么说法伦理学的诞生具有历史必然性?
2. 如何理解准法律是法伦理学的独特范畴?
3. 简述法伦理学在法学中的独特性。

案例及社会热点问题的分析与探讨

——评"知假买假"。

背景介绍： 知假买假是否应受《消费者权益保护法》保护？

《消费者权益保护法》（下简称《消法》）有一条众所周知的"双倍赔偿条款"，即该法第49条规定，"经营者提供商品或者服务有欺诈行为的，应当按照消费者的要求增加赔偿其受到的损失，增加赔偿的金额为消费者购买商品的价款或接受服务的费用的一倍"。这就产生了以王海为代表的"职业消费者"，他通过知假买假然后向商家索赔获利。因此，有人称王海为中国打击假冒伪劣"第一人"，商家则称他为"刁民"。特别是就"王海是不是消费者"这一问题产生争议，从而引发了一场民间打假是不是消费行为，这一行为能否受《消法》的保护、能否适用《消法》第49条获双倍赔偿的争论。

王海这一职业打假者的打假索赔案件，先是大多胜诉（双倍获赔），后是大多败诉，各地打假者的下场也基本如此。裁判者判决打假者败诉的理由是，以打假为目的的购买行为不属《消法》第2条所指的"生活需要"，打假者不是《消法》规定的消费者，因而不适用该法第49条双倍赔偿的规定。

《上海市消费者权益保护条例》在修订草案阶段最受众人关注的就是对消费者的定义，草案中规定的消费者"是指为生活需要购买、使用商品或者接受服务的个人"。那么王海这类打假者就不受该条例保护，实际上也就得不到《消法》的保护。该修订草案引起了上海市民的强烈反响，很快受到全国社会各界的关注。有关知假买假打假的民间打假是否受《消法》保护的争论又发生了一轮高潮。最终上海市人大常委会通过的《上海市消费者权益保护条例》规定"知假买假"依然受该《条例》的保护，有关"知假买假"应否受《消法》保护的争论在上海就此告一段落。

　　人是法学研究的永恒主题，更是法伦理学研究的切入点，是构建法伦理学这座大厦的基石。我们说不仅仅文学艺术在塑造着人，法律也以其特殊的方式塑造与培养着人，其方式是通过授予权利、规定义务与法律责任，使人们的行为方式与社会相协调。从文革的"砸烂公检法"，到十一届三中全会时期提出的"加强民主与法制建设"，再到十五大"依法治国"基本方略的提出，新中国"通过法律治理社会"的法治历史并不长。我们认为重"物"不重"人"是现实法制的不足，人的权利是法律的灵魂，是民主政治的核心与本质，也是法制建设的中心。"文化大革命"的悲剧再一次说明，在欠缺权利观念与缺乏权利保障机制的时代，社会必将陷入法律虚无主义的泥潭，民主与法治也将成为一句空话。

第三章 法伦理学视野中的"人"

我们认为"人"是法学研究的主题，在法伦理学领域，人不仅是构建法伦理学这座大厦的基石，也是法伦理学研究的切入点与方法，以人的视角研究法律，这是法伦理学的基本方法与路径。

第一节 现实法制对"人"研究的不足

传统的中国法律在价值取向上重权力、轻权利，重国家利益、社会利益、轻个人利益，长期的历史积淀造成现实法制过于强调对公权力的保障，轻视对私权利的保护，更谈不上在法律上建立与完善对公权力的抗衡与制约的私权利保护机制。对权利的漠视造成现实法制对"人"的忽视，即重"物"不重"人"。我们认为人的权利是法律的灵魂，是民主政治的核心与本质。文化大革命的悲剧再一次说明，在欠缺权利观念与缺乏权利保障机制的时代，社会必将陷入法律虚无主义的泥潭，民主也将成为一句空话。

一、重"物"不重"人"是现实法制的不足

20世纪八十年代末，我国就有学者在探析我国法理学研究长期落后的原因时指出："我们虽然讲法律是调整人们行为的规则，但在事实上往往仅以作为一个群体的阶级作为研究的主体，而很少以个人作为主体，即使以个人作为主体时，这种个人也仿佛是一个机械的、抽象的人。很少从生物学、心理学或社会学、行为科学的角度去解释。"① 及至九十年代末，依然有学者提出："批判性的考察现行法制理论的共同性内涵，可以看出其重大理论误区在于：对物质性的法律制度的过分关注，和对精神的法律观念的极度忽视。"② 可见从八十年代末到九十年代末对人的问题并未在法学理论中得到应有的重视。理论的欠缺必然会反映到法制实践中来，现实生活中重"物"不重"人"的具体表现为：

---

① 沈宗灵：《论法理学的创新》，载《中外法学》1989年第3期。
② 姚建宗：《信仰：法治的精神意蕴》，载《吉林大学社会科学学报》1997年第2期，第1-12页。

1. 将法律视为"刀把子"① 的思想仍然有市场。法律究竟是刀把子还是守护神？在走向权利的时代，这一问题具有重要意义。过去的立法活动中，我国未有任何立法原则涉及人的问题，如人民利益至上原则等。进入 21 世纪，我们的法治需要思想从"刀把子"向"天平"的转变。实际上这也是我们对法律的感觉从疏离走向亲近，从法律规制下的"囚徒"转变为对法律灵活适用的主人翁的过程。

2. 重视立法，轻视执法，特别是法律监督。在守法方面，忽视了广大干部的带头守法，忽视了对执法者的监督。在法制实践中，对特殊群体领导干部的法制化管理问题重视不够，并已造成不良后果，影响了法律的威望。我们认为对特殊行为主体领导干部，应坚持从严治官的原则，这将是我们法制建设中长期遵循的一个重要原则。

3. 重视法院、检察院的办公用房建设、物质装备、包括服装的更新，忽略了法官素质的真正意义上的同步提高。目前在检察官与警察的职业道德与纪律建设仍非常薄弱，最典型的表现在于这方面的规定过于原则，具体可参考附录中的相应规定。

4. 审判实践中，审判机关过分注重经济效益，在庭审特别是在经济审判中，把开庭视为"走过场"的形式，并不着力在庭审中辨明谁是谁非；审判中，对行为人的不良动机不但不采取相应的惩罚措施，反而予以同等的保护；在民事审判中，对人的精神损害及其赔偿，仍然缺乏具体的法律标准；更为严重的是在调解制度中，法官或者抱着息事宁人的态度，对当事人不问青红皂白各打五十大板，或者动用自己所拥有的种种社会力量，比如身份、地位、权力等，来迫使当事人就范，使调解不能不带上浓厚的恣意和威压色彩，这一现象使调解几乎成了"和稀泥"、"强迫压制"的同义语，调解制度远未能臻于理想状态②。

5. 在经济建设中，某些政府领导人为了自己的政绩，片面追求 GDP，造成了对房地产市场的违法行为打击不够。

诸如此类，不一而足，重"物"不重"人"是现实法制的基本现状，是现有法治建设存在的一个重要问题。现实的法治无论在理论研究，还是在立法和司法实践中，并未将人的问题作为法制的重要因素，这也是为什么我国立法数量不断增加，而执法效果却不尽人意的原因之一。

二、现实法制不重视人的原因及其后果

现实法制缺乏对人的应有重视，究其原因有以下几个方面：

---

① 将法律视为"刀把子"，在这里指的是将法律视为一种暴力统治工具。关于"刀把子"、"天平"的比喻意义，参见梁根林：《刀把子、大宪章抑或天平》，载《中外法学》2002 年第 3 期。
② 王建勋：《调解制度的法律社会学思考》，载《中外法学》1997 年第 1 期。

1. 法学理论缺乏对人的主体性与自我意识的研究。正如沈宗灵教授指出的那样，我国法律理论习惯于将一个群体的阶级作为研究的主体，而未将人作为法律研究的重心；沈老师又指出："尽管近十年来，在文史哲等领域或对传统文化的广泛讨论中，出现了人的主体性的强大思潮，但法理界几乎没有反映"。① 其他学者在分析现行法治的重大理论误区时指出："形成这种状况的基本原因，在于这种理论忽视了在法治历程中社会成员的主体性与自我意识"。② 人的主体性，就是指人同客体的相互作用中所表现出来的能动性、创造性、自主性。主体即现实的人类，主体性是人作为实践的、历史的、主体的根本特性。主体性在某种程度上就是人性之所在，表现在信念、理想、意志、价值规、道德、人格尊严诸方面。③ 主体之所以为主体，首先在于其有主体意识，人的主体意识，至少包括自主意识、权利意识和责任意识、主人意识等。

2. 传统法律文化的消极影响。我国传统法律文化虽有很多积极因素，但消极因素也很多，如德主刑辅的法观念等。

3. 现实法制中，封建性的留毒仍残留于社会。如人治思想依然存在，权力干扰权利的现象时有发生等。

4. 在法制实践中长期未能有效弘扬法的精神与理念，社会主义法制所需要的民主、平等等观念尚未深入人心。

重物不重人的思想，在实践中造成的后果是：就宏观而言，法制建设因重规章制度，重法律体系的建设，而轻视人的法律素质的全面提高，造成法制的进程与人的发展相脱节，法制建设事倍功半。正如西方学者所言："国家落后也是一种国民的心理状态"，"落后和不发达不仅仅是一堆能勾勒出社会经济图画的统计指数，也是一种心理状态"④。从微观而言，因法律避开了人，人也必然"抛弃"法律，此时法律在人们的心目中，不是我要法律，大家需要法律保护；而是偏重于法律需要个体或群体的服从与遵守，因此，法在人们心目中的神圣性、权威性降低，人们不能从内心深处产生建设社会主义法制的积极性，法律与人缺乏深层次的协调与默契。

从文革的"砸烂公检法"，到十一届三中全会时期提出的"加强民主与法制建设"，再到十五大"依法治国"基本方略的提出，新中国"通过法律治理社会"的法治历史并不很长。在现实法制建设中如何树立以人为本的指导思想，这有待于我们更新法学理念，认识到人在法学中的独特地位，在理论上把人作

---

① 沈宗灵：《论法理学的创新》，载《中外法学》1989 年第 3 期。
② 姚建宗：《信仰：法治的精神意蕴》，载《吉林大学社会科学学报》1997 年第 2 期，第 1－12 页。
③ 韩成：《现实的人与人的现代化》，载《学海》1996 年第 6 期，第 52－55 页。
④ ［美］阿历克斯·英格尔斯：《人的现代化》，四川人民出版社，第 3、5 页。

为法学的最基本范畴与研究重心，深入开展对法律人的研究，以理论先行的原则，推进我国法制建设的进程。

第二节　法学对"人"的塑造与表达

法律发展的历史，就是对法律视野里人的探索与立法的完善，所以法的历史就是不断对"人"的设计、塑造与培育的历史。法学作为科学，其积极的内核在于尊重人，在于肯定人的价值，强调以人为本。法学研究中，要强调人的主体性，而"以人为本"在法学上表现为人是法律关系的主体。我国部门法中大量地以各自领域中的人为基础，开展对人的专门研究，并已经形成了极为重要的成果。

一、"人"在主要部门法学中的不同表达

民法是对"人"的塑造最为充分与发达的法律之一。作为一门博大精深的科学，民法理论的构建与突破首先来源于对"人"的概念的创造。民法把人分为自然人与法人，所谓自然人简言之就是基于自然出生而取得民事主体资格的人，自然人又可分为本国人（即具有一国国籍的公民）、外国人和无国籍人。民法在创造自然人这一概念后，又在现实世界假设了一个人——法人。法人是法学家对人的虚拟，是把一个组织想像为一个人，具体是指具有民事权利能力与民事行为能力，依法独立享有民事权利与民事义务的社会组织。现在法人这一概念已经充斥于我们的日常生活之中，成为现代社会制度的重要组成部分。人的理论中又形成其他的重要制度，包括：1. 权利能力与行为能力制度。行为能力又可以分成完全民事行为能力、限制民事行为能力和无民事行为能力；2. 自然人的户籍与住所；3. 监护与代理；4. 宣告失踪与宣告死亡；5. 个人合伙等。在自然人的基础上，法律体系又得到进一步的发展，形成了人法与物法。可见人的概念在民法体系构成中的重大作用。可以说，没有对"人"的建立就没有民法。

我国现行法律中提到自然人的，是1986年4月12日年通过、1987年1月1日实施的《民法通则》，但仍没有全面展开。《民法通则》第二章的标题为公民，但立法者在公民之后加了一个括号，写上自然人，在具体的条文中全部用公民这一法律用语表达。第一次正式把自然人纳入法律条文中的是《中华人民共和国合同法》，合同法在第二条将合同定义为"合同是平等主体的自然人、法人、其他组织之间设立、变更、终止民事权利义务的意思表示一致的协议"，这一规定的意义在于它扩大了合同法的适用范围，把外国人和无国籍人与我国公民所

44

订立的协议都包括在合同法中，这是对传统法律主体的突破。

宪法对"人"的塑造，是通过创设"人民"与"公民"而实现的。宪法的精神为：国家的一切权利属于人民、人民当家作主、人民通过选举自己的代表组成全国人民代表大会与地方人民代表大会来行使权利。我们现在所说的现代"公民意识"，主要是要善于充分运用宪法赋予的权利，积极地行使当家作主的权利。

刑法中的"人"，主要指的是犯罪主体，即指实施了危害社会的行为，依据刑事法律应当负刑事责任的自然人。在刑法的视野中，一个人构成犯罪必须具备一定的条件，这个条件就是行为人必须具备一定的刑事责任年龄与刑事能力、必须具有主观上的故意或者过失等心理状态、必须具有危害社会的行为与结果、行为与结果之间具有因果关系、必须侵害一定的社会关系。可见，刑法充分关注着人，关注着行为人的主观状态等因素。

诉讼法对人的设计是通过解决各方当事人在具体的诉讼中的地位来实现的，所以诉讼法实质上是调节各方诉讼参与人诉讼权利与义务的科学或者艺术，包括当事人、被害人、法定代理人、辩护人、证人、鉴定人、翻译人等，在内容上重点是围绕着权利的充分实施而展开的。

行政法中"人"的制度包括行政主体、行政相对人。行政主体是指依法拥有行政职权，能以自己的名义行使行政职权，并能独立地为自己行使行政职权的行为所产生的后果承担相应法律责任的国家机关或社会组织。行政主体具体包括行政机关和法律、法规授权的组织。行政相对人是指在行政关系中与行政主体相对应的另一方当事人，即行政主体影响其权益的个人、组织。行政法通过"人"的塑造与培育以及相应法律制度的建立来规范和监督、制约权力，以保证其合法、合理、及时地运行，保证国家行政权力的实施与公民权利的实现，即一方面保证权力的行使，另一方面保证权力的行使不对权利形成侵犯，使得权利能够足以形成对权力的制约。

部门法的发展是通过对人的构建而展开的，同时也形成了充分的关于人的具体法律制度，法学研究始终不能欠缺对人的研究。

二、法学所急需解决的有关人的主要课题

人是所有社会科学研究的共同对象，但各个学科对人研究的角度和方法均有其独特性。法学的独特性主要表现在：一方面，人是法律社会中的人，而不是医学中的人，或心理学中的人、文学中的人等，离开法律谈人，不是法学的研究方法；另一方面，法学研究的人是有法律意义的人，其内容包括人的法动机、人的法需要、人的法激励、人的法信仰等。理解和明确法学对人的研究的主要课题，有助于我们进一步理解人在法学中的地位及作用，加深对人是法学

最基本范畴这一命题的深刻领会，从而使我们从外延上把握法学的本质。法学关于人的主要课题可分成宏观和微观两个方面。

（一）从宏观上来说，法学对人的研究包括下列课题：

1. 法律的人性基础。我们认为法律应该具有科学性，这一科学性包括法律应当具有的伦理性，否则，法律就会缺乏生命力。所谓"合情"、"合理"的要求就是体现了法应当具有的伦理性。同时，法律还要随着社会的发展，适时地进行法律与伦理道德的转化与调整，使法律能不断地扩大其伦理基础。

2. 人的生存和发展与法律的关系，人与法律的冲突与协调。人的生存与发展离不开法律，那么人的生存与发展需要什么样的法律，怎样创造适合人的生存与发展的法律环境。人创造法律的目的是为了追求进步与自由，然则如何解决法律对人性压抑的消极面，如何营造人法一体的生存环境，最终实现人与社会、人与法律之间的和谐。

3. 法律与人格。法律对人格权的保护及完善，法律对现代人格的培育、引导与塑造。

4. 法律社会中人与人之间关系的变迁。从主仆型人际关系到契约型人际关系，法律社会中人人关系发生了怎样的变迁，契约化人际关系的形成及其重大意义。

5. 法律人的概念及其内涵。法律人与社会人的关系，法律人的独特魅力与价值，法律人的缺陷与弥补。

6. 人在法律中的自我实现。包括法律如何实现人的现代化，法律如何使人成为自由全面发展的人。

（二）微观方面，法学对人的研究课题包括：

1. 法律如何面对人的动机。我们在刑法的理论研究及刑事司法实践中对犯罪动机有所研究与运用，但在其它法制领域则几乎没有反映，特别是在民事审判实践中，除了婚姻法已经规定了对造成离婚有过错的一方应赔偿另一方的损失外，其他法律几乎不涉及对民事行为人不良动机的惩罚。在实际生活中，有一些人专门通过签定合同来制造对方违约，而通过法律来合法地"诈骗"对方当事人的违约金。现实法律如何对这种人进行法律规范，使其承担相应的相应责任仍是一个问题；事实上，在审判实践中，这种行为同样得到法律的保护。此外，审判人员如何对不正当行使诉权进行"乱诉""滥用诉权"的当事人进行教育甚至训诫等，现实法制对此仍缺乏应有的作为。

2. 人对法律的信仰在法制建设中的地位及作用，法律如何培植人们良好的法律情感与法律信仰。

3. 如何在法律中设置科学合理的激励机制。法律中的奖励只是一种激励机制，其它的激励机制有待进一步的研究与开发。

4. 如何调动人的法制积极性，或对调动人的法制积极性，现实法制该作怎样的改进。

5. 如何认识法资源，我们现实的法资源是否能够满足人的基本需求，如何评价现实的法资源，现实法资源尚有哪些欠缺与改进。

6. 如何设置对司法人员（检察官、法官及警官）和律师的评价机制，优秀司法人员和律师的评价标准应该如何设置，如何防止司法机关在评比先进人物中的浮夸风。

上述宏观、微观方面的课题，只是法学对人的研究的主要课题，当然不是全部课题，法学的课题随着时代的发展而不断发展。这些课题共同构成了人在法学中的独特地位与作用，这也正是法学对人的研究不同于哲学、政治学、经济学、医学、文学等学科的关健所在。

从我国社会主义的法制现实来看，法制建设是一个系统工程，而提高人的素质又是中心环节。人是法制建设的主体，是法制系统工程中的能动因素。法制建设不仅仅是法律体系本身的建设，而且是人的法律素质的提高。法制建设的过程，实质上就是用社会主义法制观念和法律制度教育人改造人塑造人的过程。正如邓小平同志指出："法制观念与人们的文化素质有关……加强法制重要的是要进行教育，根本问题是教育人。"① 不重视人的法制建设，已对我国现实法制造成了不良影响，因此，在法制建设中坚持以人为中心，确立人是法学的最基本范畴具有重要的理论意义和现实意义。

三、关注法律人

在经济领域中有经济人一说，在日常生活中有文化人等很多说法，但在法律研究中很少提到法律人的概念。本书在两种意义上使用这一概念：一种是将法律人作为法学研究对人的虚拟与假设，以深刻挖掘其完整内涵，如同我们所说的经济人、文化人，这是一种抽象意义上的人、一种拟制的人，目的是为了进行理论研究；但当我们在谈及法律职业共同体时，法律人的含义是指从事法律的工作人员，这是具体的现实的人，我们统一称之为法律职业人。当然两者之间并不是"水火不相容"的，两者的界限不是绝对的。理论研究中的法律人同时是建立在现实的基础之上的，否则抽象的法律人就会成为无源之水，同时通过对现实的人的抽象又可以丰富、完善我们对现实的人的思考与研究。

（一）法律人是法学的研究切片与假设

所谓法律人，并不是一种独立的社会身份，它类似于一种社会角色，但又不是社会角色。在现实生活中，不可能找到只存在于法律领域，而不同时存在

---

① 《邓小平文选》第3卷，第163页。

于政治、经济、文化、道德等社会其它领域的纯粹的、单面的法律人。但必须承认，如果暂时撇开其它领域，把考察的对象聚焦在法制社会中法律人的法制活动中，此时，就只能是一个特殊的法律人。因此，法律人只不过是法学中的一个研究切片，是法学研究中的一个假设①。科学研究及现实生活均离不开假设，数学中有很多假设，几何学中为证明某一定理，常常会增设虚线等；实际生活中运用假设的现象也经常发生，如会计工作中有会计假设。在司法实践中，特别是在对案件的侦查中，更离不开假设，侦查工作实际上是一系列假设的排列与组合，由一系列假设最后推导出案件的真像。因此，假设充斥在社会生活的各个方面，这也是人的主观能动性的反映。研究现实的人、现代化的人、全面自由发展的人，均离不开对具有法律特质的法律人的研究，法学作为一门崭新的理论，要想有所建树和突破，更离不开科学的假设，这一假设又是行为科学研究得以顺利进行的重要环节。对法律人的关注与研究也是法学以人为中心思想的重要表现。此外，法律人也是现代化人的合理分解，法律人是人的现代化的一个构成部分，人的全面自由发展是法律人的终极追求。因此，对法律人的研究有其重要意义，同时对法律人的研究，也将对我国社会主义人学的研究具有重要意义。

（二）法律人的独特魅力与价值

法律人至少包含这样几个质的规定性：第一，法律人是法制活动的主体，他可以是自然人，也可以是法人；第二，法律人在从事社会活动时，是直接受法定权利所驱使的，对自身权利的维护和利用是法律人最深层的精神动力；第三，在社会生活中，法律人具有强烈的理性主义倾向，他习惯于把情、权、势等撇在一边，实行法律与情、权、势的抗衡；第四，在日常的行为准则中，法律人的行为一般遵循着"有行为必有手续、有手续必有文本；有行为必有程序、有程序必按次序"的原则，因此，法律人会不顾手续的麻烦与程序的复杂，善于以文本（一般指书面形式等）定格自己的权利，以程序捍卫自己的权利，并随时将任何侵犯自己合法权益的行为诉诸法律；第五，不违背法律精神的法律避让②以及法律必须遵守、合同必须履行等法观念。

从法盲过渡到法律人，从法律人过渡到全面自由发展的人，这是社会的重大进步，因此，法律人是向全面自由发展的人过渡的一种中间状态。法学的任务之一，就是造就一批又一批品行良好的法律人，并促使法律人向自由发展的人这一理想状态飞跃。

（三）法律人的缺陷与弥补

法律人并不是社会人的全都，单独的法律人与其它政治人、经济人、道德

---

① 彭赞：《正视经济人》，载《哲学原理》，人大复印资料 1997 年第 4 期。
② 彭赞：《正视经济人》，载《哲学原理》，人大复印资料 1997 年第 4 期。

人一样有其不足。首先，法律人的缺陷源自于法律的缺陷，即法律本身不是万能的，法律的作用有其局限性，因为法律虽也调整社会关系，但并不是调整社会关系的唯一手段，在某些场合，法律可以说是主要手段，例如打击犯罪行为，但在很多情况下，法律并不是主要手段。另一方面，在很多社会关系领域或问题上，采用法律手段并不适宜。此外，作为一种社会规范，法律也不是唯一的社会规范。其次，法律人的缺陷也是法律人对其魅力与价值的"度"的突破与超越，正所谓物极必反。法律人的缺陷主要表现为：第一，在缺乏法律规定，即面临法律的真空状态，或此法与彼法矛盾时，法律人对如何行为可能会无所适从，因为，法律人以法为其行为准则，无法或者法律规定不明确时，法律人易趋于迷茫。第二，因为法律人以"有行为必有手续、有手续必有文本；有行为必有程序、有程序必按次序"的原则行事，因此，一旦过分利用文本程序，则易于倾向于因依懒文本、程序，而形成重形式轻内容的形式主义，以及出现重程序轻实体的拖沓作风。在社会实践中，易使合作双方产生不信任，甚至敌视情绪而放弃合作。第三，法律人的理性，如极度使用则易于造成法与情与理的脱节，在社会生活中表现为原则有余，而灵活性不足，其法行为机械、呆板等等。

法律人价值的过极化，则易转化为法律人的缺陷，弥补法律人的缺陷需在以下几个方面着力：

1. 充分认识到法律人是社会人、现代人的一个部分，但不是全都，两者的关系是部分与整体的关系。即使良好的部件也不一定都能合成为良好的整体。因此，法律人不应避开整体发展自身，正所谓"只见树木，不见森林"。

2. 法律人应注重自身在政治、经济、文化、道德等领域的多方位的全面发展，而不应将视线只是局限在某一局部。而应该使自己成为与政治人、经济人、道德人、文化人等有机结合的一个完整的人，彼此均衡发展，使自身成为现代人的有机组成部分之一。

3. 突破"法律无用论"与"法律万能论"的两个极端，既充分认识到法律的作用，又充分认识到法律作用的局限性，能够利用道德的、纪律的等手段调整自己的行为准则。

作为法学的独特假设，如何使法律人发挥其价值，避免其缺陷的产生，是法学的重要任务。法学对这一任务完成的质量将直接影响到人的现代化进程，同时法学对法律人的塑造与完善，在客观上也将为社会主义人学的发展作出自己独特的贡献。

（四）现实的人、人的现代化、人的自由全面发展

马克思对社会主义制度一般特征的描述中，就把人的全面解放作为社会主

义的一般特征①。党的十六大报告提出了全面建设小康社会的教育奋斗目标："人民享有接受良好教育的机会，基本普及高中阶段教育，消除文盲。形成全民学习、终身学习的学习型社会，促进人的全面发展。"法学是在法制的背景下以人为中心而展开的，法律人是法学的一个研究切片与假设；在现实社会中，法学又将人按其历史进程分为现实的人、现代化的人与全面自由发展的人，这是法学对人的正视。现实的人，现代化的人都含有法律人的因素，人的全面自由发展是法律人的毕生追求，法律人因此而献出自身。

人的全面自由发展是既古老又常新，并颇具现代性的问题，是人类的一种理想状态和终结目标，也是马克思历史观的最高视角。从生存到发展再到人的全面自由发展，是人类社会必然的历史进程。人的发展与社会历史发展阶段相适应可分为两大阶段：人的现代化为初级阶段，与社会主义初级阶段相适应；人的全面而自由发展为高级阶段，与共产主义相适应。现阶段我们只能努力实现人的现代化，逐步向人的全面自由发展过渡。那种主张在现阶段实现人的全面而自由的发展的观点是不切实际的②。由此可见，从现实的人到现代化的人到全面而自由发展的人，反映了从当前到未来共产主义社会的一段漫长的过程，与此相应，法学研究目标按其实现程度可分为现实目标和终结目标。现实目标是在现阶段实现法律社会中人的现代化，终结目标是在共产主义社会实现人的全面而自由的发展。现实目标与终结目标正是法学追求的两大目标

现实的人是法学目前所面对的现实生活中的活生生的个人。在哲学意义上，现实的人是我们所经验或体验的，其生活可以实证并能精确描述的，在一定物质生活条件下，一定的社会形态和社会结构中实践的、社会历史的主体③。在法学中，所谓现实的人是政治人、经济人、道德人、文化人（科技人、艺术人）、法律人等，在行为主体上的残缺的、不均衡的结合。对现实人研究的主要课题是法律如何保护人性，如何调动人的法制积极性，如何完成法律对现代人格的塑造，如何完成人的现代化等。法学及其它学科要想对人的发展，对人的现代化、人的全面自由发展的研究有所突破，就必须以现实的人为基础。对现实的人的自身认识是手段，而不是目的；认识现实的人自身的目的，是为了改造自身、发展自身、重塑自身④。因此，对现实的人的分析与研究必然转到人的发展——人的现代化上来。现代化是当今世界的主旋律，我国当前的宏伟蓝图就是实现现代化，包括法制现代化，而法制的现代化离不开人的现代化。在法学视

①　王荣华：《邓小平理论概论》，上海教育出版社 1998 年 10 月 第 1 版，第 53 页。
②　郭晓军：《人的全面发展理论初探》，载《中国人民大学学报》1997 年第 2 期，第 28 - 33 页。
③　韩成：《现实的人与人的现代化》，载《学海》1996 年第 6 期，第 52 - 55 页。
④　韩成：《现实的人与人的现代化》，载《学海》1996 年第 6 期，第 52 - 55 页。

野中，人的现代化是指政治人、经济人、道德人、文化人、法律人等，在行为主体上均衡有机的结合。人的全面自由发展是指政治人、经济人、道德人、文化人等，在行为主体上的完美结合与艺术化的体现，这是法学及法律人的永恒追求，法律人因此而完成自己的历史使命。

值得强调的是，无论是人的现代化，或人的全面自由发展均要求以经济建设为基础，以科学技术为第一生产力，以资源的合理开发和环境保护为前提，以精神文明建设为灵魂，以教育为优先发展的根本，同时又以民主法制建设为政治保证，以整个社会与人的协调发展为全局。理解这一点，有助于我们更有效地把握法学的重心与未来，更有助于我们早日繁荣我国的法学事业。

总之，人在法律中具有特别的意义，强调这一点不仅有利于我们在法制建设中强调人的主体性地位，积极地加强人权利制度建设，在立法时能始终把法律建立在相应的伦理基础上；还有利于我们的法学研究能正视现实中的人，使得在法的发展与研究中，不至于忽视了"人的自由而全面的发展"。

第三节　法治对人的塑造与当代中国人的十大变化

社会的发展使得人由"动物人"向"社会人"转变，而社会人也在不断地完成人的"更新"，实现人的现代化。二十世纪的中国人经历了两次大规模的"人"的"更新"：一是五四运动把人从封建礼教的传统束缚中解放出来，其口号为："打倒孔家店"，使"跪着的人"站立起来；第二次为改革开放以来，把人从服从国家、社会权力为主的"义务本位"的社会中解放出来，其口号为："法律至上"、"权利本位"，使得已经站立但缺乏精神的人获得了宝贵的"法律人格"，公民在对国家、社会尽义务与责任的同时也将获得法律上的权利，这就使人的义务与权利得到了统一。二次"更新"的不同之处在于：第一次是轰轰烈烈地进行的运动，而第二次是静悄悄地进行、不知不觉地完成的；第一次"更新"的手段是"文化的启蒙"，第二次"更新"的手段主要表现为大规模、全国性的普法以及深入的法律实践。因此，第二次"更新"的关键就是注入法律的因素，使得人由感性向理性转变，并朝着人的现代化的方向迈进。具体而言法治社会促使中国人产生如下十大变化：

一、法律已经使中国人的情感与认知由感性向理性转变

法律的精神为有行为必有结果，有要约就将导致承诺，有承诺即可能意味着责任，古人所说的言必行、行必果，已经赋予了法律上的意义。在法律上，

16 岁以上的公民是具有完全刑事责任能力，18 岁以上的公民具有了完全民事行为能力，这就意味着他们必须对其自己的行为负责，否则将承担刑事或者民事法律责任。因此，行为不是儿戏，它是权利、义务与责任的象征。比如说订立合同，就意味双方应当遵守彼此的自由约定，所谓"合同应当遵守"，否则就会引起违约纠纷，违约方不仅仅要支付应当支付的，还应当"赔偿"因自己的违约行为给对方造成的损失，这就极有可能形成"得不偿失"的后果。法律对违约的"惩罚"是对诺言的保障与格守信用的倡导，法律迫使人们"言而有信"，而非"随心所欲"。由于责任与行为的伴随已经成为法律上的公式，使得人们必须对自己的行为在事前就要"三思而后行"，必须充分考虑到一个具体的行为在法律上的意义，即法律上的权利、法律的上的义务与法律责任，否则就会受到法律的制裁。当然，法治社会要求人们把法律规定内化为自己的行为准则，以实现个人与社会的相互和谐、协调。法律的威严与法律对违法行为的制裁已经使人变得理性，目前存在的文学的"沉沦"与法律的勃兴的现象，正好说明了人们意识中感性的"饱和"与理性的渴求。

二、法治社会告诉中国人，人不必成为权力的"奴隶"

法律不仅仅可以看作对"人"的设计，同时也可以看作对社会的设计。人类历史的发展使得社会不再是权力决定一切的一元化社会，法律对权力的规范以及由于经济的发展所造成的权利意识的增强，使得领导干部的话有时候可以"不听"甚至必须"不听"。在计划经济时代权力具有特别的影响力，最突出地表现在经济领域由首长出来"打招呼"的现象极为普遍。而在法制时代，"打招呼"意味着别人可以不负任何责任，而自己必须"自吞苦果"，比如说以往经常出现的银行贷款问题，担保问题，合同问题等等，就是因为领导打了"招呼"，"我不得不放贷"、"不得不担保"、"不得不签约"，而自己常常会踏上了漫长的"追讨之路"与"诉讼之旅"，忙得又请律师又花钱并且可能还要还钱，做了"好事"、"帮了大忙"后，甚至"我还不认识对方"、"我连对方的一支烟都没有抽过"，自己活脱脱地成为了"招呼"的"牺牲品"，这样的"牺牲品"换来的是"甚至连一句感谢的话都没有"。

三、个人的主体性地位强化，权利意识增强

主体性主要指人作为活动主体在对客体的作用过程中所表现出来的能动性、自主性和自为性。传统文化抹杀、拒绝承认人的个性、主体性，中国社会的礼治秩序就是这样一种秩序，"它以人伦（君臣、父子、夫妻、兄弟、朋友）为基础，把强制性规范（尊卑名分）灌注入这种关系中，从而确定在人伦关系中处于不同位置的个体的责任与义务"。礼治秩序的根本性质，必然是一种取消个

性、主体性、否认个人独立利益的东方秩序。个人只能按照一定名分给他的责任义务行事①。礼治秩序塑造的是"木偶"而非法律上的"人"。我们说现代化首先应当是人的现代化，缺少的人现代化，法制现代化等于零，而法制现代化反过来又可以促进人的现代化。

法律的产生本来是为镇压奴隶的反抗，但法律在社会的发展过程中发生了变化，这就是人的主体性地位得到强化，法渐渐地成为大家的"工具"，成为每个人的武器与"保护伞"，随着权利意识的深入以及法律对于权利的保护与对权力的限制，个人从家族、集体、社会等组织中得到解放，个人的权利意识增强，个人成为单独的活动主体或者社会的主体单位而存在。目前中国正在的进行的劳动人事体制改革，其目标就是要实现人由"单位人"向"社会人"的过渡，逐步把职工由"单位人"变为社会保障体系中的"社会人"，故中国人民大学劳动人事学院的郑功成教授说："人的社会化既是中国经济改革的重要成果，也是中国社会发展进步的一个重要标志。它意味着个人自由的增加和社会结构的优化"②。人们已经意识到了权利不是别人给予的，而是大自然的赐予与恩赐，权利与权力的关系不再是权力决定权利，而是权力来源于权利的授予，权利必须接受权利的监督与制约。因此，人已经从权力的枷锁中解放出来，并获得了主体性地位，使得法律能够为人所用。

四、传统人伦关系已经在一定程度上重塑

人类社会的每一次进步往往表现为对传统道德观念与行为方式的突破，法治的深入已经对传统的道德观产生了深远的影响，法律对传统道德观念、人伦关系与行为方式进行了更新。在法制社会，所有的人应当对其自己的行为负相应的法律责任，而不问彼此之间的关系如何。对于朋友关系而言同样如此，再"铁"的哥们，其相互行为仍然受到法律的平等对待，这就要求朋友之间做事行事也要求符合法律的精神，它要求：1. 信任不能盲从。有法律行为就应有相应的法律手续，做生意有必要订立书面合同、借钱要有借据等等，而非一说了事，仅凭相互的"友谊"与"信任"为保证。因此，朋友关系的维护一方面离不开诚信，另一方面也离不开法律，经济利益的纠葛可以使得朋友关系顷刻之间"改变颜色"；2. 友谊不能背离法律。帮助其进行法律行为时，要对其实力进行充分、全面的了解甚至考察，而非意气用事。如在为朋友进行担保时，不能"为朋友可以两肋插刀"，因为一旦朋友缺乏相应的经济实力，就意味着必须由

---

① 刘再复、林岗著：《论中国文化对人的设计》，湖南人民出版社1988年3月第1版，第16、31、33页。

② 转引自蒋桦薇：《单位人向社会人过渡》，载《中国青年报》2002年10月25日，第1版。

自己代为偿还或赔偿。因此，朋友关系同样也已经法律化，"友谊"进入法律视野，法治的精神将导致对实践中朋友关系的运行进行重新的规范与调整。

五、人格尊严、隐私、商业秘密等不受侵犯

人格，在法律上指作为权利义务主体的资格。人格权的内容就是自然人或者法人对自己人格的支配，它包括物质性人格权与精神性人格权。其中，物质性人格权包括生命权、健康权、身体权与行动权等；精神性人格权包括姓名权、名称权、肖像权、名誉权、隐私权等①。隐私权即私生活秘密权，是指自然人享有的对其与社会公共利益无关的个人信息、私人活动和私有领域进行支配的一种人格权。随着社会文明程度的提高，特别是自然人人格的解放，私人生活的内容和信息日益丰富，而商业秘密就是一个组织里的"私人秘密"。民法的要义在于对"人"的塑造与培育，使人不仅仅具有人的躯壳，而且具有人的精神，即具有人的权利与人的尊严，具有法律上的人格。因此，"人格"是法律，特别是民法对"人"的塑造的重心，其最终目标就是使个人权利足以对抗国家权力与社会权力，建立个人权利与国家权力相平衡的机制，实现权利与权力之间的积极的平衡状态，使得个人得以与社会、国家相协调。人格尊严是民法的基石，是建立"人"的基础与全部。人格尊严包括尊重自己的人格、尊重他人的人格、尊重社会的人格。其中，肖像权、名称权是对人格的外在的保护，是对于人格的"形式"保护；隐私权、商业秘密是对人的"内在"保护与"内容"保护；环境保护是对人格权的生存空间与伸展空间的保护。同时，人身权是人格尊严的外在的生存基础，财产权是人格尊严的内在的经济基础。

六、对印章、印鉴以及个人的签字的法律意识已经强化

以往人们对印章的保管与个人名字特别是个人签字的使用往往比较随便，但现实法律已经告诉人们印章、签字具有特别的法律意思，在许多情况下印章或者签字代表着合同的成立与担保的有效等等，"一刹那"的签字与盖章行为可能会伴随着漫长的诉讼。以往的诉讼许多是由盖章或者签字不慎造成的，特别是签名时，必须明确地知道自己的身份并写清楚自己的身份，如自己的朋友或家人在向别人借钱时，对方往往要求你本人也作为在场人或者证明人签字予以证明，但实践中常常出现该签字者直接"爽快地"把自己的名字签在了借款人的下方，而没有其他说明，使得该借款行为从形式上看出现两个借款人，这样，一旦真正的借款人不还钱或者无法偿还时，自己就成为共同借款人而被对方起诉，在自己这一方缺乏相应证据的情况下，必须由您来承担偿还的义务。尽管

---

① 江平：《民法学》，中国政法大学出版社 2000 年 1 月第 1 版，第 279 页。

在一些诉讼中律师会辩驳说这个"盖章"是某某或者是公司会计的擅自的行为，与公司没有关系，或者该签字只是起到证明人的作用，但该理由否能够成立需要自己大量的举证与审判人员的分析判断，而事实已经表明上述案例中自己承担了责任的人大有人在。同样，别人的名字或者名称也不是随便可以使用的，因为，无论是单位名称抑或个人名字，都代表着一定的权利，即姓名权、名称权，他们是某个具体的法律关系的主体，一旦侵犯就要产生法律上的后果。

七、房产证与身份证的使用与管理意识得到强化

我们不仅仅生活在数字时代，还生活在"权利凭证"的时代。计划经济时也有大量的凭证，那时的凭证往往是一次性消费，而且，财产一般比较小，不同于现在大宗的房屋与土地等等。现在的权利基本已经全部"纸"化或者说"证件"化，一部手机是谁的，不是看谁拥有，而是看在电信局登记者名字，因此，身份证必须妥善保管；同样，一坐房子是不是属于您，关键不是听您说，不是看谁住，当然也不是看谁出资，在法律上代表权利的唯一凭证就是房产证。

八、现代社会的复杂性，使得人与人交往已经不再"随便"，人际交往又有了新的"分寸感"

隐私权、商业秘密等作为权利予以保护，是现代法律的精神，这样，法律赋予了个人与企业的"私有领空"，国家权力不予以任何干涉，个人享有完全的、充分的权利与自由。这是法律对"人的权利"的尊重与保护，是国家对每个人的特性与个人秘密尊重与保护，同时这一制度也拓宽了个人的生存范围，使得个人能够与自己交流与相处，个人自由的空间更加宽广。在传统的文化结构中，人们并不注意对这一领域的保护，诸如通讯自由、通讯秘密等个人隐私权利经常受到侵犯，如家长可以随便私自开拆子女的信笺等。同样，在以往的中国社会，法律强调国家利益，而不承认个人秘密，法律不仅仅要管行为，还要管"思想"。法律的发展使个人获得了个人发展的空间，隐私权利得到法律的重视与保护。因此说"亲密无间"只是文学意义上的一种表达，而不是法律词汇与目的，事实上，法律已经将其无情地"淘汰出局"，法律的要求为"亲密有间"。

九、律师进入"寻常百姓"家，法律成为消费品，"消费法律"成为社会进步的标志

聘请律师进行诉讼在中国已经不是什么新鲜事，在平常的法律事务中，中国人将最终习惯使用民主社会里流行的口头禅"请找我的私人律师"。诉讼文化的建设与发达已经产生了法律产品，如法袍、法锤等等。总之，社会的发展必然产生新的行为模式，法律权利的拥有与权利的"纸"化以及签字的法律意义

等也必将促进社会意识的变化与行为方式的变迁，法制社会使中国人产生了新的"规矩"与行为模式，同时也使自己完成成为"新人"的过程。

十、法律的发展使得中国人具有了宽广的胸怀，表现为中国法律拥有了世界情怀

我们已经从闭关锁国的封锁状态走进了改革开放的新时代，在这个过程中，我们已经不再简单地排斥外国的法律制度，而且，已经开始吸收了西方法律中对我国有益的部分。在经济全球化的背景下，中国法律与世界法律有了"融合"，比如我国法律对权利主体权利的保护范围已经不局限于本国的公民，而包括外国人、无国籍人，如果说我国1987年制定的《民法通则》中的权利保护主体仍然规定为公民的话①，那么，1999年10月1日实施的《中华人民共和国合同法》第2条已经清楚地写明："本法所称的合同是平等主体的自然人、法人、其他组织之间设立、变更、终止权利义务关系的协议"。中国法律的世界情怀最突出地表现在加入WTO后，我国的法律，特别是经贸方面的法律、法规与世界的接轨以及我国的立法对世界法律的借鉴。当然，这种融合并不是一方"吞并"或者"同化"另一方，而是在保持两者独立性基础上的统一，即"对立统一"。这种统一性具体表现在两个方面：一是两者相互依赖，任何一方皆不可孤立地存在与发展；二是两者之间的相互贯通性，这又表现为两者的相互渗透、相互包含和相互促进的特性，这是其内在统一性与辨证性的最深刻体现②。

中国法律的世界情怀，表明了中国人心胸的开阔，不再视西方为"蛮夷"，对今日中国而言，已经不再把社会主义与资本主义制度绝对化，表明了社会主义社会完全可以吸收、借鉴资本主义社会有用的文明与制度，这是社会主义制度史上的重大是思想观念的转变，这一转变标志着中国人的成熟。这一"宽广的胸怀"必将给社会主义现代化建设提供更加坚实的心理基础与文化内涵。

总之，现代化并不是遥遥无期的虚幻，也不是沉重得让普通人无法涉及的话题，它是实实在在的变化与实实在在趋势，也许有些变化非常细小甚至非常微弱，但它包含了巨大的信息，我们不能忽视。现实法制对中国人的塑造是优还是劣，这只能由时间与实践来检验，但人的社会化与现代化却是永远的课题与不可阻挡的趋势。

---

① 《中华人民共和国民法通则》第二章。
② 黄瑞雄：《两种文化的冲突与融合》，广西师范大学出版社2000年10月第1版，第11页。

第四节　公民在法治建设中的地位

在中国法治的发展上，我们的责任犹如孙中山先生所说的"唤起民众"。以往，人民常常被用来作为政治的注脚与法治的客体。进入 21 世纪，应赋予人民以新的内涵。我们认为现代法治的人本思想，其基本的理念就是还权于民。民众不仅是守法的主体，更是中国法治建设的主体。离开了民众谈法治，法治一定是空中楼阁，一定是中看不中用的"海市蜃楼"。

什么是公民，显然公民不是愚民，不是顺民，不是草民，更不是奴才；衡量公民成熟度的基本标志是一国公民对待政府、对待官员的心态。我们认为只能履行宪法义务的公民是顺民，愚民；不懂得行使宪法权利，见了官员，两腿就要发软，脊梁骨就想变弯的那是草民，就是过去的奴才。具有独立人格，能够享受宪法全部权利，行使宪法所有权利的人才是公民。

一、公民始终是现代法治的主体

鲁迅曾发出对"愚国弱民"第一要素是"改变他们精神"的呐喊。他在那时候已看到了对国民精神构建的必要。现代社会中，许多国家的教育重点也已由"智力开发"转向人格培养。在中国法治的发展上，我们感到我们的责任犹如孙中山先生所说的"唤起民众"。以往，人民常常被用来作为政治的注脚与法治的客体，进入21世纪，应赋予人民新的内涵。我们认为现代法治的人本思想，其基本的理念就是还权于民。因为人民不仅是法治的主体，也是法治的真正创造者。我们认为现代法治发展的基本路径就是还权于民，这也是法治发展的基本内容之一。这一思想的实现首先要求我们正确认识法治时代的"精英"与人民的关系。

"精英"是法治时代不可或缺的"鼓手"、"推手"或者说"书写者"，任何抹杀"精英"力量的想法与做法都是幼稚的。"精英"是任何时代不可缺少的，在21世纪的今天尤为重要。但"精英"不能代替民众，所谓"时事造英雄"，而"英雄助时事"。"英雄"的作用主要表现为他们能够敏锐地把握和反映人民群众的意志，认识社会发展的趋势，从而成为人民群众利益的代表者，成为被人民群众拥护的领导者。但任何政治家或政治集团，如果没有人民群众的拥护和支持，都将一事无成，其抱负再美好，也只能是空想。就好像人们常说的那样：就算没有拿破仑，也会有张破仑、王破仑的出现，因为历史需要他们，时代需要他们。历史不会因为想让世人知道曾经有个叫拿破仑的人而故意去导演一场法国大革命。当英雄不再顺应时事时，他便不再是英雄，历史就是这样一波一波地行进。当一批人完成了特定阶段的历史使命，就被历史无情地淘汰，如此反复。

唐太宗李世民有句名言："水能载舟，亦能覆舟"。这其中的水，便是人民，准确的说应该是民心。同样，"依法治国"需要"精英"，但"依法治国"的主体依然是广大人民群众。事实上，如果没有无数个类似的孙志刚事件、齐玉苓受教育权案，我们的法治可能就不会进步得这么快，或者说在某些情况下，正是这样的事件推动了中国法治的进步，而不是"精英"的一、二篇文章。在我国由人治到法治的社会变革中，如果没有人民群众的积极参与，法治社会是不可能实现的。所以说法治的根基在于民众；民众对法治的认同，是检验法治品质的基本标准之一。

人民群众是法治的主体，是我国法治最重要的本土资源。人民群众对法治的愿望，是法治强大而持久的动力。人民群众的价值观念、思想意识以及行为方式、思维方式，是法治文化构成的主体，是实现法治最深厚的基础。所以我们提出：法治是一场众人的事业，而不是个别领导人、个别精英的"独唱"。目前最流行的所谓"政府推进型"法治观，其立论的基础就是认为人民群众"还不懂得民主，不是十分懂得法制，他们管理自己的能力还需要提高"。因此，人民群众只能是法治的客体，在法治进程中还是"受教育的对象，管理的对象，领导的对象"。这就把法治变成了"治民"，是与法治精神背道而驰的，其结果只能是人治的继续。

"众人之治优于一人之治"已成法治社会的重要规则之一。换句话说，民众不仅是守法的主体，更是中国法治建设的主体。同时只有当人民成为法治建设的主体时，守法也才可能是积极的、健康的，而不是普遍存在的"只要我不碰法律，法律就与我无关"的一种被动式的、"奴才式"的守法观。离开了民众谈法治，法治一定是空中楼阁，一定是中看不中用的"海市蜃楼"。

二、培养成熟的公民

"在近代史上，公民比任何社会人物都更有活力"[1]；但在宪法文献中，"公民"仅仅被简单地界定为具有某个国家国籍的自然人，这与"公民"概念所承载的价值蕴涵极不相称。公民概念是宪法学中第一个需要明确界定的、最具价值的基石范畴之一，其核心要素是公民资格。公民资格既是政治国家对其成员身份、地位的法律确认，又意味着一种公民个体自愿归属于政治国家的观念[2]。

---

① 爱德华·希尔斯：《市民社会的美德》，载邓正来，（英）J. C. 亚历山大：《国家与市民社会》，中央编译出版社 2002 版，第 1 页。

② 谢维雁：《宪政与公民社会》，网址：http://www.xslx.com。

我们认为一国之兴衰不仅与该国的资源、环境、经济等因素有关，更与该国公民的整体素质有关。教育培养成熟的公民，被认为是最佳的社会投资，高度公民化的社会，是稳定与繁荣的基石。在迈向法治社会的今天，我们究竟需要具备什么样素质的民众，才能使得我们步入社会发展的金光大道？答案是具备"公民精神"的公民。

那么，"公民精神"是什么？当然，公民精神包括许多内容，但我们认为其核心内容为主人意识，这是人民主权思想在现实法治社会中的具体落实。主权是国家的最高权力，法国布丹首创这个概念，并认为主权在君；洛克则提出议会主权；真正的人民主权的学说是由法国的卢梭所创立。在卢梭看来，主权是公意的具体表现，人民的公意表现为最高权力。人民是国家最高权力的来源，国家是自由的人民缔结契约的产物，而政府的一切权力都是人民授予的。人民主权是指国家中绝大多数人拥有国家的最高权力，人民主权学说的出现是国家学说发展史上的一大飞跃。社会主义国家宪法在批判性地继承资产阶级民主思想的基础上，对人民主权原则进行了创造性运用和发展。我国宪法体现了这一思想，我国宪法第2条规定："中华人民共和国的一切权力属于人民。人民行使权力的机关是全国人民代表大会和地方各级人民代表大会。"这就明确规定了中国的根本政治制度是人民代表大会制度。必须高度注意这里用的词是权力，而不是权利，因为一切权力来自于人民。具体表现为：全国人民代表大会完全统一地行使最高的国家权力，它具有任何国家机关所没有的立法权，一切其他的国家机构，包括国家主席在内的国家领导人，都由全国人民代表大会产生，接受它的监督。

现实社会中，我们不仅要提倡政府应当运用"宪法思维"执政，更要提倡广大百姓"用宪法生活"的思维；不仅总是提"让宪法走进公众生活"的被动思维，而是由人民自己来使宪法民间化，促进宪法为民所想、为民所用。传统社会的中国人具有较为深刻的"清官情结"，对"包拯"之类青天大人的呼唤和仰望具有较普遍的民众基础，演变到今天就是对目前流行的"市长热线"的关注与偏爱。正如学者所言：几千年的君主专制造成了民众对"明君"的普遍依赖和渴望，也导致了中国人固有的重视人而轻视制度的传统。

因此，衡量公民成熟度的基本标志是一国公民对待政府、对待官员的心态。公民不是草民，更不是奴才，而是国家的主人，这就要求公民应当具有法律上的权利意识，政治上的参与意识与对待权力的防范意识。而后两者，特别是防范意识是至今尚未被人认识与发现的，对公民而言又是极为重要现代法治意识与法治能力。

所谓"害人之心不可有，防人之心不可无"，我们从小便受到这一古老又实用的格言教育。它前半句要求自我约束，不能伤害他人，违法乱纪；后半句则提醒每个人必须自我保护、免受伤害。两者应该是同等重要，缺一不可。在现实的法制生活当中，绝大多数公民人将前半句深植于脑海，而对后半句则抛之脑后，忽略了它，或者对它认识不够。几千年的封建传统使人民总是片面的认为行使权力的人一定是道德高尚的人、一定是为民作主的人，而历史的事实已经一而再、再而三地证明了这一思想的苍白无力，重复演示的是这样一个事实：受伤的总是老百姓。

如何做一个公民？就人格而言，显然不能是愚民，不能是顺民，不能是草民。我们认为只能履行宪法义务的公民是顺民，愚民；不懂得行使宪法权利，见了官员两腿就要发软、脊梁骨就想变弯的那是草民，就是过去的奴才。能够享受宪法全部权利，并能行使宪法所有权力的人才是公民。在知识结构上，成熟公民养成，教育是最重要也是最有价值的途径之一。成熟公民的教育，绝不可能单凭教导人们学习大量技术的应用型知识而实现，而更有赖于培养人们观察、思考与判断等基本的生活能力的知识系统。其中独立成熟的思考与判断力，更是理想的公民化社会所有成员应当具备的基本条件。

现代社会，没有帝王、没有救世主、没有圣、更没有神，公民不仅是自己的主人，也是法治社会的主人。社会越向前发展，这一轨迹也越清晰。

三、法治乃人民之治——对中国法治的道路选择的再思考

中国法治道路的路径选择，是目前法学研究的热点之一。至今为止，现有的结论有三：一是政府推进型法治；二是政府自上而下的推动与民间自下而上的演进；三是法治乃法律人之治。其中第一种观点是目前为已为大多数人所接受的基本观点，我们称之为主流观点；后两种，特别是第三种观点极少，提出该观点的作者认为："曾经有人分析中国法治的道路在于两种力量之间，即政府自上而下的推动与民间自下而上的演进。我们是否应当研究一下第三种力量——法律职业这一独立的共同体所产生的推动力量？"① 我们认为这三种观点都揭示了中国法治的道路的部分真理，同时正因为是部分真理，所以还不是完整、系统的真理。我们不否认政府的力量、法律人的力量，尽管政府自上而下的推动、法律人之治等形式对推进了法治的深入具有重要意义，但法治最终乃人民之治，这一观点对当前我国法治建设具有重要意义。

我们的观点"法治乃人民之治"，理由如下：

（一）法是人民意志和利益的体现

法律是形式，人民的意志和利益是法律的内容。我国的法律是由代表人民意志和利益的国家权力机关所制定的，其内容是反映了全体人民的长远、整体

---

① 孙笑侠：《法治乃法律人之治》，载《法制日报》2006 年 1 月 11 日。

利益。对此，董必武同志指出："我们国家法制是人民意志的表现，所以，违反国家法制，就是违背人民意志。列宁在论到签署土地社会化法令时曾指出：'大多数人的意志，对我们来说，永远是必须执行的，违背这种意志就等于背叛革命'列宁这段话，对我们有极深刻的教育意义"①。翻开任何一本法理学教材，就社会主义法治的本质问题，几乎全部认同我国社会主义法的本质表现为法是工人阶级领导的广大人民的共同意志的体现。

（二）国家的最高权力与最终权力来自于人民

我国《宪法》第1条就明确规定："中华人民共和国是工人阶级领导的，以工农联盟为基础的人民民主专政的社会主义国家"。第2条规定："中华人民共和国的一切权力属于人民。人民行使国家权力的机关是全国人民代表大会和地方各级人民代表大会"。第57条规定："全国人民代表大会是最高国家权力机关"。第96条规定："地方各级人民代表大会是地方国家权力机关"。这说明全国人民代表大会即最高国家权力机关，在国家机关系列中居于至高无上的统治地位。而宪法第3条规定"国家行政机关、审判机关、检察机关都由人民代表大会产生，对它负责，受它监督"。因此，我国国家权力机关和其他国家机关的法律地位是不同的。作为国家权力机关的人民代表大会及其常委会是其他国家机关存在的基础，二者是监督与被监督的宪法法律关系。国家权力机关对其他国家机关的监督是宪法赋予的职权，具有从属性、强制性和有效性的特点。这些都说明了国家的最高权力与最终权力来自于人民。

（三）"立党为公"、"执政为民"是目前我们党与政府的最基本的理念

坚持立党为公、执政为民，必须坚持为人民服务的宗旨，当好人民的公仆。法治政府应是服务型政府，执政为民同样是政府最基本的理念。树立服务的观念，就是要做到把群众的呼声和要求作为改进工作的"第一信号"，把维护群众利益作为工作的"第一职责"，把群众满意与否作为衡量工作的"第一标准"。

人民群众是历史的创造者，是社会发展的原动力。从法律上而言，国家权力最终来源于人民，因此，国家的一切权力属于人民，人民理所当然地是法治活动的主体。这些年来的孙志刚案件、齐玉苓受教育权案等都促进了法治的进步。因此，那种认为老百姓"还不是懂得民主，不是十分懂得法制，他们管理自己的能力还需要提高"的想法之所以错误，是因为持这一思想者将法律视为是少数人在头脑中的设计，而与老百姓的生活无关。片面强调政府推动则反而可能会出现以政策代替法律的情形。

坚持法治乃人民之治这一思想具有重要的现实意义。这一思想有利于我们

---

① 司法部法学教材编部编审：《马克思主义法学论著选读》，中国政法大学出版社1993年7月版，第217页。

找到法治建设真正的源头与动力，有利于克服目前法治建设中存在的对人民群众作用的忽视。我们强调生活是法治的土壤，人民是法治的主体。历史也已经表明人民群众在法治中的作用，所以我们强调法治乃人民之治，否则，在现实生活中，政治人物就容易把法治建设的领域变成又一个"政治秀场"或者说"立法秀场"。

我们坚持认为，从群众中来，到群众中去，一切依靠群众，替群众着想，为群众服务不仅是我党的工作方针，同样是我党法治的重要工作方针。否则，我们在法治建设中就会出现本末倒置的现象，也就不能正确认识我国社会主义法治建设的目的、意义与价值。

思考题

1. 权利与行为在法律中具有怎样的地位？权利、行为作为法律概念与人又有怎样的关联？

2. 法伦理学应当解决哪些关于人的重要课题？

3. 试全面论述人在法伦理学中的地位与价值。

4. 你是如何认识公民不仅仅是守法主体，也是法治建设的主体这一命题的？试举例说明。

5. 评"政府推进型"法治。

案例分析与社会热点问题探讨

1. 讨论题：奸淫幼女是否应负严格责任 —— 兼评最高人民法院关于"奸淫幼女罪"的司法解释。

背景知识： 2003 年 1 月，最高人民法院发布了题为《关于行为人不明知是不满十四周岁的幼女双方自愿发生性关系是否构成强奸罪问题的批复》的司法解释，其全文如下：

行为人明知是不满十四周岁的幼女而与其发生性关系，不论幼女是否自愿，均应依照刑法第236 条第 2 款的规定，以强奸罪定罪处罚；行为人确实不知对方是不满十四周岁的幼女，双方自愿发生性关系，未造成严重后果，情节显著轻微的，不认为是犯罪。

2. 评"非法同居"。

背景知识： 越来越多的人认为应当纠正一个用词，即"同居但并不非法"。有人认为我国《婚姻法》通篇没有"非法同居"一词，只有"同居"两个字。《婚姻法》第 3 条规定禁止有配偶者与他人同居。所以无配偶者同居是不违法的，也就不存在"非法同居"，法律禁止有配偶者与他人同居，但没有禁止无配偶者与有配偶者同居等。

法治以人性为底蕴，以善与恶为评价标准。这一表达足以使我们发现人性在法治中的地位与价值，这也是我们以往的法治研究所忽略的。所以我们坚持认为法治虽然需要政府的推进，但法治本质乃大多数人之治，法治乃人民之治。在法伦理学领域，人性又是我们研究法伦理学的路径与方法，正是通过这一路径的指引，我们找到了善与恶等基本范畴，并最终到达我们的目标。也正因为如此，我们才坚持认为法伦理学是被现代社会遗忘的重要的法律学科，在新的历史时期，法伦理学将发挥其独特的作用。

第四章 法伦理学的人性内涵

人性是对人这一问题的深化，但人性的概念是想多复杂就有多复杂，我们不妨将人性的概念简单化。我们重申不能陷入概念的泥潭，是概念为我所用，而非我为僵死概念服务。

第一节 人性的法伦理学价值

一、什么是人性

什么是人性？人性即人的"本性"，这是我们在日常生活中使用频率比较高的一个词，如人性化管理，人性化服务等。但这也是一个简单而又复杂的词汇，说它简单是因为这是我们几乎天天挂在嘴边，经常使用的词汇。生活中的每个角落、每个细节都可能有人性的存在。说他复杂是因为具体什么是人性，即人性的概念很模糊，以至于至今尚无一个另人信服的解释。同样，对这一概念的困惑，导致了我们对相关概念的困惑，如社会建设提倡人性，企业提倡人性化管理，但什么是人性化管理，怎样做才符合人性化管理等又是一个学术上乃至社会生活中的难题。

人性问题，是伦理学不能回避的一个重要的问题，也是法伦理学不能回避的重要概念。在我国，人性问题一度成为禁区，目前在这一问题仍有不少误区。如何理解人性，根据以往的经验，我们认为理解人性要掌握这样四个要点：

1. 人性一词是个集合概念。人性是对人的总体提炼，即这个词针对的对象是区别于动物、生物的人类，而不是单个的个人，是整个人类的区别于动物、生物的特性。就好象森林不是树木一样，森林是集体概念，所有树木的集合构成森林。我们通过树木了解森林，很多时候，我们跳出树木，才能看到森林，因为集合概念所反映的是集合体整体具有的本质属性，这一本质属性并不反映组成这个集合体的每一个部分或个体所具有的属性。

2. 人性的含义具有模糊性。正因为人性是个集合概念，因此，它的含义具有模糊性，就是说我们不能划清楚他与其他概念的界限。因为模糊性的存在，因此对这一概念的把握，我们主要的是要掌握其基本内容。而不能陷入概念的死角，在概念上钻"牛角尖"。

3. 人性的内容历来就有争议性。人性的内容是什么？有人说人性的本质就是自私，有人说人性很大程度上是一种爱的体现。这些说法只是说到了人性的某个方面的现象，但现象不是本质。事实上，在中国历史上，就人性问题早就有性善、性恶一说，性善、性恶是中国古人对人性的一种思考。性善论者认为人性是善的，性恶论者认为人性是恶的；性善论是孟子的主张，性恶论是荀子的主张。孟子认为人的重要的特点是高于禽兽的一种自觉德性，他认为人性具备天赋的善端，天生就有善的因，这个善端就是恻隐之心、羞耻之心、恭敬之心、是非之心。这四种心如把它扩大发展起来就成为人的四种道德，即仁、义、礼、智，人按照这四种道德去生活，就可以成为尧舜式的圣贤。

4. 使用者是如何使用人性的。在法伦理学研究中，我们将在善与恶这对矛盾中使用人性，因此，人性的其他内涵显然就不在本文的探讨范围之列，我们没有必要也不可能铺天盖地地把人性的概念解释得天衣无缝。以便作者集中精力，研究好属于法伦理学自身的问题。同时研究好法伦理学中的人性的问题，又是对人性概念的丰富与完善，又对理解这一概念提供了极好的素材与案例。

二、人性在现实生活中的价值

人性是一个重要的问题，这不仅是我们做事行事的基础，也是进行一切制度设计的前提。例如民间的借贷行为，作为出借人之所以借一般会基于"有借有还，再借不难"这样一个道理，基于相信对方能在规定的时间还这样一个基本的假设。如果没有这样的假设，出借人就会产生迷茫。在政治制度与法律制度设计中，对人性假设同样具有极为重要的作用。有学者在论述政治制度的设计时，必须以对现实社会基本单位的个人的本性问题的抽象（即人性假设）为其逻辑前提。建立在理性的双重人性假设基础上，制度设计将沿着宪政主义的道路，依法适当限制政府权力，充分保证人的全面发展；但如果脱离现实社会，对人性作了错误的假设，制度则难免会异化即制度非但不能补人性之不足，反而成了奴役人、压迫人的工具。作为一种异化的政治制度，中国古代的君主专制，基于"性善说"的传统思维，以礼制为核心将人放入严格的等级中控制起来。在这种制度下，人性的退化与泯灭是极为严重的，它不但没有使人们过上一种善的生活，反而使人难以做人。① 同样，在法律制度设计方面，已有学者看到了"性善论"对中国法治的负面影响②。

具体而言，对"人性"进行分析的意义与价值表现在以下几个方面：

---

① 崔孝松：《论政治制度中的人性假设》，引自中国政治思想网，网址：http：//www. zgzzsx. com。

② 范志彦：《"性善论"中国法治的负面影响》，中国论文下载中心，网址：http：//www. studa. net。

1. 对"人性"分析是完成对人的"定位"过程。希腊人有句名言："认识你自己"。许多人将此视为金科玉律，认为这似乎就是我们认识世界的全部，事实上，这句话至多只讲对了一半。茫茫宇宙中，认识你自己，至多才认识了大千世界的一个环节，至少还缺少另一部分，这就是"认识他人"。我们常常是在他人的眼睛里发现了自己，我们通过他人又进一步反证自己。最后就是认识这个由自己与他人组合成的社会。所以中国人比希腊人说得更全面，所谓"知己知彼、百战不殆"。然而，超越于自己、他人、社会之上的则是抽象的"人"，这样的"人"的本质特性是什么？对这一问题的认识，是我们正式做事行事之前提，也是我们把事情做好的关键。换句话说，我们只有知道他人总体上是一个什么样的人之后，才能开始与他人的合作。如从小的方面来说，在与别人订立合同要不要履行什么手续，要不要中间人或者中介人、其他第三人进行证明。一句话概括，就是我们在做事之前先要对他人进行"定位"。这样才最有可能达到我们做事的目的，实现与他人固定的合作，同时又能保护好自己。

2. 对"人性"分析是我们认识他人，控制社会的关键。如果没有他人，我们就不需要分析人性。在与社会进行交往时，我们的基本要求就是希望能够随心所欲实现自己的意志，这就需要我们能够控制他人、控制局势而不被他人所反控，因为现实的每个人都会有恶的一面。因此，在法治社会的今天，我们才能够理解这样一个最基本的道理，那就是：再高尚的人，他的权力也要受制约；再平庸的人，他的权利也要有保障，这也是法伦理学的基本规则之一。

3. 对"人性"的分析是我们进行政治制度设计的前提。在进行政治制度设计时，首先必须对法律所调整的人进行科学、合理的"假设"，即人性究竟是善的，还是恶的。如果是善的，那么我们的制度主要采取道德教育手段，强调道德的感化作用。而如果人性是恶的，那么我们设计制度时，必须时时处处注意权力与权利，权利与义务，权力与职责，权力与权力的平衡，这样才不至于使国家权力与个人权利的失控，才能使国家最终实现长治久安。并且，如果人性是恶的，我们开始制度设计时就必须首先考虑到制约机制，设定行使权力的人如果违反这些制度该怎样进行事前监督与事后惩办等。

第二节　关于性善与性恶的基本观点

进入 21 世纪后，我们坚信这样一个真理，即这是一个不缺乏知识的时代，我们想要说的思想前人几乎都已说过，至少已经涉猎，我们所面对的大多是在已有知识中进行一种选择与补充，所以有人说这是一个"选择的时代"。在学术领域，同样常常会有在前人给出的几个结论上选出一个您认为相对正确的答案，同时需要结合当今的时代予以适当的补充与调整。因此，考察现代人的综合素质问题上又增加了一种能力，那就是选择的能力与水平，这在人性论这一问题上更明显。那么结合人类几千年的历史，对人性本质应该能够给出一个明确的回应。

人性是纯粹属于伦理学的基本范畴，人性是指自然属性或本性，是与其他动物相比人所独具的内在特质与性状，有学者指出："人性就是人人具有的与生俱来的本质属性，是不学而能的"。有学者提出一种系统的人性学说至少要涵盖以下诸问题：

1. 人究竟有没有本性，人的本性是一实在之物，还是一张任人涂抹的"白板"？

2. 人的本性是固定不变的、永恒的，还是在不断变化、任人改造的？

3. 所有的人在本性上是平等相同的，还是参差不齐的？

4. 人性是否具有道德属性，是价值负载的，还是中性自在的？

5. 人的堕落的根本原因在于社会，还是在自己？①

人性中的一个极为重要的问题是人性本善还是本恶？人类历史上对人性善恶有四种不同观点：即人性本善论、人性本恶论、人性无善无恶论和人性善恶兼存论，这个问题至今仍然没有明确的答案。目前流行的"人的一半是天使，一半是野兽"只具有部分真理，因为该命题只说明了每个人既有善的无限有又恶的无限，但两者之间以谁为主并没有得到说明。我们主张作为人类具有天然的"向善性"，否则人类就不会进步，或者说人类就应该会自动消灭，这就是人的基本的"本性"。因此，根据经验，对人性的善恶这一千古难题，我们作出如下回答：

1. 我们认为纯粹的"性善论"、"性恶论"都是不符合人的本质的，我们没有必要在这一问题开展"十万个为什么"？因为他们是不证自明的，这是我们凭借经验得出的基本常识，就如同数学中的 $1+1=2$。

2. 在人性的善恶问题上，我们的观点是人兼有善恶双重属性，人具有善的无限，又具有恶的无限。这一观点与"人来到世上，既无所谓善，又无所谓恶"的思想不同，我们认为人来到世上，既带有善的一面，也有恶的一面，而不是我们常常说的是"一张白纸"。在这一大前提下，我们支持"人性局限论"的观点，我们不否认人人都有善心或利他之心，但人也有私心、贪心等恶的一面。这方面毛泽东同志有一句名言："一个人做点好事并不难，难的是一辈子做好事，不做坏事"。正如学者所说："其实平心而论，人这种动物，一旦有点长处，

---

① 刘军宁：《论恶与人》，学说连线文库，http：//www.xslx.com。

就会有优越感，就不容易平等待人，往往喜欢自己有自由，却不喜欢别人有同等的自由，而是希望支配别人——不管主张'性善'、'性恶'，这大概都是人的本性。不管是欧洲人，还是中国人，不管是十九世纪，还是今天。比如今天，中国人也有了自由，有些'先富起来'的家伙，其'为富不仁'的恶劣无状，也颇有点'狼'的样子了。当然，人们更为憎恶的，还是那些依仗权势为非作歹的贪官污吏们"①。

3. 人的向善性。尽管人兼有善恶双重属性，人具有善的无限，又具有恶的无限，但每个人都有向善的本性，也有向善的能力，我们称之为"向善性"，这种"向善性"表现为人类具有弃恶扬善的本性，包括运用暴力，运用法律进行惩恶扬善的能力。因为人具有良知，人能够成为自己精神领域的主人，这正是人不同于动物的关键所在。

4. "性恶论"的价值。尽管"性恶论"一说，为我们的文化与情感所不能接受，但尊重人的本性，是我们进行制度设置的前提。同时社会实践表明"性善论"已经对中国政治、经济包括法律等产生了重大的负面影响，最简单的例子，就是我们总认为为官者一定具有高尚的道德，一定能够做到"权为民所用、情为民所系、利为民所谋"，因而，在制度设计上，非常缺乏对权力的制约与监督，造成公民权利屡屡被侵犯。这样的事例早已不胜枚举。因此，我们认为"性恶论"一说有其独特的价值，特别是在政治、法律制度的设计中。

5. 法治生活中的人性观。在人类社会中我们承认所有的人在人性上都有善与恶两种属性：在现实的人的私人生活领域，法治是以人性之善大于人性之恶为基本预设；在现实的人的公共生活领域，法治则是以人性之恶甚于人性之善为基本预设。法治的规范设计与制度安排都是立足于这种人性立场的②。

对人性的预设构成了所有时代、所有国家政治制度的出发点。人类历史上任何制度都是针对人设定的，都建立在一定的人性假定基础之上。对人性的不同假定可能导致不同的法律与政治制度的设计。

第三节 法伦理学的价值取向：保护弱者

一、谁是弱者?

谁是弱者？这并不是一个没有意义的平淡话语，它不仅法伦理学的重要问

---

① 纪坡民：《"误读"的惩罚 —— 为什么国人认为西方人没道德?》，载《文汇报》2005 年 2 月 9 日。

② 姚健宗：《法治在人性立场》，正义网，网址：http://www.jcrb.com。

题之一，还是一个深刻的社会性话题。对法律的人道主义情怀或者法律的人道主义精神的关注是我国现有法治研究与建设所缺乏的。

弱者在范围上包括哪些人，难道仅仅是老弱病残者？显然不是。弱者事实上是我们生活中的大多数人，因为：

1. 弱者是相对于强者而言。如与富人相比，穷人是弱者；与官员相比，老百姓是弱者；另外就传统观点而言，与男人相比，女人是弱者，当然这一分法在现代社会意义不大。有人根据社会生活中的"二八法则"，提出这个世界上富人占20%，而穷人占80%。这种说法具有"模糊的精确"，便于我们进行话语沟通。可见，这些弱者占了我们生活中的大多数。

2. 如果硬要与老弱病残相比，以减少人数的话，那么除了老弱病残，弱者包括：

（1）生活中的弱势群体，如下岗人员、低保人员等；

（2）经济上的弱势群体，即大多数的穷人；

（3）权利上的弱势群体，一般形态的弱势群体如消费者，显然我们每个人都可能是消费者；特殊形态的弱势群体如农民工；典型形态的弱势群体如社会上存在的申诉大军，包括上访专业户等。

不仅如此，谁是弱者？还需作进一步的分析：就生理而言，再青年的人也不能说自己永远青年，再强壮的人也不能肯定说自己永远强壮，任何人的生命都有一个周期，任何强壮的人都会因一次意外事故而变得"不如从前"。

谁是弱者？还有许多深刻的社会原因，比如说"穷人为什么穷，富人为什么富"或者说"富人是怎么富的，穷人是怎么穷的"，这并不是一个简单的问题。从社会现实而言，我们说有一部分富人，并不是因为他们比别人更有智慧而富有，至少有一小部分人并不是通过诚实劳动而走上富裕之路的，例如有人就是通过偷税漏税等非法途径致富。这就是为什么前一阵"资本原罪"说受到大家批评的重要原因。"原罪"本来是一个宗教观念，根据基督教义，从亚当夏娃开始人就有罪，所以人一生要不断地赎罪，直到死前还要请神父来做最后的祈祷，请上帝原谅。"资本原罪"想要表达的是因为资本来到人间是带有原罪的，因此，也是可以原谅的。持"原罪"说者甚至认为即使从法律上追究，也过了超过追诉时效，所以这些人的财产同样是神圣不可侵犯的，并且是应该得到宪法这一根本法的保护的。事实上，即使在今天，人们对少数暴富的人仍持有疑问，少数人的暴富是否合法？特别是这些暴富者除了民营企业家外，也包括少数手中有着这样或那样权力的人，这些拿着国家工资的人，并没有从事业余的科学研究，也没有第二职业，更没有继承遗产，为什么突然一夜暴富？同样，弱者也许因为改革等政策性、偶然性等多重因素，成为了经济上的弱者、权利上的弱者，但却为社会经济的进步付出了代价。

70

通过上述分析，我们得出如下结论：

（1）不管从生理还是从社会本身而言，我们大多数人，事实上应该是每个人都可能是弱者，或者是"潜在的弱者"。在谁是弱者这一问题上，不仅是残疾人、老人、儿童，还包括经济领域的弱势方，权利保护方面的弱势方，而且在现实社会中谁都可能成为弱者。

（2）强者不会永远是强者，会有从强者转化为弱者的现实可能性。因为存在这一可能，所以我们关心弱者，不仅是关心生命本身，也许就是关心明天的我们自己。

（3）强者，特别是有极少数富人成为富人的手段、方式不一定合法。对某些富人而言，成为富人未必高尚；同样，对某些穷人而言，沦落为穷人在道德上未必卑贱。穷人之所以是穷人，有些是因为政策性等多方面的因素。

正因为如此，如何对待法律上的弱者？不仅是我们每个人应当思考的，而且是整个社会应该关注的，特别是在社会制度设计时必须考虑的。我们认为同情心、怜悯心，是善良的根本，亦为法律之本，更是法伦理学的价值取向之一。保护弱者的精神在现有的法律中有了不同的表现形式。如婚姻法第2条规定："保护妇女、儿童和老人的合法权益"；经济法律中，消费者的弱者是被保护的对象，因此国家制定了专门的法律《消费者保护法》来保护消费者，这些对弱者的态度与制度反映法治的品质。在法伦理学视野里，保护弱者不仅是法伦理学的基本价值要求，同样是法治内在品质的构成要素。

我们认为当我们对动物保护最完善的时候，也是我们对人保护得最充分的时刻；我们对动物的态度，反映了我们对生命的态度；当一个人对动物缺乏人性，说明其对生命，包括人类本身缺乏足够的兴趣。

尊重生命要扩大到动物福利，因为只有当尊重生命成为法律被遵守时、人们对动物福利的关注为社会主流所接受时，对弱者的关怀与人的平等才能实现，社会的和谐才能真正确立。

2000年，美国通过了《反对虐待动物法》，正式赋予了动物在法律上的"人格地位"。我国台湾地区的《动物保护法》的第一条就强调"为尊重动物生命及保护动物，特制定本法"。德国议会于2002年通过了《动物保护法》，该法规定：每一个与动物打交道的人，都必须仁慈地对待动物，必须具备一定的专业知识并具备相应的条件。在认领或购买动物方面，《动物保护法》都要求考察认领者的饲养基本知识和家庭条件。所有的《动物保护法》都强调，必须把人以外的动物列入道德关怀的范围之内，对于动物的生命，人们应该像对待在心智能力上居于同等层次的人的生命一样尊重。凡是人为给动物造成痛苦的要追究法律责任。任何动物实验都必须获得动物实验伦理委员会的批准。实验单位要提供有关实验的科学或教育价值以及由此实验对动物产生的潜在不良影响的报告。在宰杀动物时规定，必须使用麻醉药，这不仅适用于所有温血动物，而且也包括冷血动物，如鱼类。

我国国内还没有一条法律真正规定要尊重动物的生命。中国现有的保护动物的法律是 1988 年出台的《野生动物保护法》；其他有关动物保护的条文，只散落在《森林法》、《渔业法》、《海洋环境保护法》、《实验动物管理条例》等法规中，并没有一部总括性法律。中国法律保护的是珍稀动物，而保护的出发点是为了保存物种的多样性以及珍稀动物的特殊价值。由于中国现行法律里没有对伤害、虐待动物行为定罪、处罚的条款，因此，漠视动物福利、以伤害动物取乐、牟利、甚至无端杀害和虐待动物的行为，即使引起民众强烈的愤慨，受到道德谴责，也总是可以"逍遥法外"。

世界是一个相互依赖的整体，由自然和人类社会所组成。人类是自然的一部分，所有物种具有固有的生存权利。目前，我们急需的不仅只是停留在伦理道德层面提倡或宣传对动物生命的尊重，更要疾呼加速出台我国的《动物保护法》或《动物福利法》。

同样，在环境保护法中也有深刻的法伦理学蕴涵。尊重生命是现代人类的一种文明，其价值不仅体现在人权上，而且已经扩大到动物的福利。保护动物、尊重生命，说到底，是为了人类自己，真正得益的也是人类自己。善待动物，善待环境应是二十一世纪的人们的基本生活理念，学会与动物和平相处，学会与环境和谐相处，保护动物、保护环境最终就是保护人类自己。

思考题

1. 你是怎样认识"人性"这一概念的？
2. 法治与人性的关系是怎样的？
3. 动植物保护与人性的关系是怎样的？

案例分析与社会热点问题探讨

——评"大义灭亲"。

背景知识： 社会生活中经常存在父亲犯了罪，躲在儿子那里，或者丈夫犯了罪，妻子明知这件事情，那么作为儿子或妻子有举报的义务吗？在我国古代法律中有"亲亲相为隐"的规定。

善恶问题不仅是伦理学学科所不能缺少的重要内容，同时也是法伦理学所不应或缺的内容之一。

善与恶相对而存在，经常地，我们是在知道了什么是"恶"的时候，才深刻地理解什么是"善"；我们是在事物的矛盾与对立中，通过比较深刻地理解事物本身，包括理解什么是好与什么是坏，也包括理解我们自己。

在法治社会中，我们要善意对待法律，但这决不是法治的全部。我们认为在人类社会中，仅有"善"是不够的，法治生活里同样如此。恶的价值重要体现在制度设计中，具有特别的意义。

第五章　善与恶的一般规律

什么是伦理学的基本问题？不同的学者有不同的观点，其中不少学者认为善与恶的矛盾问题是伦理学的基本问题。正如伦理学者倪愫襄女士所云："善恶问题历来是道德哲学研究的重要课题。早在古希腊时期，亚里士多德就宣称伦理学是研究至善的学科"①。元伦理学创始人摩尔也指出："这就是我们的第一个问题：什么是善的？和什么是恶的？并且我把对这个问题（或者这些问题）的讨论叫做伦理学，因为这门科学无论如何必须包括它"②。在 21 世纪，伦理问题尤其是善恶问题的凸现，需要对此进行反思并作出合理的解答。因此，善恶问题不仅是伦理学学科所不能缺少的重要内容，同时也是法伦理学所不应或缺的内容之一。

第一节　善恶律的基本内容

善与恶相对而存在，正如黑格尔在《法哲学原理》中所指出的那样："善与恶是不可分割的，其所以不可分割就在于概念使自己成为对象，而作为对象，它就直接具有差别这种规定"。因此，无绝对的善，也无绝对的恶，社会就是由善与恶这一矛盾构成的统一体。在社会生活中，善与恶的界定及其相互规律，并带有一定的复杂性，不是我们有了关于善与恶的定义之后，就能够把握善与恶。

什么是善？什么是恶？这同样是一个历史性难题，至今也没有一致的答案。正如我们前文所说善是一个意义模糊的概念，所以分析伦理学（又称元伦理学）代表人物摩尔提出了一个经典命题："善"是不可以定义的。1903 年摩尔发表《伦理学原理》，在该书中，摩尔把"善"（good）的概念确定为伦理学的本原问题。关于"善"的概念，他说："除'善的'的对立面'恶的'外，'善的'所意味着的，事实上是伦理学特有的惟一单纯的思想对象。""善"是惟一单纯的对象，意即"善"是一个不可分析、不可还原的概念，对"善"的认识只有凭

① 倪愫襄：《善恶论》，武汉大学出版社 2001 年 3 月版，第 1 页。
② ［英］摩尔：《伦理学原理》中文第一版，长河译，商务印书馆 1983 年版，第 9 页。

借直觉，不能通过描述和推理。"善"或"善性"（goodness）和"善的东西"（the good）不同。前者是纯粹的伦理性质，后者是与此一性质"相适合的东西的整体"①。本书中，我们不再重复学者的不同观点，而是从善与恶的矛盾与规律中来理解善与恶本身。

我们发现善与恶有其特殊的规律，具体而言，善与恶的基本规律表现在如下几个方面：

一、善与恶的相对律

首先，善与恶是相对而存在的，不存在绝对的善，也不存在绝对的恶，所谓"善中存恶，恶里藏善"。我们都能理解"水至清则无鱼，人至察则无朋"的道理，世界上没有百分之百的纯净物。善与恶同样如此，例如善良当然是一个好的品质，但当善良被他人利用就可能会成为一种恶。这就是我们常说的好心不一定办成好事或正事，坏心不一定必然办成坏事。同样的道理就是好人不一定能做成好事，坏人不会不做一件好事。法律也是一样，人们常说，法律的作用是惩恶扬善，但正如伟大的法律先哲所言："法律是一种必要的恶"。当然我们承认法律是一种必要的恶，并不是说我们能够允许法律的恶性无限膨胀，而法律的恶必须限制在必要的限度内。

其次，对一方而言是善的，对另一方而言却是恶，如担任一方代理人的好律师，对被代理方而言是善，而另一方可能认为是一种恶。

再次，在恶事物中，也会存有无此善则有彼善的现象，即使最坏的犯罪分子灵魂深处也有他善的一面。同样在善的事物中，也可能会有类似的恶现象。一个没有任何善的事物是不可能存在于世的，自然会被大自然所淘汰。所以说每个人都有人性压抑不了的弱点，也有人性光辉的一面，从伟人到凡人莫不如此，这也是我们为什么要保护"坏人"，如罪犯、死刑犯的权利的理论依据之一。

因此，我们说经常地，我们是在知道了什么是"恶"的时候，才深刻地理解什么是"善"，我们是在事物的矛盾与对立中，通过比较深刻地理解事物本身，包括理解什么是好与什么是坏，也包括理解我们自己。

二、善与恶的交叉律

我们认为一方面，善中可能有恶，恶中可能有善；另一方面，在实际运行中，善与恶的交错又会形成不同的结果。所谓善花恶果、恶花善果，那么善花为何结不出善果？因为两者存在交错或者交叉的现象。善与恶的交叉律，我们

① 摩尔：《伦理学原理》，长河译，商务印书馆1983年版，第11页。

可以用花与果的这一感性方式来作如下比喻：

1. 善花——→善果
2. 恶花——→恶果
3. 善花——→恶果
4. 恶花——→善果

人们总是以为善花结善果与恶花结恶果是正常，但是善花就一定能够结出善果吗？是否会出现善花结出恶果的情况？社会生活是复杂多样的。问题是善花结恶果与恶花结善果则被认为不正常，这一思维方式有碍于我们今天的法治建设。善花有善端，但是因为后天的环境跟教育的影响可能会结恶果，所谓"桔生淮北则成枳"。在现实的法治生活中，一个重要的国家干部，年轻时为国家做出了很大的贡献，但当他因为人民的信任拥有一定的职权后，很快就走上了贪污腐败之路。同样一个纯洁的未成年人经常与大街上的"混混"在一起，久而久之容易使他作出恶行。这些就是生活中经常出现的善花结恶果的例子。而如劳改人员通过教育重新开始自己的人生，并对社会作出了贡献，这就是通过教育等方式使恶花结成善果的例子。

三、善与恶的真空律

在更多的时候，事物表现为既无善也无恶，这种表现也极为复杂，在特定条件下，善与恶存在真空状态，具体表现在：

1. "对等的恶"可以是"对等的善"。如奥林匹克提倡竞争，曾提出"永远争取，永远超过别人"，那么对第二、第三名等这些被超过甚至淘汰出局的选手而言，是不是一种"恶"。因此，现代奥林匹克口号已经有了修正，从"永远争取第一，永远超过别人"，到"更快、更高、更强"；从"参与比获胜更重要"，到"更干净，更人性，更团结"。那么，就我们所提出的问题而言，我们认为"对等的恶"可以是"对等的善"。一方面他们有平等的机会去争取"第一"；另一方面，因为有第一的存在，才能激发后来者去改写历史、改写记录，这样才能打破人类的极限，实现对人对自身的挑战，奥林匹克文化本身就是一种强者文化。对此，我们应注意特定条件，历史上曾经合法的"同态复仇"在现实社会就是违法，这就不是"对等的善"。事实上，这一精神发展到法律中就是对等原则。

2. 无所谓善与恶的自然规律。人们常说："人吃鱼，大鱼吃小鱼，小鱼吃麻虾，麻虾啃烂泥"。对大鱼而言，我们人类是不是一种恶？对小鱼而言，大鱼又是不是一种恶？人们一般认为麻虾这群小生灵，生命力弱小，对环境的依赖性强，虽然"大鱼吃小鱼，小鱼吃麻虾"，但并没有使它灭绝。人类捕捞，好比助之家族"计划生育"。自然规律就是优胜劣汰，适者生存。江里是大鱼吃小鱼，小鱼吃麻虾,在这样的环境中,能生存下来的就是强者,就具有一定的活力。因此,在这个相互"吃"过程中,无所谓善与恶,不存在谁善谁恶一说。

3. 在特定的情况下,以恶求善恶亦善。如正当防卫,它指为了使国家、公共利益、本人或者他人的人身、财产和其他权利免受正在进行的不法侵害,而采取的制止不法侵害的制度。正当防卫是对不法侵害者进行反击,保护合法权益免受侵害的行为,是刑法规定的保护行为人与违法犯罪行为作斗争的法律制度。再如法律上的安乐死,它是通过对即将死亡的人采取措施,使其立即死亡的方式,当然,这方面需要法律的规定。在现代法治社会,以恶求善,需要有法律的特别规定,要通过合法正当的恶来追求善,此时的恶才能成为善。否则就会存在类似于防卫过当,假象防卫等问题,同样安乐死等制度只要法律许可,即不存在恶,负责则成为犯罪。

四、善与恶的转换律

善与恶是可以相互转换的,伦理学者魏英敏在《新伦理学教程》中指出:"马克思主义认为,善与恶是相比较而存在的,相斗争而发展的,如果没有恶,人们就无法认识和感觉到善。在一定条件下,善恶可以相互转化"。[①] 上述善花结恶果与恶花结善果一说,就已经表达了善与恶的转换,这一转换还有其他多种转换方式。

首先,善恶易变,同样的事物在不同的环境中呈现出不同的结果,如"罂粟的花是美丽的,然而它结出的果既可医人亦可毒人"。同样,枪拿在中国人民解放军的手上,可以用来保家卫国,英勇杀敌,而在坏分子手上,则可能会祸国殃民等等。这就是人们常说的"善恶本无定则,只在一念之间"或者说"善恶一线间"。西方有句谚语,"一群狮子被一只绵羊率领,久而久之就会变成一群绵羊;一群绵羊被一头狮子率领,久而久之就会变成一群狮子"。

其次,善本身还存在真善与假善问题,我们不仅要通过其行为,还要通过其行为背后的动机与目的,才能了解何者是善?何者是恶?为人处世,利人之善才是真善,利己之善则是假善。发于内心的善行是真善,装给别人看的善行是假善;无所求而为之善是真善,有所谋而为之善是假善。这方面的例子很多,其表面往往显示出一种"热情"与"礼仪",事实上隐藏着其他目的,典型如行贿受贿。

此外,事物本身它会随着时间、空间、场所的变化而变化。如一个上进有为的青年被提拔当上干部后,走上了经济犯罪的道路等在现实生活中可以说比比皆是。

---

① 魏英敏:《新伦理学教程》,北京大学出版社 1993 年 5 月第 1 版,第 434 页。

善与恶的转换律告诉我们这样一个道理，善的事物不会永远是善的，它会随着时间、空间、场所的变化而有所变化。因此，善需要保持，保持善需要一定的条件，包括个人主观上持续不段的努力。

第二节　善恶律在法治社会中的具体运用

"善"与"好"存在区别，人们总是把"善"与"好"相联系，把"恶"与"坏"相联系，似乎社会的或者说法治的追求就是"惩恶扬善"。我们认为这是一种"好人思想"的来源之一，因为即使是"善"的东西也不一定是"好"的，同样"恶"的东西也不一定是"坏"的。善意如果被他人所利用，可能就是坏，这就是所谓好心并不总是办好事，好心可能办坏事。而生活中有些恶可能会成为一种善，如日常生活中的医生开刀切除肿瘤，再如法治生活中的正当防卫，紧急避险等。因此，我们的观点是善有善的价值，恶有恶的价值，纯粹的善或者说无原则的善可能会成为一种恶，而且"善"与"恶"是内容，"好"与"坏"是对结果的评价。在人类社会中，仅有"善"是不够的，法治生活里同样如此。人们常说："要想甜加点盐"。所以说在特定情况下，恶是善的一种补充，也是法治的重要补充，所以伯林认同霍布斯与边沁对法律的理解，认为法律是一种必要的恶①。

一、"善意地对待法律"乃一国法治之根基

社会公众如何对待法律的状况，如态度、方式等，是检验一国法治质量的重要因素。人们普遍认为我国法治建设已经取得了巨大的成就，但我们在日常生活中经常听到的"法不禁止即自由"、律师是"专门钻法律空子的"等等说法，却与现代法治精神相去甚远。似乎只要不触犯法律，随便怎么运用法律都是合法的，所谓"只要不触犯法律就无可指责"，哪怕是"恶意"地曲解法律。如果大家都以"法不禁止即自由"为行为准则，以"钻法律的空子"为能事，国家的社会秩序一定难以"和谐"。因为，您"钻了空子"就一定会损害对方的利益。因此，"善意对待法律"就成为法治与道德建设中极为重要的问题，离开了"善意地对待法律"这一基本的法律心态，法治终将是"竹篮打水一场空"。

"人具有向善的本性"，即"向善性"。个人的"向善性"的结合形成了整个社会的"向善性"，这种由整个社会的"向善性"的"善"是法治生长的动力。"善意地对待法律"是社会的"向善性"的必然反映，具体体现在立法、执

---

① ［英］伯林：《自由论》，胡传胜译，译林出版社 2003 年版，第 191、219 页。

法等诸法治环节。而且，法治的各个环节应体现"善意"，这也是法治得以生存与发展的基本"养料"。

（一）善意立法

立法中"善意"首先要求立法者的立法行为必须尊重客观规律，不能想当然。良法的首要标准就是"尊重法律自身的发展规律"。马克思认为法律"是人的行为本身必备的规律，是人的生活的自觉反映"。[①] "立法者应该把自己看做一个自然科学家。他不是制造法律，不是在发明法律，而仅仅是在表述法律。"[②] 其次立法要尊重社会的风俗与习俗。正因为法律来自于社会，它必然体现社会的风俗与习俗。因此，对国外法学理论的借鉴、对法律制度的"移植"要合乎中国的现实状况。前段时间关于燃放烟花爆竹从"禁放"到"限放"充分说明了这一点。最后立法的善意要求法律应具有一定的人性基础或者伦理性基础，如我国将用立法限制上网玩游戏时间就体现了这一点。事实上，就法律制度而言，国内民法上有善意取得制度，说明"善意"一词已经在法律上有了体现。在国际法上有善意履行国际法义务原则，《联合国宪章》第2条第2款就规定了这一原则，值得我们借鉴。该条规定："各会员国应一秉善意，履行其依本宪章所担负之义务，以保证全体会员国由加入本组织而发生之权益"。

（二）善意执法

执法是一个过程，在这一过程中，执法者通过自己的执法行为，将法律运用于社会生活中，并最终在全社会形成良好的法律秩序。执法的目的是为了实现法的精神与思想，而不是让执法者拿着法律耍威风，或者用法律这一手段来为本单位搞"创收"，甚至为自己"谋财富"。现实生活中的警察为了罚款躲在树跟底下测超速行使或者躲在一个不起眼的地方等着人来违章是较典型与普遍的例子。这就叫"恶意执法"，在文明国家没有警察会这么做。在这些例子中，处罚成了警察执法的唯一目的，"善意执法"所要求的是"教育为主"、"预防为主"在这里成为次要甚至不必要的了。此外，还存在着野蛮执法，表现为一些执法人员在执法中态度生硬，不敬礼、不报名、不示证，甚至训斥、恐吓执法相对人等行为都属于缺乏善意的执法行为。

（三）善意司法

"善意司法"就是要求法院的审判人员善意地运用法律。具体要求为：

1. 在存有争议的调解制度上，应在分清是非的基础上调解。审判人员不应为了自己结案，而不分青红皂白"各打五十大板"或者采用以"和稀泥"的方式损害法律应有的是非观。

---

① 《马克思恩格斯全集》第1卷，第72页。
② 《马克思恩格斯全集》第1卷，第183页。

2. 司法要讲理。在判决书的制作方面，不能只有结果，没有判决所依据的事实、理由；审判人员要有清楚的判决论证过程，做到"司法要讲理"，使当事人"赢得合理、输得明白"。

3. 善意解释约定与法律。在对当事人之间的合同、协议的解释以及法律的解释中应出于"善意"。对此，国际法上有了现成的相应法律规则，最典型的就是《维也纳条约法》中规定了"善意解释条约"，即《维也纳条约法》第31条的规定："条约应依其用语按其上下文并参照条约之目的及宗旨所具有之通常意义，善意解释之"。虽然"善意解释条约"规则尚未成为我国的法律规则，但我们司法工作中完全可以运用这一理念，善意解释法律、运用法律。

4. 善意地运用司法自由裁量权。对允许审判人员可以有一定幅度裁量的案件，要根据案件事实、情节等诸因素合理作出判决，使得判决书不仅合法，而且合理。合理性判决，也是判断审判人员业务素质最重要的方面。

（四）善意用法

对广大百姓而言，需要善意履行法律赋予的种种权利，而不是运用法律这一手段来为对方制造陷阱，再通过诉讼为自己"创造财富"。比较典型的例子就是通过签定合同，然后故意制造对方违约，再以原告的身份诉之于法院，追究对方违约责任。司法人员应当对这一类诉讼采取办法防止，而不是听之任之，甚至"助纣为虐"，还美其名曰："我们法院只负责形式正义，不管实质正义"。另外，生活中大量存在的就是"恶意诉讼"，即诉讼当事人滥用诉权，故意以他人受到损害为目的，无事实根据和正当理由而提起诉讼，损害他人合法权益的行为。对恶意诉讼我国法律还没有明确和直接的法律规定，但少数人滥用诉权进行恶意诉讼的情况逐渐增多，助长了"诉讼爆炸"的现实，这明显是与"善意用法"背道而驰，是到了该用法律整治的时候了。

（五）善意守法

在善意守法这一环节，强调守法的普遍性，即强调党要守法，政府要守法，并且党与政府要带头守法。在我国的法治建设中，党与政府的榜样作用具有特别重要的意义。

因此，法治的各个环节都应体现"善意"，这也是法治得以生存与发展的基本"养料"。善意对待法律，不仅是作为公民基本的道德义务之一，成为一国道德的重要内容；又是一国法治的重要精神，需要相应的法律手段予以保证，两者不可偏废。所谓"徒法不足以自行"，法治实践表明离开了道德的支撑，法治终将成为"任人任意揉捏的橡皮"而缺乏应有的权威性。

二、制度建设中的"先小人后君子"

"善意地对待法律"乃一国法治之根基，但决不是法治的全部。所以我们坚持认为在人类社会中，仅有"善"是不够的，法治生活里同样如此。恶的价值体现在制度设计中，具有特别的意义。当然，不能片面强调"恶"，那样就容易形成我们所反对的"恶法"。关于人性问题，特别重要的是，我们在设计法律制度不能离开"坏人理论"或者说"无赖理论"。

苏格兰启蒙思想家大卫·休谟曾提出"无赖假定"原则，即假定所有的政治人物都可能成为无赖，因此在进行宪政民主制度设计的时候，必须建立一套可靠的预防机制，将他们发展成无赖的道路堵死。美国大法官霍姆斯也有一个著名的"坏人理论"，即要从"坏人"的角度去看待法律[1]。中国有句俗语叫做"先小人后君子"，在民间，这句俗语还常常被表达为："咱们先把丑话说在前面"，这一规则是我们法治建设中不可多得的金科玉律。我们认为在法治建设的始终，仅有"善"是不够的，以"性善论"出发设计法律，法律必衰。相反，从"性恶论"出发设计法律，法律才有可能科学、合理，这就是立法中的"先小人后君子"律。

在我们日常的经济、政治生活中我们认为非常有必要引入西方世界的"性恶论"思想，所谓"坏人假定"思想。基督教文化中的一个重要理论就是"原罪说"，认为人生来是有罪的。西方经济管理学中有个著名的 X 理论，该理论认为：人向来都是自私的，生来就以自我为中心，漠视组织的要求，必须严加监督与控制。经济学家哈耶克认为："制度设计关键在于假定，从'好人'的假定出发，必定设计出坏制度，导致坏结果；从'坏人'的假定出发，则能设计出好制度，得到好结果"。西方政治学也有一个有名的假定："政治无赖假定"，即：若无监督，官员必定无赖，权力必定导致腐败。也就是承认人性是有弱点的，先假定每个人都有贪欲的原念，在缺少制约的情况下，任何好人都可能变为坏人，这在反腐败斗争深入的今天，已经成为一个不证自明或者说无须证明的一般的社会常识。正是因为人性恶，是坏人，会做坏事，为了禁止坏人做坏事，让坏人做不成坏事，所以才需要制定各种法律规则。

传统中国社会的治国思想是儒家思想，"性善论"则是中国传统儒家思想的重要内涵。"性善论"对现今法治仍具有重要影响，包括其中的负面影响，这一负面影响表现得最严重的就是人们因过于相信权力自身的良性运转，忽略了在制度设计中强化对权力的制约，这一理念造成了现实生活中的权利常常受到权力的侵犯。目前，因这一传统思想的影响，我们的思维仍定势在"性善论"的泥潭而不能自拔，看不到"性恶论"在法治中的价值，以至于"好人"思想在我国社会评价系统中仍具有很大的市场。事实上，人本身就兼具"性善"与"性恶"，纯粹的"性善"与"性恶"的不存在的甚至是幻想。

---

① 邱本：《法律的"坏人理论"》，中国法律文化网，网址：http：//www.law-culture.com。

在政治制度设计，个人的道德自律是需要的，但个人的道德自律往往是不可靠的，所谓"最不像贪官的"也可能是"披着羊皮的狼"。在干部监督体制的改革和深化中，如果从"坏人"的假定出发，"先小人后君子"，以刚性的外部制度约束官员的权力行为，并对干部进行全方位的监督，那么官员们的行为就随时随地置于群众怀疑的眼光之中，置于更加严密有力的监督之下。2004年1月中共中央的党风廉政建设工作会议明确，今后反腐战术要作"三大转变"，其中一条是"由事后监督为主转向事前监督为主"。将预防的环节放在法律和制度创制之前，给官员来个"小人假定"，在考虑制度安排的出发点时当然就只能从人有可能为恶的现实假设着眼，而不是把制度设计建立在圣人"性善论"的理想假设上。在现实生活中的具体制度上，异地任职、异地管辖等都是建立在对官员"不信任"的基础而设计的制度。2007年12月17日由最高人民法院审判委员会第1441次会议通过，并自2008年2月1日起施行的《最高人民法院关于行政案件管辖若干问题的规定》，即法释〔2008〕1号中就有许多异地管辖的规定，如其第二条规定："当事人以案件重大复杂为由或者认为有管辖权的基层人民法院不宜行使管辖权，直接向中级人民法院起诉，中级人民法院应当根据不同情况在7日内分别作出以下处理：（一）指定本辖区其他基层人民法院管辖；（二）决定自己审理；（三）书面告知当事人向有管辖权的基层人民法院起诉。在西方的议会内阁制国家，议会对政府（内阁）可以提出表示不信任的议案（no – confidence motion），又称不信任决议案。这一制度起源于英国，是议会监督政府的一种重要方式，一般是在议会对政府的政策和施政方针持不同意见时提出。在议会内阁制国家，当议会通过对政府的不信任案时，政府必须总辞职，或依法提请国家元首解散议会，重新改选，由新议会决定政府的去留，等等。著名学者林语堂有段名言："一个简单而无情的事实是，如果你把这些官员当作正人君子，正如中国人所做的那样，结果只有十分之一的人会成为真正的君子，十分之九的人会成为无赖、骗子和窃盗"。

根据我们的种种经验，我们不得不承认：再高尚的人，他的权力也要受制约；再平庸的人，他的权利也要有保障。同时，立法与制度建设中的"先小人后君子"规则，不能说是我们的发现，而是我们借鉴国外的经验，将日常生活的智慧提炼为立法的技术，成为法治的智慧。从中我们不难发现法律规则生成的另一条金律："生活乃法律之母，人民乃法律之主体"。

第三节 "执法必严"与"以善制恶"

　　"执法必严"是一种必要的方法，但不是最终的，甚至也不是最好的方法，在民主与文明的国度中，最终与最好的的办法永远是"以善制恶"。表现在法律中就是"以预防为主，打击为辅"、"教育与惩罚相结合"等思想，其中在审理未成年人刑事案件中贯彻"以教育为主，惩罚为辅"的方针。

一、"以善制恶"的价值

　　我们都知道伊索有一则太阳与风比赛的寓言，太阳与风争论谁比谁强壮。风说："当然是我，你看下面那位穿着外套的老人，我打赌，我可以比你更快地叫他脱下外套"。

　　接着，风便用力对着老人吹，希望老人把外套脱下来，但是它愈吹，老人愈把外套裹得更紧。

　　后来，风吹累了，太阳便从后面走出来，暖洋洋地照在老人身上，没多久，老人便开始擦汗，并且把外套脱下。

　　太阳与风的比赛，给了我们什么启示呢？风比输了，太阳赢了，这个故事向我们揭示了善的力量，告诉我们温和与友善总是比愤怒和暴力更强和更有力量，而且我们认为"以善制恶"乃至善。印度诗人泰戈尔说过："不是锤的打击，乃是水的载歌载舞，使鹅卵石臻于完美"。社会生活的经验也告诉我们：人更容易在感动中改变自己，虽然社会存在恶未必会被善感化的现象，但会有程度不等的变化，人总会有人性的，这也是维系社会向前发展的动力。

二、"执法必严"为什么是必要的

　　人们一般认为"执法必严"对社会上的坏分子而言，是一种"恶"，对广大百姓而言，是一种善。我们说善与恶相比较而存在，无善即无恶，反之亦然。"执法必严"类似于"以恶制恶"，类似于我们平时说的"以毒攻毒"，在社会生活中具有重要作用。

　　（一）"执法必严"具有现实性

　　因为社会政治、经济、文化等因素的制约，现实社会还远未臻于理想状态，"恶"事物常常会出现，甚至"恶势力"会抬头而超过善，即"邪不压正"。因此以善制恶是一种人文精神和理想，应该成为我们坚决捍卫的信念。但恶的价值不容忽视，我们都知道农夫与蛇的故事，冻僵的蛇并不因为农夫救了它的善举而改变自己的恶性，当然我们又不能因此完全否定善。

（二）"执法必严"速度快、现场效果好

与执法必严相比，"以善制恶"则需要较长的时间，当一个女子受到暴徒的强暴，在这种情况下，忍受恶（即强暴）并非善，更与以善制恶的精神无关，事实是应该进行最有效的反击，即正当防卫。同样，就严打而言，可以在最短的时间内震慑各类"坏分子"，在最短的时间内维护社会治安。

（三）"执法必严"成本小

"执法必严"是以削减甚至消灭恶的力量而进行的，牺牲的可能只是恶本身，而且有斩草除根的功效。"以善制恶"需要"联合治理"，需要多方面的力量，如挽救一落后青年，不仅是学校方面进行爱的教育，整个社会要有行为，这是一个系统化的社会工程，因此，"以善制恶"的代价大于"执法必严"。

总之，"执法必严"可以是一种善，但"以善制恶"此乃至善。从这一原理出发，我们认为"严打"只是国家在某个特殊时期的刑事政策，其目的是"以恶制恶"，但国家长期的、最基本的刑事政策仍然是"以善制恶"，这就是我们平常所说的坚持惩罚与教育相结合的原则。

思考题

1. 举例说明法治生活中的善恶律。

2. 如何理解"以善制恶"？

3. "善"与"好"、"恶"与"坏"有什么区别？

案例分析与社会热点问题探讨：

案例：

2004年5月1日起，《中华人民共和国道路交通安全法》正式实施。这部法律与人民的日常生活关系密切，它表达了对人的生命的尊重，以及对守法公民的尊重和对交通执法人滥用职权的惩戒，充分体现了以人为本、与民方便的原则。

根据2004年5月2日的《华西都市报》报道，就在该法实施的当天上午，一名司机驾驶奥拓车在四川崇州境内肇事伤人后逃逸。按照《道路交通安全法》第101条规定，他成为该法生效后成都市首个遭终身禁驾的人。对司机作出的处罚依据，是《道路交通安全法》对肇事逃逸司机的处罚规定。崇州交警部门执法严格执法，维护了《道路交通安全法》的尊严，体现了其作为护法使者的恪尽职守。

然而，同样是执行《道路交通安全法》，北京市交管部门的做法就有点别样。北京市交通管理部门决定，《道路交通安全法》实施初期以宣传教育为主，实行暂不处罚。2004年5月2日《北京青年报》认为这是人性化执法的一种表现。

面对同样一部法律，四川的违法者就要依法受到处罚，而北京的违法者却暂不处罚，同样的情况为什么不能得到同样的对待？

这样的"人性化执法"是否具有法律依据？对此，《道路交通安全法》和《道路交通安全法实施条例》，均没有授予交管部门在该法实施初期可以对行人违法免罚的规定。那么，究竟什么是人性化执法？北京市交管部门是否具有"人性化执法"的权力？

参考资料：刘海明：《暂不处罚，离谱的"人性化执法"》，检察日报2004年5月12日。

问题：结合上述案例思考什么是人性化执法？您对上述案例如何评价？

如果我们把法律比作太阳，道德就是月亮；我们说法律像严父，道德更像慈母；同样，如果法律代表着阳，道德就代表着阴，正像阴阳调和人才健康一样，法律与道德协调之后，社会才得以健康发展，离开了道德的支撑，社会主义法治不过是一句空话。人类社会的历史表明，法治的败坏首先起源于道德的沦丧，现实生活中，贪污腐败的堕落首先起源于道德的颓废。

我们认为道德在法治的发展中具有越来越重要的作用。当今我国的法制建设已经面临着两大任务：一是国内法律体系与WTO的衔接、协调与统一，使国内法接受WTO的检测并与国际接轨；二是与国内道德接轨，要求现行的法律接受新时期社会主义道德的检测，使得我国的法律与社会主义道德相协调，并使我国的社会主义法律具有更加广阔的道德基础与人性内涵，从而使我国社会主义法律真正代表我国法律文化的最先进的方向。

第六章 法律与道德的一般关系

　　法律与道德的关系问题是法伦理学的基本问题之一，对这一问题的科学认识，是我们正确认识法伦理学的关键性因素，也是我们进行法伦理学建设的关键。新时期法律与道德关系融合趋势，是我们创建及运用法伦理学的重要资源。

第一节　法律与道德的关系在法伦理学中的地位

　　法律与道德的关系问题是法伦理学研究的基本问题之一，得出这一结论的主要理由可归纳为如下几个方面：

一、法律与道德的关系问题是法伦理学生存与发展的基础或者说基本线索

　　法伦理学是从法学与伦理学的结合点上发展起来的一门边缘性交叉学科，是法学与伦理学两大学科相互渗透、融合的产物。因此，一些学者提出法伦理学主要是一门研究法律与道德关系及其相互转化规律的科学。法伦理学之所以能够作为一门独立学科而存在，源之于我们人类对法律与道德关系问题的长期思考，并且它经历了一个由混沌到缺失再到独立的历史过程。因此，这一学科之所以得以成立并长期存在，取决于我们对这一特定问题长期性的思考与整理，法律与道德的关系问题，是法伦理学存在与发展的"土壤"与"空间"。

二、法律需要道德的支撑，道德需要法律的辅佐

　　法伦理学之所以能够成立的重要因素之一，是因为法律需要道德的支持，良好的法律必须具有充分的人性基础，同时需要建立伦理规则以规范法律人的行为。"德治"与"法治"思想的提出反映了这一精神。值得一提的是，现在所说的"德治"与"法治"完全不同于我国历史上曾经提出的"德治"与"法治"，这种差别一方面表现在过去的"德治"与"法治"的目的是维护君主专制，而不是现在的人民民主制度，特别是现在我们所说的"德治"与"法治"是两个平行的概念，不存在一方对另一方的"控制"或者"包含"，即"德主刑辅"。

三、对法律与道德的关系问题的研究能够挖掘出法伦理学的基本范畴与基本规律

任何学科的建立离不开该学科本身的基本规律与范畴，以此建立学科本身的理论与学科的独特性。从对法律与道德的关系问题，可以分解出法伦理学的基本范畴与基本规律。事实上，无论什么样的研究对象，都必须保证通过对它进行科学研究能够得出可靠的结论。因此，对这一问题的挖掘成为了法伦理学重要内容，有些学者将其作为了法伦理学的研究起点。我们在研究这一问题时必须注意的是：法律与道德都是社会政治文明系统中的两个平行的子系统，它们之间相互影响、两者相互作用，或表现为相互协调和相互配合。法律与道德在社会生活中的地位与作用是平等的，没有主次之分，我们既反对"法律至上"，同样反对"道德至上"（以往并没有"道德至上"这种提法，作者运用该"词汇"，目的是为形象地说明问题），即过分地夸大道德的作用而忽视法律的价值。

四、对法律与道德关系的研究是我们认识良法的条件之一

法学与伦理学共同面对着公平、秩序、效益等因素，这些是法伦理学不能回避的问题。法伦理学通过总结法律与道德关系的研究，探索两者关系普遍的、一般的规律，探索建立有效的机制将道德运用于现实的法制建设中，使得法律与道德形成良性互动。

因此，正确理解法律与道德的关系问题是完成法伦理学构建的关键之一，也是法治的的力量之源，权威之本。

第二节　新时期法律与道德关系的新发展

一、以往对法律与道德关系研究之不足

法律与道德的关系问题一直是法学研究的一个重大课题，这是一个极具浓厚思辩色彩并具有深刻的理论价值与实践意义的论题，也是古今中外法学家、哲学家们一直争论不休的一个热点问题。以往我们对法律与道德关系问题研究的不足，最突出地表现在将这一问题简单化、机械化、绝对化，具体表现为法律是法律，道德是道德，两者的界限一清二楚。囿于历史的原因，以往的研究虽然意识到了双方的联系，但更强调了两者的差别，甚至是过于强调法律与道德的区别与界限，所谓"法不容情"。

（一）强调"法不容情"，所谓法律是法律，道德是道德

囿于历史等原因，以往的研究过于强调两者的区别，并将其绝对化。不论

是西方还是我国，一度非常强调法律与道德的界限，如17－18世纪的德国法学家托马西斯认为：道德与法律的区别在于前者调整人们的内心活动，旨在求得个人的内心和平；而法律则调整人们的外在活动，即人与人的关系，旨在谋求外部世界的和平。托马西斯对后世西方法学家具有重大影响，他之所以强调法律与道德的界限，主要是为了反对封建统治者，尤其是天主教会对人们因所谓"异端"思想而施行刑罚，也就是要求宗教信仰自由，因而在历史上具有一定进步作用①。在我国，历史上盛行的"文字狱"、"腹诽罪"等，曾经运用法制无条件地"规范"甚至"惩罚"人们的思想与内心世界。在这一历史背景下，人们强烈反对法律对思想的干预，主张人们的思想观念不是作为法律调整的领域。在理论上，严格区分法律与道德的界限，认为只有这样才能避免法律滥罚无辜，防止法制走向反面。

事实上，如果我们把法律比作太阳，道德就是月亮；如果说法律象严父，道德就象慈母；同样，如果说法律代表着阳，道德就是阴；正像阴阳调和人才健康一样，法律与道德协调之后，社会才得以健康发展，离开了道德的支撑，社会主义法治不过是一句空话。人类社会的历史表明，法治的败坏首先起源于道德的沦丧，现实生活中，贪污腐败的堕落首先起源于道德的颓废，尽管他们在各种场合言必称道德。我们不否认法律与道德之间的区别，但不能将这一区别绝对化，它们有共同的调整领域，法律与道德的适用范围如果用图形表示就表现为两个相交的圆，有些道德原则本身就是法律原则，比如，公平、诚实信用不仅仅是道德原则，同样也是我国法律确立的法律原则，我国《民法通则》第4条清楚地写明："民事活动应当遵循自愿、公平、等价有偿的原则"，第7条还规定："民事活动应当尊重社会公德，不得损害社会公共利益，破坏国家经济计划，扰乱社会经济秩序"。所以，不是"法不容情"，应当是"法也容情"。

（二）认为法律调整人们的外部行为，而道德调整人们的思想动机，并将其简单化

这一问题事实上也是第一个问题的必然结果，正因为强调法律是法律，道德是道德，所以必然得出两者的调整范围不同这一错误结论，正如托马西斯认为的道德调整人们的内心活动，法律调整人们的外在活动。我们知道，不论法律还是道德，其调整的范围既包括行为也包括行为人的内在活动。比如，刑法的犯罪构成的四要素理论中就包括了犯罪的主观方面，即行为的"故意"或"过失"以及动机、目的等，缺少了主观方面这一要件，即人的主观状态，犯罪就不能成立，比如正当防卫就不能认为是犯罪。民事诉讼中同样存在"过错责

---

① 沈宗灵：《法理学》，北京大学出版社2000年1月第1版，第317页；转引自《Bodenhaimer Jurisprudence》(1974)，p. 291。

任"的制度，而"无过错责任"只是一种例外。在调整方式上，二者的区别在于，法律着重要求的是人们外部行为的合法性，而不能离开行为过问动机，单纯的思想不是法律调整的范围。而道德所要求的不仅仅的人们的外部行为，它还要求人们行为动机的高尚、善良，对人们行为时心理的"内在"影响的道德发挥作用的特殊机制①。法律与道德的适用范围表现为两个相交的圆，在相交部分会"你中有我，我中有你"。

（三）将道德分为统治阶级的道德与被统治阶级的道德之后将其机械化

不少教科书将道德分为统治阶级的道德与被统治阶级的道德，并强调法律与统治阶级的道德在根本上是一致的，他们相互影响，相互作用，而法律与被统治阶级的道德则是根本对立的。事实上，就认识论而言，人们对客观世界会有一致的看法，道德也是如此，它具有社会性。在正常的社会里，法律与道德维护的价值基本相同，法律与道德的实现离不开民众的认同与社会的认可，任何社会的法律都必须顺应社会流行的道德观念的要求，否则，它就难以发挥作用。因此，立法者在创制法律时，必须以道德的基本原则与基本精神为指导，努力反映道德的基本要求。有时，立法者甚至要把某些重要的道德规范直接上升为法律规范，使之成为法律的一个组成部分。随着社会的进步和文明的发展，道德的内容往往要发生变化，此时，立法者必须对已经制定的法律进行补充、修改和完善，以顺应道德的发展要求，使得社会法律能够顺应时代的要求与趋势。

（四）对法律的继承性以及法律实践有所忽略

由于法律和道德都是约束人们的行为规范，两者之间有内在的统一性，与道德一样，法律作为意识形态，一经形成便有相对的独立性，但人们往往承认道德的共同性、继承性，却忽视了法律的继承性、共同性，关于法律的共同性与继承性问题我国法制有很多的经验教训值得总结。

长期以来，人们在认识法律与道德关系时，还形成了其他一些固定的、片面的看法，并反映在各类教科书中。

二、法律与道德关系在新时期的新内容

不同的时代，法律与道德呈现出各种不同的景象，新时期社会的发展赋予法律与道德这一古老的命题以崭新的内容。

法律与道德的关系问题，在古今中外的社会、道德、政治和法律思想中，一直是个争论不休的一个热门话题。简单地说，人们对法律与道德的关系主要有三种看法：

---

① 孙国华：《法理学》，中国人民大学出版社 1999 年 11 月第 1 版，第 169 页。

1. 法即道德，法律是正义的化身，是理性的体现，法即道德，它必须符合道德的要求。违背道德的法律是"恶法"，它不具备法的属性，这是一种"恶法非法"的理论。持此学说者为古今具有价值法学倾向的学者，最典型的就是西方各个历史阶段的自然法学派。

2. 法律是法律，道德是道德，两者有着严格的区别与界限，最典型的是奥斯丁的"恶法亦法"思想。

3. 法律与道德有联系，但没有必然的联系。例如英国法学家哈特认为任何法律均会受到一定社会集团的传统道德的影响，也会受到少数人超过流行道德水平的影响。他同时认为，不能因此而说法律制度必须符合正义或道德，可见，他同时坚持法就是法。[①]

随着时代的发展与人们认识的提高，我们认为时代赋予了法律与道德关系及其规律以新的内涵，法律与道德关系及其规律产生了以下的变化：

（一）法律与道德关系是变化着的、发展着的，而非静止不动

法律与道德都是一国上层建筑中极为重要的组成部分，它随着经济基础的变化而变化，一旦国家的经济、政治发生变动、时代有了变迁，法律与道德以及其相互关系就会随之改变，因此，它们的变化着的、发展着的，而不是静止不动的。如汉朝不可能去用秦朝的法律，正像孙中山领导的中华民国不可能运用清朝的道德一样，道德当然随之也要变。因此，法律与道德就如同"孩童的脸"，说变就变，这使得法律与道德关系具有复杂性，特别是两个单个"变量"发生组合时，这一关系更具复杂性。这也是这一问题在全世界长期争论不休的重要原因之一。在一个社会，曾经是合乎道德的行为在另一个历史条件下就是不道德的，比如，清朝时男人留辫子在当时是合乎道德的，而到了革命时代就成了要"革"掉的封建残余。同样，曾经是合乎法律的行为在一定条件下就成为不符合法律的，如根据《唐律》，丈夫犯罪，妻子告发的，妻子就是犯罪，所谓"亲亲相隐"，是指亲属之间可以相互隐瞒罪行，对有容隐义务的人如不隐匿犯罪，要追究刑事责任，而现代法律就规定为窝藏罪、包庇罪。相反，曾经不符合法律的，因时代变化而成为合乎法律的，比如妇女的堕胎。另一方面，许多新问题的出现对法律与道德提出了挑战，如面对克隆人的基因的技术，传统的法律与道德中没有现成的答案。

（二）法律与道德相互渗透、相互补充

在人类历史的早期，法律与道德浑然一体，在成文法发达以后，法律才与

---

① 周永坤：《法理学——全球视野》，法律出版社 2000 年 5 月第 1 版；葛洪义：《法理学》，中国政法大学出版社 1999 年 1 月第 1 版。

道德渐渐地分化为两个体系。① 作为一个社会极为重要的上层建筑，两者是联系得最密切的两个部分，它们有相互影响、相互协调和相互配合的功效。常常表现为两者的相互促进作用：一方面，道德对法律的促进作用，道德是法律正常运转的社会和心理基础，立法、执法、守法都离不开道德；另一方面，法律对道德的促进作用，它用立法手段推进一定的道德的普及以及通过刑罚惩治非道德行为，以弘扬社会所倡导的道德。这一规律告诉我们，要抛开法律是法律、道德是道德的思维定式，发挥两者的整体优势，而非单兵作战，以提高社会资源的组合功能与整体性优势。比如公安机关在抓社会防范建立城市或农村防控体系时，要发动社会的力量，发挥道德的力量、舆论的力量，做到"群防群治"，而不是单兵作战，使得社会治安"打不胜打"，"防不胜防"，所谓"眼睛一睁、忙到熄灯"，"每年有成绩，年年都严打"。社会生活许多领域，需要法律与道德来进行共同调整，道德建设的加强有助于法律调整的顺利进行，并使之事半功倍；反之，道德建设削弱，法律调整的任务便会极大地加重，甚至会出现"失重"。

（三）随着社会的发展，法律与道德已经出现了融合的趋势

我们说法律与道德是同一社会母体的双胞胎儿，其共同任务是克服个人的任性，从不同途径协调社会个体的行为。一方面，由于人类文明的发展，人的自觉意识和道德意识的增强，道德的理性色彩和法律的情感色彩均会有所扩大，法律与道德将具有更多的共同点，法律道德化与道德法律化的新情况将会日趋明显。人类发展的历史表明，法律与道德两者也是可以相互转换的，例如基本道德原则可转化为法律，长期存在的法律也可能成为社会道德的一部分。

因此，在建设社会主义法治国的今天，我们的法制建设要与道德教育双管齐下，同步进行。在法律适用中，防止单纯惩罚主义，注重发掘法律中内含的道德情感因素，以情感人，充分发挥法律的教育功能，实现综合治理。在道德教育中，结合法制内容，将法律精神化为人们的内在的行为准则，使人们更加理智地控制自己的情感，从而使自己的行为具有更多的自觉性。同时，这一过程将会有效地促进我国的社会主义文化建设。

第三节　法律与道德关系的基本定律

法律与道德的关系问题已持续争论了几千年，由此引发的法治与德治关系问题成为中国法律思想史的一根主线索。尽管法律与道德关系无论在中外都是

---

① 周永坤：《法理学——全球视野》，法律出版社 2000 年 5 月第 1 版。

一个古老而有常新的问题，并且因为时代等诸因素的变化使得法律与道德关系呈现不同的风景，但这一关系的基本规律在这个时代已经全面显现。因此，我们应该对这一关系进行理论总结与整理，以探索法律与道德关系基本规律。我们将两者关系的基本定律归结为：交叉律、互动律、转换律、共振律，这也是法伦理学领域的基本规律。

所谓交叉律，是指法律与道德的关系并不是两根平行的永不相交的直线，在调整范围，两者是相互交叉的圆，因此法律与道德有交叉部分，并且这一交叉部分是随着社会的发展而不断变化发展的。一方面，从总体而言，它们都属于社会规范体系，是人民的行为规范，两者具有规范属性和功能，这就决定了两者具有相似性，属于"同一类"，它们各自通过自己不同的方式作用于人的行为，对人的行为发生影响；另一方面，两者所调整的对象在内容上有交叉重合关系，有些对象既属于法律调整的事物，也属于道德调整的事物。比如，不许杀人，欠债还钱等既是法律要求也是道德要求。平等有偿、诚实信用等，既是市场交易中的道德要求，也是市场交易中的法律诉求。在道德与法律交叉的地方，立法者将这种重合的道德要求确认为法律，成为受国家保护的人们的行为标准。

这一规律从外在"形象"方面揭示了两者的关系，既是我们把握两者关系的关键，又是我们得出下列结论的基础。即正因为两者的交叉律，才产生了互动律、转换律与共振律。

互动律，是指法律与道德的关系间具有的相互渗透、相互补充的功能，这一规律要求我们应从社会整体性上认识与把握法律与道德的关系，发挥其整体优势与组合功能。因此，一方面我们认为道德所谴责的言行不一定会受到法律制裁，法律制裁的一般都会受到道德的谴责。但另一方面，在我们国家的宪法和法律中，法律和道德的关系同样极为密切。凡是社会主义法律所鼓励、培养的行为，都是社会主义道德规范要求的光荣、正义的行为；凡是社会主义法律所禁止的行为，也都是社会主义道德所认为不道德、不正当的行为。

转换律，是指法律与道德关系的转化，最典型地表现为社会生活中，法律伦理化与伦理法律化的现象与趋势等。道德法律化是依据客观实际的需要，把一定的道德原则或道德规范上升为法律并最终实现法律化的道德由他律转向自律的过程。道德法律化的学理基础是道德和法律的内在共性及社会发展的需要，当前应按照社会主义法治要求，推进我国道德法律化进程，实现人类自由和全面发展。当然，道德的法律化是有限度的，必须通过一定的途径来进行。

共振律，是指两者可以是相互促进的关系，例如我们日常生活所说的"守法是最基本的道德"、"守法是最起码的道德"，即通过法律推进道德建设，通过道德推进法律建设，以达到两者间的促进、共振关系。具体方式表现为：一是用道德纪律确定守法是公民道德建设的一个重要内容。它既是一个公民的立身之本，也是处世之道，又是道德的底线，是每个公民必备的道德品质，是现代社会生活对每个公民的基本要求。只有守法，才有可能成为道德高尚的人。一个不守法的人，必定是不道德的人。所以说，守法推动着我们民族道德水平的提高，全民族道德水平的提高，又推动着法制建设的历史进程。通过对违法行为的制裁，确保道德的维护与遵守。

法伦理学必须研究法律与道德关系的规律与形成这一规律的条件，以探索两者间共振的机制，以更好地发挥法律与道德两者的互动效果与整体作用，使法律处于良性的运转状态。

第四节　法律与道德融合趋势与运用

法治的品质取决于多种因素，其中的重要因素之一就是法律是否具有与时代相适应的道德基础，这也是法治的力量之源、权威之本，法律与道德融合趋势与运用是法伦理学的使命之一。

一、司法道德化是法律与道德融合在实践中典型体现

法律的道德基础是法治的人性内涵具体表达，民法的三大道德支柱：公平正义、公序良俗、诚实信用在民法上具有重要的意义。法律富有道德基础与人性内涵，已成为法律发展的历史轨迹与规律；反酷刑，铸良法，是现代法制的最基本的要求。

历史唯物论反对把法律与道德相分离，反对法律可以脱离道德，反对法的非道德因素，当然这并不是它赞成"恶法非法"的观点，因为"良法"更体现了道德因素，更符合人性，从而成为人们追求的目标，"良法"内在要求法律具有一定的道德基础与人性内涵。

《联合国反酷刑宣言》、《联合国反酷刑公约》、《中美洲预防和惩罚酷刑公约》、《世界医学学会东京宣言》与《执法人员行为守则》对什么是"其他残忍的、不人道的或有辱人格的待遇或处罚"作了指导性解释。反酷刑，铸良法，从专制时代走进权利时代，经过多少代人长期不懈的努力，人权观念已深入人心，权利的时代已经展现，对人权的追求与实现已经成了人们清醒的意识，这也我们这个时代最鲜明的特点之一。法律将在更大程度上体现了与我们这个时代相呼应的人权、正义、效益与秩序等，司法也将越来越富有人情与人性，整个法制将具有宽广的道德基础与人性内容，这将使得我们的法律能够代表文化前进的方向，代表我们国家应有的先进性。由于我国社会主义法制建设的过程

中，出现过一段时间法律与道德的脱节，因此，在新的时期法律与道德的融合以及在司法上的运用，将具有重大的现实意义与理论价值。

近来对"亲亲得相首匿"这一封建社会传统道德原则与法律制度的探讨比较热烈，这一行动反映了社会对"人情"、"人性"这一道德制度的需求。"亲亲得相首匿"，即"亲亲相隐"，它是允许亲属间相互隐瞒罪行的制度。有学者提出，亲亲相隐制度充分体现了对人心的呵护与关怀，其制度设计的理念是法律不强人所难，其有效维护社会秩序与安全，符合效益原则。[①] 为此探讨建立现代容隐权。我们认为这在一定程度上反映了将道德溶于法律的要求，使法律能够"容情"。当然，"亲亲相隐"对"亲亲"有范围与能够"隐匿"的内容有要求，而不是一概可以隐瞒，我们认为其范围一般指刑事诉讼法第 82 条限定的 n 种人即夫妻、父母子女、同胞兄弟姐妹；对小案件主要侵害被害人个人利益，对社会的危害性不很大，允许相互隐匿。而爆炸、投毒、抢劫等严重危害秩序犯罪案件不允许相隐[②]。

当然，反酷刑，铸良法还是远远不够的，现实法制已经告诉我们，"徒法不足以自行"，没有一批优秀的司法队伍，法的实现就会障碍重重。我们不能像黑格儿那样认为"法律可以做任何事情"，制定法律只是法制的一个环节，制定的法律是"纸上的法律"，真正要使法律在实际生活中实现，变成"生活中的法律"、"真正的法律"，还需要政治、经济、文化和各种组织的支撑，所以人的作用特别是司法人员的作用具有特别的意义。比如在一个具体诉讼案件开始阶段，当事人最担心的首先不是官司的输赢，而是审判人员是否公正，原告想花钱请求法院寻求公正，但如果法院不"规矩"，那么一切都不过是失却公正的游戏。因此必须在诉讼之前先定规，这个规主要就是对作为"诉讼裁判"的审判人员定规，其中包括但不限于审判人员的职业纪律与职业道德。但我们理论中所说的"道德可以弥补法律之不足"在司法实践中如何落实与体现并不是一件容易的事情。一般说来，"诉讼裁判"自己是没有定规内在要求，事实已经表明，由于我们的法律相对还不完善，司法监督能力还比较薄弱，审判人员的专业素质尚有待提高，这对审判人员的道德要求必然更高，所以仅仅具有一般道德水平的审判人员是一般是不能胜任这项工作的，也往往是不合格的，因为这样的人难于招架不住审判权的"迷惑"，在需要他们对法律的不足进行"弥补"时常常"迷失了方向"，道德平庸的审判人员是对一国法律的嘲笑，而道德败坏的审判人员就是对国家法治的公开的践踏，因为每一个不公正的判决就是对人们法律

---

① 江学：《亲亲相隐及其现代化》，载《法学评论》2002 年第 5 期，第 65 页。

② 《法也容情—关于"现行法律可否'亲亲相隐'研讨"》，载《法律与生活》2001 年第 10 期，第 50 页。

热情与信仰的最为深刻的伤害，正象一位哲人所说，因为他们破坏了"水源"，而不仅仅是弄脏了一潭水。我们认为审判人员良知是对法治的"弥补"，审判人员的良知包括正义、公平，因为审判不仅仅依靠事实与法律，还有审判人员的良知。当代西方国家要求公务员、法官是模范公民，法官是公正的化身，就是这个道理。因此，加强司法道德制度建设对我国具有非常重要的意义。

二、法律与道德融合在实践中的运用

我国的司法实践已经迈开了法律道德化的步伐，相关司法制度建设方面道德在我国法制生活中的渗透现象越来越快，越来越引起人们的重视，问题是理论界并没有积极响应与自觉投入，造成"道德化"过程中存在不少的法律问题。

（一）"有困难，找警察"正是司法道德化的反映

1996 年公安部向全社会提出了"有警必接，有难必帮，有险必救，有求必应"的"四必"承诺后，许多公安机关与派出所在其办公场所清楚地写明"有困难，找警察"，110 报警台改名为"110 报警服务台"。虽然这一"四必"承诺与公安机关的职业定位以及现代法治要求的"依法行政"原则有别，但该承诺的积极意义在于表达道德法律化的要求。

（二）司法救助，是司法的道德化的进一步展现

司法救助制度的实施源于 2000 年 3 月，在九届全国人大三次会议上，最高人民法院院长肖扬承诺："让那些合法权益受到侵犯但经济困难交不起诉讼费的群众，打得起官司；让那些确有怨情但正义难以伸张的群众，打得起官司"。后最高人民法院出台了《关于对经济却有困难的当事人予以司法救助的规定》，其第 3 条规定：当事人具有下列情形之一的，可以向人民法院申请司法援助：1. 当事人追索赡养费、抚养费、抚育费、扶抚恤金的；2. 当事人追索养老金、社会保险金、劳动报酬而生活确有困难的；3. 当事人为交通事故、医疗事故、工伤事故或者其他人身伤害事故的受害人，追索医疗费用和物质赔偿，本人生活确实困难的；4. 当事人为生活困难的孤寡老人、孤儿或者农村"五保户"的；5. 当事人为没有固定生活来源的残疾人的；6. 当事人为国家规定的优抚范围，生活困难的；7. 当事人正在享受城市居民最底生活保障或者领取失业救济金，无其他收入，生活困难的；8. 当事人因自然灾害或者其他不可抗力造成生活困难，正在接受国家救济或者家庭生产经营难以为继的；9. 当事人起诉行政机关违法要求农民履行义务，生活困难的；10. 当事人正在接受有关部门法律援助的；11. 当事人为福利院、孤儿院、敬老院、优抚医院、精神病院、SOS 儿童村等社会公共福利事业单位和民政部门主管的社会福利企业的。作为我国诉讼制度的组成部分，司法援助正在被越来越多的老百姓所了解。但是比起法律援助来，司法援助离人们尚有一段距离。

（三）法律援助制度使得法律溶入了"人性"的情况

《律师法》第42条规定："律师必须按照国家规定承担法律援助义务，尽职尽责，为受援人提供法律服务"。与此同时，我国的司法行政机关也纷纷建立了法律援助中心，使得社会弱势群体的权利得到了一定的保护。

因此，我们认为道德在法治的发展中具有越来越重要的作用。当今我国的法制建设已经面临着两大任务：一是国内法律体系与WTO的衔接、协调与统一，使国内法接受WTO的检测并与国际接轨；二要与国内接轨，要求现行的法律接受新时期社会主义道德的检测，使得我国的法律与社会主义道德相协调，并使我国的社会主义法律具有更加广阔的道德基础与人性内涵，从而使我国社会主义法律真正代表我国法律文化的最先进的方向。

思考题

1. 怎样认识法律与道德的关系？
2. 新形势下法律与道德关系的新发展。
3. 法治与德治的关系到底如何？德治在现实生活中的价值与意义有哪些？

案例分析与社会热点问题探讨：

1. 评"见死不救罪"。

背景介绍： 针对社会上越来越多出现的见义不为、见死不救现象，不少人提出在刑法中增加"见死不救罪"罪名，以惩治道德罪行。他们认为保护每个公民的生命和财产，是国家的法定责任之一，用法律惩治"见死不救"是正本清源之举。每个公民应当对自己义务范围内的危险情势负有义不容辞的救助义务，它已不只是一个道德罪行而更是具有极大社会危害性质的怠责行为，这种责任应该提升到法律的层面上。因"见死不救"而引发的悲剧、惨剧不少，一些人大代表也建议在刑法中增加"见危不救和见死不救罪"。为了更好地打击违法犯罪、弘扬社会正气、维护社会稳定，他们同时还建议制定"见义勇为法"，避免"英雄流血又流泪"。他们认为："因见义勇为而致伤、致残、致死的情况屡有发生，但除了单纯的、即时的金钱或荣誉奖励，目前，并没有完善的保障体系能让这些英雄无后顾之忧。要让时代出现更多的英雄，就必须要有一个良好的保障体系，确保英雄即使在见义勇为过程中受到伤害，其后的基本生活条件都能得到保障"。还有人建议同时制定"见义勇为奖励法"，通过制定法规对见义勇为的确认、奖励、保障等作出明确的规定，解决一系列现实问题。如因见义勇为负伤或牺牲的人员，其医疗费、误工费、残疾人生活补助费和丧葬费等如何解决；丧失劳动能力怎么解决；奖励和保护见义勇为者的财政支出等。

2. 评"欠薪罪"。

背景介绍： 近年来，因农民工欠薪问题引发的刑事案件及群体性事件不少，王斌余案就是一个极端的例子。农民工王斌余讨薪受辱，一怒之下手刃 4 人，被一审法院判处死刑引起社会巨大轰动，同情与各种反思震荡着千千万万百姓的心灵。素以关注公益事件而在律师界和新闻界闻名的湖南刘大华律师，致信法制日报，提出了彻底解决拖欠农民工工资问题的立法建议。刘大华在谈到立法的必要性时说，这个悲剧的发生，不仅是王斌余个人的责任，可能也不只是被杀者的责任。应该说，更是制度的缺位，法律的遗憾。既然我们用民法、劳动法及行政手段仍不能有效遏制这类丑恶的社会现象，就应该考虑用刑法来调整。做法是在刑法中增加"拖欠工资薪酬罪"并制定相应的司法解释。

问题： 针对上述观点，你如何评价？理由是什么？

　　知识的定义就是信息在不同的时间、不同的空间、对不同人的一个组合的形状，这个组合的形状可能用手、用眼睛是看不到的，但是我们可以用理论的方法去分析它，也就是说可能在你分析一件事情的时候在你脑子中这个知识其实它是有形状、有规则、有不同的连接程度，这个就是后面我要跟大家沟通的知识的样子①。

　　我们反对在法学领域，特别是法治问题上动不动就"亚里士多德"一番，法伦理学研究，如对良法的研究同样容易陷入这一思维惯性，这正是当年毛泽东所批评的"言必称希腊"。我们认为法治问题的中国化研究或者说法治的中国样式，是今天我们这一代学者必须思考的大问题，也是中国法治建设的关键性问题之一。

---

① 毛向辉：《知识和学习的新规则》，网址：http：//www．jeast．net。

第七章　法伦理学与法律之
"真、善、美"

研究法伦理学不能不研究"良法"，一般认为，"良法"一词最早是由亚里士多德在解释法治的概念的时候提出。那么究竟怎样鉴定良法与良法的标准，良法与法律之善的区别又是什么？古今中外的很多大家研究过良法，对什么是"良法"、"良法"的标准问题提出了很多观点；今天的学者又提出了许多观点如民意是检验良法的标准等等。在此，我们不主张在法伦理学领域动不动就"亚里士多德"一番，如同当年毛泽东所反对的"言必称希腊"。其意思指有些研究革命理论的人生搬硬套外来的东西，而不重视研究本国的历史和现状的教条主义倾向。特别是我们一直认为在中国语境下存在良法定义与标准，而且中国语境下的良法观也是最简洁、精练与准确的，我们将之概括为三个字：真、善、美。

第一节　法律之"真"：良法的内在要求

所谓："问渠哪得清如许，为有源头活水来"。良法的第一标准源之于"真"，源之于法律是对客观规律的表达，我们又可称之为"法之真"或者法律之"真"。法律之"真"包括立法之真、守法之真、法律实现之真。立法之真的核心内涵在于法律是否真实地反映了社会发展的客观规律；守法之真要求的是准确地反映了客观规律的法律是否得到普遍的遵守；法律实现之真，即法律实效，它追求的是法律的实际效果，就是法律实施的最终效果是不是符合立法者的初衷。事实上，三者是从立法、守法与法律实施三个环节，一层一层地，由理论到实践，又从实践到理论，即从书面的法律到实际生活中的法律这样一个循环，以落实"法之真"。

一、就立法而言，法律之"真"在于是否真实地反映了社会发展的客观规律

法律之律，为规律之律，但翻开目前最新版的教科书，我们对法律的解释仍然停留于法律是"统治阶级意志的体现"或者"国家意志的体现"；甚至在许多《国际法》教科书中，仍有类似的说法，如：国际法的效力的根据是各国统

治阶级的意志，但是这种意志不可能是各国的共同意志，而是体现在国际习惯和条约中的"各国的协调意志"。总之，目前对法律定义的最主要的观点仍可归结为"意志说"，而对意志背后所体现的社会发展的客观规律没有予以应有的注意。

在一些人的头脑里，"法律"和"意志"划了等号。事实上，决定法律的最本质的东西，是客观规律。法律是客观规律的表达，为客观规律所制约。当然，客观规律要经过人的意志加工之后才能成为法律，但人的意志毕竟是第二性的。人的意志如果不符合规律的要求，就是某些人的"一意孤行"，其所产生的法律不仅不可能在现实生活中有效地发挥作用，而且会遭到失败。只讲主观愿望，无视客观规律，就会成为"唯意志论"，这不是马克思主义。总之，法律是通过人的意志产生的，但人的意志最终来源于客观规律，因而最终决定法律的是规律，而不是人的意志。无论是制定法律还是修改法律，必须反映客观规律。否则，这一法律将打破自然法则，引起社会的巨大动荡与不安定。评价某一具体行为是否道德、合法的标准表面上是人所制定的法律，实质上是社会规律。如果法律不合乎社会规律必须作出相应的修改，也就是说书面的法律最终受制于社会的内在规律。

与"意志说"相比，"规律说"更深入地反映了法律的本质。不仅如此，"规律说"在社会生活中具有更为重要的意义，就是说我们对待法律不能够看成可以随意改变与可以随意制定的东西，即法律不是人们任意揉捏的橡皮，不是说想废止就废止的，想立就立。想当年刘邦废除了秦国的法律而"约法三章"，但随后不久就开始运用秦的法律，所谓"汉承秦制"，因为法律的建立在一定程度上体现了人类的共同规律。在法律的制定上，不是所有的人都可以制定法律，根据美国法律，宪法是由拥有主权的人民制定的，而事实上，它是由"一群半神的人物制定的"，其中一些名字，就是华盛顿、麦迪逊、汉密儿顿和富兰克林等。因此，制定法律的人必须懂得法律的内在规律，而不是"想当然"。

在我们进行社会主义法制建设的今天，我们应当努力寻找法律的规律，努力让法律自动运行。

二、就守法而言，法律之真在于法律是否得到普遍遵守

在社会生活中，法律只有被普遍遵守，才能使每一个心存侥幸的人感到法律是"动真格"的，这样才能把立法的精神落到实处，也只有这样才能使法治因人人遵守而具有权威。我国法治建设面临的一大难题就是我国并不具有法治的传统，在守法问题上，过去强调的是老百姓的守法。而且即使是老百姓的守法，也因为不得不守法，而形成了一种消极的守法观，人们典型的心态表现就是"只要我不碰法律，法律就与我无关"。基于这一历史背景，我们强调在现实社会，普遍遵守法律这一基本而又艰难的守法观的实现，关键要靠"领头羊"。在中国现阶段而言，执政党的守法、政府的带头守法具有极为重要的意义。

我国 1982 年 12 月 4 日第五届人大第五次会议通过的《中华人民共和国宪法》第 5 条已明确规定："一切国家机关和武装力量、各政党和各社会团体、各企业事业组织都必须遵守宪法和法律。一切违法宪法和法律的行为，必须予以追究"，"任何组织和个人都不得有超越宪法和法律的特权"。上述规定彻底纠正了国家机关与领导干部中存在的"法律是管老百姓的，与我无关"的错误观念。

执政党的守法在现实生活中具有更重要的意义，不仅如此，党、政府以及国家机关工作人员应该自觉地成为守法的模范，自觉地维护法律的尊严。这种自上而下的守法模式比自下而上的模式更具影响力、感召力与震慑力。执政党的守法是形成全社会正常法律秩序的关键。相反，执政党违法，将极大地导致法律秩序的破坏与法律权威的丧失，其直接后果就是人们认为守法的不如违法的，甚至会形成违法而不被追究就是最大的才能这样错误的观念。

"爱国守法、明礼诚信、团结友善、勤俭自强、敬业奉献"是《公民道德实施纲要》在全社会大力倡导的基本道德规范。这 5 句话 20 个字，字字千钧，句句重要，而"爱国守法"一句，则放在了 20 字的最前面，可见"爱国守法"在公民基本道德规范中的作用与意义。我们需要强调的是在守法领域执政党的先锋模范作用具有极为重要的意义。就是说执政党，以及政府与国家机关工作人员应该自觉地成为守法的模范，自觉地维护法律的尊严。现实已经证明，如领导干部不能起到带头作用则对我国的社会主义法制建设产生严重的消极影响。党以及政府的积极守法，可以从更大的程度上树立法治的威严并体现法治的价值。我国法治建设的现状是重普通大众的守法、轻国家机关、领导人物的积极的带头守法，事实上，作为执政党的守法具有"以点带面"的作用。

我国尚处在社会主义初级阶段，人民的文化素养、道德水平存在差距，《公民道德实施纲要》第 36 条也提出："公民良好道德习惯的养成是一个长期、渐进的过程"。公民的法律意识与水平有层次，个体之间存在差别，因此，在我国守法模式设计上必须充分考虑到这一点，我国法律意识建设的发展模式从理论上来说是一种"差序发展"或者说"非均衡的发展"，只有通过"差序发展"或者说"非均衡的发展"的模式来使全社会的道德状况得到全面的进步，才能最终达到"均衡"状态，即通过"非均衡的发展"而最终达到"均衡发展"。我们必须充分认识法律权威、法律信仰的长期性和艰巨性，因为在社会发展中平衡是相对的、不平衡是绝对的，这也是《公民道德实施纲要》中提倡的"从我国历史和现实的国情出发"与"要从实际出发，区分层次，着眼多数，鼓励先进，循序渐进"的重要体现。

因此，我们应该切实对守法模式进行研究，切实发挥法律在我国政治生活中的作用与价值，认识到"差序发展"的存在，当前我国的法制建设过程中，离不开先锋模范的引导、带头、示范作用。正如《公民道德实施纲要》提倡的"共产党员和领导干部的模范带头作用十分重要"，具体就是"要求群众做到的自己首先做到，要求群众不做的自己坚决不做。要教育好自己的配偶和子女，管好身边的工作人员，自觉接受党组织和群众的监督，用良好的道德形象取信于民，带动广大群众进一步做好工作"。在"差序发展"模式中，共产党员和领导干部的模范带头作用具有重要的社会意义。

三、就法律实现而言，法律之真在于法律在社会生活中最大程度的实现

法律实现是法律的立法原意，法律精神与原则，法律的内容与本质等在社会生活中最大程度的实现，是法律的方法、技术、程序的综合性运用。法律实现反映了法律的实体与程序、法律的理想与现实的统一。良法的要求是法律在现实生活中最大程度的实现，这一实现程度反映了良法的质量与水平。

总之，法律之"真"，源之于法律是对客观规律的表达，源之于法律在社会生活中得到普遍遵守，源之于法律在社会生活中最大程度的实现，这样的法律也才有可能在社会生活中得到有效实施，使得法律精神得到实现。

第二节　法律之"善"：良法的价值基础

准确反映了客观规律的法律得到了普遍的遵守，这解决了法律的"真"，而如何使其趋于"善"，这仍需要行政机关的执法、司法机关的司法以及法律监督等诸环节的努力，以使"真"的法成为"善"的法。

法律之"善"是指法律的制定、执行等过程中要体现人性的内容，法治运行要以人性为基础。我们认为还权于民，充分赋予公民权利，此为现代法律的"基本之善"；真心地还权于民，落实权利实现的制度、程序并排除权利实现的种种障碍，此为现代法律的"善之善者也"；规范与控制国家权力，防止国家权力的行使侵犯公民权利的享有，此为"善莫大于焉也"。

一、尊重权利 —— 现代法律的"基本之善"

曾几何时，法律究竟是以权利为本位还是以义务为本位问题还是我国政治生活中激烈争论大问题。曾经我们也视"法学乃权利之学"为社会主义国家不能接受的资产阶级的观点。

权利，一直是近代以来法学研究的核心问题之一。早在十七世纪，德国哲学家莱布尼兹（voleibnize）就直截了当地提出了"法学乃权利之学"的著名命

题，为权利在西方法学研究中的核心地位奠定了基础。而在中国，古代法学一直束缚在"刑名法术"之中，而与权利绝缘。到了近代，一些法学家才开始提倡把权利作为法学的核心范畴。

目前我国公民的权利建设仍有大量的工作要做，在这一过程中，我们应努力建设的重点至少包括以下几个方面：

1. 努力扩大公民权的范围，努力将公民权利建设的重点从人身权利、经济权利向民主权利、政治权利过渡。随着我国政治、经济、文化方面的发展，我国公民对权利的要求越来越强烈，也越来越广泛。目前，我国公民的人身权利、经济权利建设得到了飞速的发展，典型表现为规范公民私权利的法律逐步充实、完善，如我国的赔偿法在内容上已由民事赔偿发展到了行政赔偿、司法赔偿，在范围上已由只赔偿直接的物质损失发展到了包括赔偿间接损失，即精神损害赔偿。私权利建设成就的集中表现就是目前《物权法》草案的出台，尽管《物权法》的最终出台仍遇到一些问题，但依然如火如荼地进行。但在政治权利、民主权利建设方面我们仍有很多工作要做，例如怎样真正地落实公民的选举权与被选举权问题，怎样真正地落实公民的言论自由、出版自由、集会自由等仍有赖于具体法律的制定。

2. 确保权利实现的渠道，使得法律上的权利成为现实的权利。目前，我国公民的司法救济的成本很高，不仅如此，诉讼当事人在付完律师费、法院诉讼费、执行费后，一些判决依然难以执行，使得当事人的合法权益难以兑现，因此，有人称之为"法律白条"。执行难的问题已经成了困扰人民法院工作，影响人民法院形象与社会公信力的重要问题。

3. 强化制度性建设，使权利的实现具有最大程度的真实性与可能性。

权利是法律的灵魂，是民主政治的核心与本质，没有权利的政治几乎等同于暴政，没有权利的法制是黑暗法制，当然也是不得人心的法制。综观人类的发展史，权利的内容与范围随着经济的发展而在不断丰富与扩大，人类的发展史，也就是人权的发展史，特别是权利不断发达的历史。"文化大革命"的悲剧再一次说明，在缺乏权利观念与权利保障机制的时代，社会必将陷入法律虚无主义的泥潭，民主也无疑是一句空话。因此，捍卫权利是法治最重要的使命，也是民主政治建设不可或缺的重要内容。

二、保障权利 ——现代法律的"善之善者也"

权利与权力作为法律概念，两者一字之差，但含义大相径庭。在这里我们是在私权利这个意义上使用权利这一概念，以与公权力相区别。保障公民权利的实现依然是一场艰巨的工程，为此，我们提出：滋养权利是政府在法制建设中的重要职责与历史使命，我们提出："为人民服务"对政府而言不仅是政治水平与道德要求，也是一种法律的要求①。

政府须臾离不开人民，人民不仅是政府的权力的最终来源，更是政府的财力的重要来源之一。杀鸡取卵的故事，曾经说明了税务机关"养税"，即保护税源的重要性，同时也说明了人民对国家、对政府的多重意义。政府应该自觉地加强尊重公民权利的土壤与环境建设，让权利得以滋养。而不是时时处处想到处去耍个人的威风，这是新时期或者说是法治时代对政府的基本要求之一。权力之外的政府工作人员，也是公民，对政府工作人员而言，其首先是公民，然后才是公务员，因此，就相互关系而言，其首先具备了作为公民的资格与权利，具备了法律上"人"的权利，然后才能有助于其更好地履行其作为公务员的其他事务与职责。

尊重人权的首要的外在表现就是敬重人民、敬畏权利，这也是民法时代的法律要求与时代强音；刑法时代的法律观念是：法律就是镇压、法律就是管制，换句话说：法律就是管老百姓的。其内在的本质的要求是政府要做的就是带头守法，带头维护法律的尊严，必须在现有的法制观念中强化如下根本观念：即党要守法、政府要守法、司法要讲理、执法要文明。也就是说党、政府与国家机关工作人员应该自觉地成为守法的模范，自觉地维护法律的尊严，这种自上而下的守法模式比自下而上的模式更具影响力、感召力与震慑力②。

三、限制权力 ——"善莫大于焉也"

我们认为对权利的侵犯不仅来自于一般的违法分子，也不仅来自于权利，更大量的是来自于权力，包括合法的权力。对权力的规范不仅是政治的需要，更是民主法治建设之必须。合理配置权力在一国法制中的结构，是政府、立法机关以及各部门法学的重要任务之一。只有法制得到全面、均衡、协调地发展，公民权利也才最终得到法律的保障与法制的滋养，公民权利与国家权力关系的协调，正是检验一国法制质量的关键。

我们认为，限制权力的理论依据为：

1. 在国家权力与公民权利的关系上，权利是本，权力是末。我们认为是权利产生了权力，而非权利来自权力，即权利不是有权力的人或者机构给予的，所谓民为本、官为末，这也是人民主权思想的理论依据之一。人生来具有权利，生来具有平等、自由、追求幸福的权利等，"天赋人权"思想充分体现了这一点。但这些仍然是人的"应有权利"，而不是"法定权利"。人的"应有权利"只有经过法律确认为"法定权利"后才有实现的可能，没有法律的确认，权利

---

① 石文龙：《21世纪中国法制变革论纲》，机械工业出版社2004年10月版，第47、50页。

② 石文龙：《21世纪中国法制变革论纲》，机械工业出版社2004年10月版，第85页。

就没有保障。但与权利相比，不存在"固有权力"①。所以就来源而言，是先有权利，后有权力。权利经法律确认后，为了公共管理的需要，要有一部分人代表公众行使权力，这样公众授予的个人权利就转变为社会的公共权力，从这一发展过程我们可以看出，是个体权利的让渡与集合才形成了公共权力，这也就是权力的形成过程。就现实法制而言，我国宪法第 2 条明确规定："国家的一切权力属于人民。人民行使国家权力的机关是全国人民代表大会和地方人民代表大会。人民依照法律规定，通过各种途径和形式，管理国家事务，管理经济和文化事业，管理社会事务"。我国宪法第 57 条规定："中华人民共和国全国人民代表大会是最高国家权力机关"，就是说全国人民代表大会代表全国人民统一行使国家最高权力，其他中央国家机关都由全国人民代表大会产生，都要执行和适用全国人大制定和修改的宪法、法律和通过的决议，并受之监督对之负责。因此，人民权利是本源，而权力则来自于权利。

2. 在国家与人民的关系问题上，我们认为计划经济强调国家对人民的管理，而市场经济应该强调的是国家与人民的"平等"关系与"契约"关系，在强调人民对国家应尽的义务的同时，应同时强调国家对人民应尽的义务。事实上人民根据自己的意愿成立国家、组织政府，人民把自己的权利通过授予等形式让渡给国家，使之具有管理社会的立法权、行政权、司法权等，而掌握这些权力的部门也必须对人民负责、受人民监督，办好人民委托的事宜，否则人民有权采取法律规定的形式行使权利，决定对其进行罢免等。因此，在市场经济发展到今天，我们认为在国家与人民关系上，市场经济的观念与计划经济时代有了重大区别，国家与人民之间具有"契约"关系，双方各自承担自己的权利与义务，不存在一方只享受权利而不承担义务的情形。

3. 加入 WTO 后的政府，应当具有服务功能，现代政府必须实现由管制主导型政府向服务主导型政府转变②。政府与公民间绝不仅仅是管理者与被管理者的关系，政府的权力来自人民的授予，被授予权力的政府必须支付相应的对价，必须为人民谋利益，政府与公民具有合同关系，政府也是一种为公民和社会共同利益服务的组织，其合法性的基础来自于政府与公民之间的契约。政府作为社会共同利益的组织，是为维护公共利益，保护公共秩序而产生与发展的，因而政府应具有服务职能。但在社会发展的进程中，这一职能却被忽略，特别是在计划经济时代，社会全方位，包括个人的思想都被纳入了政府的管理范围，企业的人、财、物、产、供、销均由政府具体操作，企业的一切行为需要政府主管部门审批，这种由行政权力配置资源的"审批经济"，严重制约和限制了生

① 李步云：《论人权的三种存在方式》，载《法学研究》1991 年第 4 期。
② 石文龙：《"入世"与我国政府行政职能之转变》，载《行政与法》2004 年第 4 期，第 11 页。

产者和企业活力，逐渐成为我国经济进一步发展的桎梏。因此，在我国行政法学界争论得沸沸扬扬的关于行政法的理论基础问题上，学者从不同的方面认为行政法的理论基础是管理论、控权论、平衡论等；而也有学者认为，行政法的理论基础应是服务论。1983 年，学者应松年和朱维究、方彦在《行政法学理论基础问题初探》一文中，首次提出了行政法学的理论基础问题这一概念，并认为"为人民服务论"应当是我国行政法的理论基础。当然，我们并不是说"服务论"一说，反映了行政法的本质，应该是行政法的理论基础，而是说这一观点体现了现实社会对法学理论的要求与新形势下"为人民服务"内涵的深刻变化。

中国法治缺少什么？可以说我们不缺少表面的法治，比如说我们的法律数量已经不少，就法伦理学的角度而言，我们缺少的是良法，或者说是体现"善"的"善法"以及通过"善法"而形成的"善治"。

第三节　法律之"美"：良法的品质保证

法律之"美"事实上是一个大课题，并可以发展为专门的法律美学，因为有独特的内容需要法律美学予以回答。

法律之"美"分为形式之美与实质之美。形式之美包括法庭的庄严之美、判决的神圣之美、法律条文的规则之美、语言之美、严谨之美、规范之美、法官的人格之美、理性之美等等，鉴于形式之美更属于操作层面的事，属于语言学等领域研究的东西，故本书不作深入分析，以避免目前学术上流行"肤浅的全面"与"片面的深刻"。

法律之实质之美是法律的内在之美，这是决定形式之美的关键。目前我们较为偏重形式之美，对实质之美认识不足。显然，法律内在的实质之美为第一要素，没有前者，后将最终存在失去价值，甚至会成为"走过场"的闹剧。在法律的实质之美上，鉴于第一节已提到了立法与守法，这里我们将重点放在了法律的运用过程中，包括执法之"美"、司法之"美"、监督之"美"等环节，这是我们根据现实的迫切需要而进行的理性归纳。

一、执法之"美"在于"公"和"准"

我们已经习惯于"执法必严"一说，本书中我们提出了"执法必严"一说应休矣，并且从美学的角度将执法之"美"归于"公"和"准"。

"公"，是指权力，包括国家的执法权，是属于"公"的，是天下所有人的"公器"，不能将执法权作为与社会交换的筹码，甚至以此为名，实现权钱交易，以满足个人的私欲。因此，在执法中要求做到公私分明，不能以人情网、关系网为违法行为开"绿灯"。我国两千多年的封建社会中，帝王都是把"天下"视为私有财产，实行专制统治。孙中山领导辛亥革命，正是要结束这种"天下为私"的不合理状况，但这一思想并没有最终实现，因此，这一领域的斗争仍在继续，并且具有长期性。

"准"，就是要求执法要准确，包括执法不仅要合法，而且还要合理，前者是指的是在"质"的方面要符合法律要求，后者指的是在"量"的方面也要合适、适当。这就是行政法制所要求的行政合法性原则与后者行政合理性原则，在合法与合理两者之间，合法是公开的、显现的，因此也往往是容易做到的，合理是隐蔽的、有弹性的，它往往表现在执法者如何运用自由裁量权方面。如行政法律规定对某违法行为处以20万元以下罚款，此时，罚款20万、10万、5万都是合法的，但究竟合理的度在那里？因此我们说合理性要求是衡量一个执法者水平高低、政治素质等能力的重要方面。

此外，执法之"美"还要求法律随着客观环境的变化而作出相应变化，即法律的"时轻时重"。如以前的"从重从快"就是一种根据客观情况所做的一种调整，这只是"时轻时重"的一种方案，还包括特定时期的"从轻从缓"，典型如大赦，特赦等，这也是法律人道主义的体现，更是法伦理学的重要内容。执法上的"时轻时重"正是对执法之"美"在于"准"重要补充，但目前我们对"从轻从缓"的执法艺术还掌握运用得不够。

二、司法之"美"在于"公正"

与行政权相比，司法权的特点在于"公正"，有学者解释为"中立"、"被动"、"事后"，典型如法院对民事案件实现"不告不理"的制度。在国家权力结构中，设置一项处于中立地位的司法权，对于维护政治的民主性，制约权力，推动政治进步，无疑是至关重要的。法官的"居中裁判"不仅要在百姓之间的原、被告之间中立，还要在官与民之间权利中立。而在官与民之间保持中立，又不仅表现在行政诉讼中，同样还表现在刑事、民事诉讼以及执行等诸多领域。如当官与有钱人的儿子犯罪与一般人的儿子犯罪，在处罚上要做到相同对待，在民事诉讼领域，个人与单位的诉讼中，或者与为官者的亲戚所开的公司进行诉讼时，司法应做到相同的对待。

法官的"居中裁判"不仅是一种现代司法理念，也是审判艺术的需要，是法律之美的需要。因为只有这样才能形成一种张力，才能在是、非中明辨善与恶，以真正展现当事人双方在庭审中的辩驳之美，法官的明断之美，乃至于法律的神圣之美与法庭的庄严之美等，而这些美均依赖于司法的"中立"。

三、监督之"美"在于"到位"

正如前文所说，在法治建设中，我们仍然存在重视立法、轻执法、忽视监督的缺陷，重"墙上的法律"、"纸上的法律"，轻"实际生活中的法"、"活动的法律"，重普通大众的守法、轻国家机关、领导干部积极的带头守法，而立法、司法、执法、守法、监督是一个有机联系的整体，几个方面共同作用，构成了法治这一有机协调的系统。法治绝不是徒有法律和制度的躯壳，而无法律之灵魂的"政治装饰品"或者"社会点缀品"。

目前我们在法律监督方面存在的问题在于：一是监督不力，二是在法律监督领域存在真空。

事实上，监督是一种不可少的艺术，这一艺术在立法时就应该完成设计，否则会存在"一着不慎，满盘皆输"的局面。如果立法上监督制度设计的缺乏或者乏力、不到位，那么现实生活中的监督就会成为"雾中花"、"水中月"，因此"到位"既是对立法上的"法之真"的呼应，又显示了与监督之"美"的对等，这样可使任何人不能心存侥幸，妄图钻法律的空子，也只有这样的法律才能形成环环相扣，使法律能够形成良性循环。

总之，如果法律本身是真的，其内容也是善的，最后法律运转的过程是美的，这样就能够保证最终达到过程与结果的统一，使得良法在生活中得以最终形成，实现善法到善治的飞跃。

思考题

1. 在良法问题上需要"言必称希腊"吗？如何认识中国语境下的"良法"观？
2. 评"法律是统治阶级意志的体现"。
3. 你是怎样认识法律之真、善、美的？
4. 试述法律的形式美与实质美的关系怎样？
5、试论21世纪的中国法律的终极之"善"？

案例分析与社会热点问题探讨：

1. 评"撞了白撞"。

背景知识： 1999年8月30日，沈阳市出台了《沈阳市行人与机动车道路交通事故处理办法》，该办法于1999年9月10日正式实施。其第9条明确规定：行人横穿马路不走人行横道线，与机动车发生交通事故，如果机动车无违章，行人负全部责任。从而，"撞了白撞"首次以法规的形式面世。

沈阳市率先启动这一"工程"不久，就受理了当时被广泛关注的一桩案例：1999 年 10 月的一天，家住沈阳市五里河小区的陈淑珍老人横穿马路回家时，被一辆飞驰而来的出租车撞倒，后脑勺缝了 4 针、额骨骨裂，前前后后治病花了六七千元。沈阳市交管部门经过现场勘查，认定司机没有违章，是陈淑珍过马路没走斑马线，应负全部责任。从此，"撞了白撞"一时成了当时的流行语，并引发了广泛的争议。

新的"交通法"草案一度将这一争论推向了高潮，因为该草案支持"撞了白撞"，但最终新"交通法"彻底否定"撞了白撞"的说法。2004 年 5 月 1 日起实施的《中华人民共和国道路交通安全法》明确规定："机动车行经人行横道，应当减速行驶。遇行人通过人行横道，应当停车让行；机动车行经没有交通信号的道路上，遇行人横过道路，应当避让"。这一规定使"撞了白撞"的说法未能通过"法眼"关。有专家认为，应当区分机动车之间相撞和机动车撞人的不同赔偿原则，即对行人受伤害予以特别保护。此举是先进的人性化管理理念在交通规则中的反映，也是"以人为本"原则在立法过程中的重要体现。

2. 经典思想分析。

孟德斯鸠说：有两种坏现象，一种是人民不遵守法律；另一种是法律本身使人民变坏。谈谈你对这一思想的认识，并举例说明什么是"恶"法，如何避免"恶"法？

　　"情"与"法"的冲突无疑是执法者常常会遇到的，执法者要善用二分的眼光看待自己的处境。一方面，执法者是社会的人，在其身上也有普通人应有的情感，比如憎恶感与同情心，这些都可以由道德来支配；但另一方面，执法者又是这个社会中负有特殊使命的人，其必须依法为一定的职务行为，这些行为只受法律支配。当两个方面发生冲突的时候，"普通人"的情感应当服从"职业人"的理性，因为普通人的道德感只对自己负责，而作为执法者的职务行为却要对法律以及全社会负责。同时正确把握平等离不开对于"区别对待"的理解与合理运用。

第八章　情与理的法伦理学之解

　　理与情是伦理学、法学都要研究的概念，当然也是法伦理学应当予以关注问题，理、情、法三者的关系问题也是现实法治难点的之一。由于历史传统、文化等因素的影响，我们在评判事物时，总是强调要合情、合理、合法，而且在三者位置的排列上，"情"排在第一位，"理"排在第二位，而今天我们所强调的法只排在第三位。排序在中国不是一件可以随随便便的小事。今天，人们从市场经济的角度提出了诉讼的经济成本问题，因此，人们在合情、合理、合法之外，又增加了合算的内容，并对其重新进行排列，即合法、合情、合理、合算。言下之意就是如果诉讼不经济，即使合法、合情、合理也没有意义，当然也就无所谓"善"。

第一节　理与法的冲突与和谐

　　法伦理学的研究不能也不应回避情与理。人们一般认为东西方文化差异是东方人重情、西方的讲理；西方是法制社会，一切按制度办事；人情世故在中国具有极为重要的意义，中国人常说"世事洞明皆学问，人情练达即文章"。因此，在建设法治国家的今天，如果我们不理解"情"与"理"，不能理顺情、理、法三者的关系，也难以成就中国的法治大业。

一、法与"理"的关系

　　"理"是我们经常使用的一个词汇，如"天理难容"、"知书识理"、"通情达理"等，而且除了法之外，"理"也是我们评价、判断是非曲直的标准之一。"理"不同于"社会道德""、"伦理"与法律，"理"的含义一般解释为道理，具体包括：

　　1. 天理或者天道。天道就是人与社会应当共同遵循的社会客观规律。

　　2. 公理。公理可以理解为社会共同的行为规范，比如"借债还钱天经地义"说的就是公理，同样的还有杀人偿命等。

　　3. 事理，指每件事物背后的道理。所谓"不明事理"就是我们较通常的表达。

117

4. 法理，即从作为实证法基础的基本规范，例如正义原则导出的"理"。

事实上，理常常与法律相联系而共同发生作用，如我们平常说的法理，即为法律中的"理"。因此，理与法有共同之处，法与"理"的关系具体表现为如下三个方面：

1. 法律要反映理的内容

理是对人类经验的总结，因此，一般而言，理能够符合事物的客观规律，法律也是客观规律的反映，法律要体现理的内容，这样才能使法具有科学性、权威性与稳定性。当然我们必须注意的是合理的东西不一定合法，合法的不一定合理。例如"借债还钱"在情理上是"天经地义"，但在法律上不总是"天经地义"，因为法律不仅有诉讼时效的规定，还有"恶债非债"等规定，如当事人之间因赌博所欠的赌资就不受法律保护等。这类超过时效的"债"，当事人起诉到法院后，法院可以受理，可以组织进行调解。但在这种情况下，即使证据确凿，如果被告不接受调解，法官仍不能以判决的方式，判决被告败诉。

2. 法律只体现一部分理的内容

"理"同样是一种社会规范，这一社会规范的范围远远大于法律。我们说每件事的背后都有道理，但不是每件事的背后都有法律，法律只调整特定的很少一部分的社会关系，因此大多数的社会关系由情与理来调整。在这种情况下，"理"的作用客观上是弥补了法律的不足，这才使得社会能够保持健康、稳定的状态。

3. 法不是理的简单复制

理与法有共同之处，法律要反映天理、公理的内容，但法律又不是简单地对天理、公理的复制，如"借债还钱天经地义"与"杀人偿命"等，法律都作了新的阐述。就"杀人偿命"而言，精神病人、没有达到刑事责任年龄的人"杀人"就不必"偿命"等。

可见，理与法，各有其用，各司其职。那种简单地认为情、理、法之间是不相融的，甚至是相互对立的观点是错误的。在建设现代法治社会的今天，我们要发挥情、理的作用，努力促使我国的法治走向和谐。

二、"理"在现有法律中的地位与运用

就理而言，我国现有法律无论在理论上还是在法律的具体条文上都已经有了明确的要求，体现了"理"的地位。

在法律条文中，我国现行的《合同法》条文中四次提到"合理"一词，具体为：

1. 第 39 条：采用格式条款订立合同的，提供格式条款的一方应当遵循公平原则确定当事人之间的权利和义务，并采取合理的方式提请对方注意免除或者限制其责任的条款，按照对方的要求对该条款予以说明。格式条款是当事人为了重复使用而预先拟定，并在订立合同时未与对方协商的条款。

2. 第74条：因债务人放弃其到期债权或者无偿转让财产，对债权人造成损害的，债权人可以请求人民法院撤销债务人的行为。债务人以明显不合理的低价转让财产，对债权人造成损害，并且受让人知道该情形的，债权人也可以请求人民法院撤销债务人的行为。撤销权的行使范围以债权人的债权为限。债权人行使撤销权的必要费用，由债务人负担。

3. 第257条：承揽人发现定作人提供的图纸或者技术要求不合理的，应当及时通知定作人。因定作人怠于答复等原因造成承揽人损失的，应当赔偿损失。

4. 第289条：从事公共运输的承运人不得拒绝旅客、托运人通常、合理的运输要求。

在现有法律理论中，行政法在论述行政法的基本原则的时候，强调行政法的基本原则为行政合法性原则与行政合理性原则。行政合理性原则是与行政合法性原则相并列的一项基本原则，是对行政合法性原则的补充。其含义是指行政主体实施行政行为的内容要客观、适度、符合立法精神和目的，合乎公平、正义等理性要求，合理地行使行政权，特别是不得滥用自由裁量权。行政合理性原则产生的主要原因是行政自由裁量权的存在，要通过合理性原则以限制行政自由裁量权。在法律规定的条件下，行政主体根据其合理的判断，有决定作为或不作为，以及如何作为的权力，但不能偏离了合理的"度"。由于社会事务的复杂多变，法律无法对所有的行政活动都作出明确规定，行政主体只能在法律原则的指导下，运用自由裁量权，根据客观情况采取适当的措施或作出合适的决定。行政主体拥有自由裁量权并不意味着行政主体可以为所欲为，而是要基于立法精神和目的以及社会大多数人的公平正义观念来实施。

可见，现代行政法治要求行政主体的行政行为不仅要合法，而且同时要合理，违反合法性原则将导致行政违法，违反合理性原则便将导致行政不当。

行政合理性原则要求行政行为必须符合法律目的、必须具有合理的动机、必须考虑相关因素、必须符合公正原则，我国学者将行政合理性原则的内容主要归纳为如下三项[①]：

1. 正当性。行政机关作出行政行为，在主观上必须出于正当的动机，在客观上必须符合正当的目的。这首先要求行政行为的动因应符合立法目的，即使没有成文法的规定，行政主体在运用行政权力时也必须符合立法目的。特别是在行政主体被赋予自由裁量权时，立法目的尤其要进行特别考虑，凡是有悖于立法目的的行为都是不合理的行为；其次，行政行为应当建立在正当考虑的基

---

① 《行政合理性原则包含哪些重要内容?》，中国人大网，网址：http：//npc. cn/zgrdw/common。

础上，不得考虑不相关因素。所谓正当考虑，是指行政主体在作出某一行政行为时，在其最初的出发点和动机上，不得违背社会公平观念或法律精神，必须客观、实事求是，而不能主观臆断、脱离实际或存在法律动机以外的目的追求和不正当考虑。如行政机关进行罚款的动机不是为了制裁违法行为，而是为了增加财政收入，改善工作人员的福利待遇，就属于不正当考虑。正当考虑要求行政主体不能以执行法律的名义，将自己的偏见、歧视、恶意等强加于公民或组织，同时要求其在实施行政活动时必须出于公心，不抱成见、偏见，平等地对待所有行政相对人。

2. 平衡性。行政机关在选择作出某种行政行为时，必须注意权利与义务、个人受损害与社会所获利益、个人利益与国家集体利益之间的平衡。事实上，行政合理性原则的一个重要的子原则为比例原则，指行政行为的实施应衡量其目的达成的利益与侵犯相对人的权益二者孰轻孰重。只有前者重于后者，其行为才具合理性，行政行为在任何时候均不应给予相对人权益以超过行政目的、目标本身价值以外的损害。

3. 情理性。行政机关作出行政行为，必须符合客观规律、合乎情理，具体而言，就要求行政行为应当符合相对方的客观实际，行政主体应平等适用法律规范，不得对相同事实给予不同的对待，即所谓相同的事实给予相同的对待，不同的事实给予不同的对待。此外，行政行为还应符合自然规律和符合社会公德。

现有法律对"理"的认定与规定给我们很多启示，这也是后面提到的判决书不仅要合法，并且要适当的法理基础，适当的具体要求就是合理。法律实践告诉我们，判决书仅仅做到合法是不够的，因为仅仅做到合法还不能反映我们现代法治对执法、司法精细化、准确化的要求；这种对法治品质的追求也是我们现实法治所缺乏的，由于互谅互让这一道德精神的泛化与法律上调解制度的负面作用，现实的司法观念存在"差不多"就成的思想，这是我们在打造"法治精品"时的重大障碍之一。

第二节　"法本无情"与"法亦有情"

"法本无情"与"法亦有情"都是使用频率较高的词汇，到底是"法本无情"还是"法亦有情"，至今尚无明确的答案。在新的形势下，人们对这一命题又增加了新内涵，如："法本无情人有情，律本无义人有义，此乃法律人之伟大"等。这一命题实质上提出了一个重大的理论问题，即法与情的关系问题。

一、什么是"情"

究竟是"法本无情",还是"法亦有情",破解这一难题的关键在于搞清楚什么是情。通常情况下,"情"可以指情感或者感情,社情民意,情况、情节,人情世故等。具体而言,与法律有关的"情"有如下四种含义:

1. 人之常情。往往指人性与本能,如我们常说的情有可原。

2. 社情民意。表现为社会习俗、习惯,社会舆论,或者一般老百姓认为天经地义的意见与看法,诸如人们常常听到的"不杀不足以平民愤"等,正是社情民意的体现。

3. 情节或者情况。主要指案件的具体的情节,如自首、初犯等情况。

4. 人情世故。主要是指社会关系与人际关系中的人情、情面等。如兄弟之情,战友之谊或者老同学、上下级等人情关系。

因此,上述命题只有在特定的环境中才能成立。"法不容情"这一民间常用的词汇仅仅用于执法中。这里"情"的含义,一是指人情,二是指要严格执法,要考虑社情民意,但又不能为其所左右。因此,我们说的"法不容情"主要是指在执法中不能以人情代替法律,不能因人情而妨碍执法,要倾听百姓的意见,但又不能为其左右。执法者应当做到法律面前人人平等,公正执法。"法亦有情"指法律的制定、执行要体现人之常情,反映社情民意,在执行法律时要根据具体的情节或者情况做出合法并且适当的判决,而不是机械地执行法律。所以,"法亦有情"中"情"的范围更加广泛,它不仅用于执法中,而且还用于立法中,即立法时要考虑到。人性、社会习俗、习惯等有其合理性,但我们对于社会中的人情世故的负面作用要注意予以抑制,不能办所谓的"关系案"、"人情案",在执法中要考虑案件的具体情节等,做到合理、适当。

理清法与情的关系问题在理论与实践中均具有极为重要的意义;正确解决这一问题,有助于办案人员形成正确的办案理念。这一问题也是法伦理学的基本问题之一,这一问题的解决对丰富与完善我国的法治观也具有重要意义。

二、如何处理情与法的冲突

所谓"法不容情",是指情不能突破法的底限,但绝不是说法与情水火不相容。法律是一种社会关系,法律不能取消人的情感趋向,只能引导情感向保护社会稳定的方向发展①。目前,无论在理论上还是在实践中,存在着司法伦理化一说,现实法律中已大量体现了这一精神与趋势,具体如:

---

① 《法也容情——关于"现行法律可否'亲亲相隐'研讨"》,载《法律与生活》2001 年第 10 期,第 50 页。

1. 最高人民法院与最高人民检察院于 1992 年 12 月 11 日发布的司法解释《关于审理盗窃案件若干问题的解释》规定："盗窃自己家里的财产或者近亲属的财物，一般可不按犯罪处理，对确有追究刑事责任必要的，在处理时也应同在社会上作案有是区别"。

2. 2001 年 12 月 21 日出台的《最高人民法院关于民事诉讼证据的若干规定》中规定："由于当事人的原因，未能在指定的期限内举证，致使案件在二审或者再审期间因提出新的证据被人民法院发回重审或者改判的，原审裁判不属于错误裁判案件。一方当事人请求提出新证据的另一方当事人负担由此增加的车旅、误工、证人出庭作证、诉讼等合理费用以及由此扩大的直接损失的，人民法院应予支持。""证人提供的对与其有亲属或者其他密切关系的当事人有利的证言其证明力一般小于其他证人证言"等等。

这些规定已经考虑到了"人情"的因素，反映了法律的人性内涵，并将其融入了现实法律之中。所以说"法也容情"，这是社会文明的表现，也是国际上一般通行的做法。对于法律上还没有规定到的，司法人员应当根据法律职业的敏感进行积极的探索。比如现行法律规定的回避问题仍有不完善之处，回避人员不仅仅有法院审判人员的当庭回避问题，还有讨论案件的审判委员会组成人员的回避问题。因为审判委员会的决定，合议庭必须执行，但我们法律中并没有规定审判委员会的回避问题，这就对我国法律中的回避问题打了折扣。但在个别地方的法院已经就审判委员会的回避出台了决定，这类措施都是法官努力以自己的"德行"弥补法律之不足，积极地践行了职业道德，有效地阐述了法官的职业精神。

就现实的法治而言，即西方人所说的实在法（指制定成文的、现实的、具体的法律）而言，对合情、合理、合法三者的关系，或者说现实法治社会处理案件的取舍原则，应是要合情、合理，但首先要合法。就法律的理想而言，即西方人所说的自然法（法上之法，超越实在法的人类大法，西方人称之为人类理性），要求法律应能融合理与情的因素，使得法律建设在更高的人性基础之上进行。现实的法治与理想的法治之间的关系是：一方面，现实的法治不一定是合情、合理的，因此，现实的法治需要逐渐地向理想的法治迈进；另一方面，理想的法治不是现实的法治，理想的法治必然会因过于完美而产生不符合现实规定的不足。因此，在处理现实的具体案件的时候，不能以理想代替现实。现实的法治是处理具体案件的合法标准，在法律没有变化之前，现实的法治也是处理具体案件的基本标准。我们不能因为理想而忽略了现实，但也不能因现实而全然不顾理想，应当努力在两者中找到最佳的平衡点。

"法不容情"，"法亦容情"，在情、理与法的冲撞中，创造符合社会发展规律的平衡与和谐，这是我们的事业、我们的理想。"法也容情"是司法伦理化在法律中的体现，这是法治发展的历史轨迹。

122

三、评说"有理走遍天下"

俗语说:"无理寸步难行,有理走遍天下"。"理"在我们的日常生活中的具有一定的地位,有人从说文解字的角度解释理,说"王、日、土"构成"理"字,以此推出——天、地、王的组合就是理。但社会之理、生活之理,并不总是那么简单地黑白分明的;同样一个理,从一个角度去看在理,换一个角度就不在理了,典型的说法就是"公说公有理,婆说有婆理"。"有理走遍天下"就是人们对是非观念的一个感性认识,而非理性认识。因此,现实中有些当事人认为明明自己有理,但是到了法院,就稀里糊涂地输了官司。这就难免使一部分人对法官的公正性产生怀疑。其实,造成这种情况的原因是多方面的:

1. 有"理"无"据"。绝大多数是因为当事人不懂诉讼规则而失掉了胜诉的机会。胜诉不仅是一个"理"的问题,有"理"还得有"据",当事人不能举证或迟延举证也可能导致有"理"而败诉。

2. 超过诉讼时效。有"理"还得守"时",如果超过诉讼时效,即使有理也得不到法律的保护。

3. 没有遵守法律的程序性规定。有"理"还得遵守法律的程序性规定,如当事人选择的诉讼请求不当,不出庭应诉等,都是造成有"理"而败诉的重要原因。

法治社会,越来越多的人开始质疑"有理走遍天下",即有理照样会输官司。法治社会的实践使我们懂得有理并不总是走遍天下,有理只是有利与成事的一个环节,理能否最终转变为有利,转化成现实的利益,必须要具备其他条件,如聘请律师、积极取证等有效的方法。因此,我们不能因为"有理"而对事态麻痹大意,人们常说天有不测风云,世上的事不到最后一刻是谁也不会知道结果的。

中国文化有着很深的好人思想与唯理情结,我们有许多事是依理来办的,即使是有法,也会再外带一个"理"字。这种情结源自于人治的机制,又在强化着"人治"机制。现代社会需要我们跳出"理"的藩篱,我们在做事行事时要合理更要合法,比如借贷关系的确立应采用书面形式,特别是大额借贷,必要的时候应办理相应的公证,以免今后扯皮。法是经过中和了的成熟的理,有了冲突要找理,更要找法。遇到不得不诉诸法律的事情,要聘请律师等类似手段来积极地维护自己的权益,使得理最终能够得到法律的支持,成为法律上的"理"。

可见,"有理"不一定走遍天下,"有理"也要注意时效,也要有可信的证据予以佐证等法律上的程序性的要求。在生活中,我们要注意"有理"还要好好说,"有理"还要有适当的方法来实现,既不能"强词夺理"也不能"得理不饶人"。如果上升到理论的层面来概括就是"理"属于实质性的正义，这一实质性的正义需要程序性的正义予以帮助，例如必要的证据、律师的辩护、代理等等，以最终实现这一实质性的正义。

值得一提的是，正义有多种形式。罗尔斯就把正义分为实质正义、形式正义和程序正义，程序正义主要是指符合法律上的程序性要求，程序正义不仅具有工具性价值，也具有其内在的独立价值，诸如"程序违法即实体违法"正是我国《行政诉讼法》确定的重要规则。《行政诉讼法》第五十四条第二款规定："具体行政行为有下列情形之一的，判决撤销或者部分撤销，并可以判决被告重新作出具体行政行为"，其中的第3项规定"违反法定程序的"。形式正义是展现出来具有一定固定性形式的正义，即"看得见的正义"，如法槌、发泡、各种仪式，法官的表情、态度等等，所以"形式正义"又称为"表面的正义"或者"外表的正义"。西方有一句人所共知的法律格言："正义不仅应得到实现，而且要以人们看得见的方式加以实现"。其实，如果观察现实生活，我们不难发现有些人很善良的，但是表现出来却似乎是不善良的；而有些人极其不善良，但是表现出来的样子却是善良的，而且别人也发自内心地认为他是善良的。从这个意义上来说，正义有多种形式，在国内的运用中往往将程序正义与实体正义，实质正义与形式正义作为两组概念单独运用。事实上，实质性正义、程序性正义和形式正义相结合才是相对完整的正义。而且，实质性正义的实现比程序性正义、形式正义的实现要难。

对于大多数中国人来说，我们强调实质性正义，而轻视程序性正义与形式正义的价值与作用。其实，在某些时候，程序性正义、形式正义比实质性正义还重要，因为实质性正义是看不见摸不着的，而程序性正义、形式正义却是能够触摸到的具体的正义。所以，程序性正义、形式正义都是不可或缺的正义，这些正义的实现需要支付必要的成本与费用，这是法治社会的必然现象与必要成本，通过这些形式以最大程度地促进实质性正义既快又好地实现。

事实上，如果离开法律领域，生活中的许许多多事情都是这样存在着两个方面，需要我们"两手硬"，两手都要抓。诸如我们日常所说的"君子爱财，取之以道"就是这个道理，即一方面，我们所追求的事情本身是正确的；另一方面，我们做事的方式、方法、手段也必须是正确的，这样才叫把事情做得"天衣无缝"。这也是现在所强调的"做正确的事"与"正确地做事"这两个必不可少方面。相反，为了达到目的不择手段的做事方式，就容易会遭人"唾骂"，出现所谓的"好心办坏事"、"吃力不讨好"的结局，甚至会成为"臭名昭著"的"千古罪人"。因此，"有理"不一定走遍天下要求我们破除"唯理情结"，要求我们做事行事具有全面性的思维与"两手抓"的思路，这也是被无数的实践所证明了的成功之道。

第三节 "区别对待"与平等

平等并不绝对，我们认为在立法上也应建立有条件的"区别对待"，如对官员实现"有罪推定"，对富人实现高额税收，以缓冲社会的"贫富差距"等，这就是立法上合理的"不平等"。在守法上同样存在着"不平等对待"的机制，在道德领域，党员、国家干部特别是各级领导干部、执法部门应当成为守法的先锋。因此，守法中的"平等"与"不平等"在语言上看似矛盾，但因语境不同，所以语意更加深刻。具体就是说，在法律领域，要求平等守法；但在道德领域，强调特殊群体的带头守法，这是守法中的"不对等对待"，这是法伦理学领域的重要理念。它深化了我们对守法观的理解，强化党员、干部特别是各级领导干部、执法部门在守法上的道德责任，这对新时期守法精神的培育具有重要意义。

一、如何理解平等

"法律面前人人平等"（equality before the law），无论在中国还是在西方，都是一个人们耳熟能详的古老原则。"王子犯法与庶民同罪"，这是"法律面前人人平等"在中国最早的表达形式。尽管这一原则已经成为为世界上许多国家的法律包括我国宪法所确认，但现实生活的种种现象仍使我们对这一原则在生活中的适用产生困惑，如何面对现实生活中大量存在的"不平等"事实，是值得我们思考的大问题。

1. "平等"不是"等同"。"法律面前人人平等"不能理解为人人一样，人与人之间是有差别的存在，这就是"人"的多样性。就是说我们每个人不仅存在着身高、体重、肤色等差别，更存在着爱好、性格、能力、水平等等的不同，这种差别来自于我们每个人的"基因"这一遗传密码的不同。要求在自然状态下人人都一样，事实上就意味着人类的消亡，人的多样性正是人类存在与发展的前提。在社会的公共管理活动领域，要求"人人一样"，必然会陷入平均主义的泥坑，这方面我们是有深刻的教训的。邓小平同志提出的"让一部分人先富起来"的思想，其合理性正在于打破了平均主义思想，让先富起来的人带动另一部分人共同致富，最终使中国人走向富裕之路。

2. "平等"存在形式平等与实质平等之别，或者说数量上的平等与质量上的平等之分。如在联合国的会费交纳中，各国交纳的费用不同。其中每年交纳一亿美元以上的有美国、德国与日本三个国家，中国排在第13位。尽管各个国家交纳的费用不一样，但就各个国家就其本身的能力上是否已经"尽力"而言，分歧不大。

3. "平等"是社会总体的"平等"，而不是具体的每一件事情上的"平等"。有人认为体育运动上是最不平等的，例如篮球运动员往往要求 1.90M 以上，很多有才华的青年被挡在门外。事实上，在挑选男篮球运动员、排球运动员时往往要求 1.90M 以上，但在男挑选体操运动员的时候则往往要求不高于 1.70M，而在挑选足球运动员时，则无特殊的身高要求。因此，虽然就体育领域局部而言，似乎存在不平等，但就社会整体而言，则是平等的。因此，"平等"不是个别的、局部的现象，而是社会总体上的"平等"。在这个意义上而言，平等也不是绝对的，而是相对的。

4. 在实现"法律面前人人平等"时不能忽视社会的总体利益与整体要求，包括社会的特殊需求、行业要求等。我们在追求"平等"的时候不能忽视社会的特殊利益与要求，例如像空姐等专门性服务性行业应允许存在身高限制，同样检察院、法院等专门司法机关在进人时，同样存在学历要求与其他特殊要求。当然在具体落实这一"不平等"时，法律应有一个界定，即这一领域属于该特定行业，并为该特定行业所必须，而非可有可无。对一般性行业、公司等不存在特殊要求的，法律上应该禁止设限，例如一般性的公务员就不应有特殊身高要求，只要在一般的正常范围就可以。因此，平等权在实现的过程中往往存在例外。

5. "法律面前人人平等"具有理想因素，其最终实现有待于全社会经济、政治、文化等的整体进步与发展。我们知道这原则来自于资产阶级革命时提出的一句口号，既然是一句口号，那就必然含有渲染、夸张等感性的成份。从理性来分析，这一原则具有理想成分，就目前而言，法律面前"人人平等"应为绝大多数人的平等，例如在现实的中国，北京、上海等城市的青少年能够享受到更好的生活、教育条件与文化环境，而内地特别是农村的青少年各方面的条件相应就差得多。这是客观存在的一种现象，我们不能忽视，因此，我们说人人平等不是绝对性，而是相对的。

6. 就法律理论而言，我们所说的平等是一种权利能力的平等，而不是行为能力上的平等。所谓公民的权利能力是指能够依法享受权利和承担义务的资格。公民的行为能力是指公民能够以自己行为依法行使权利和承担义务，从而使法律关系发生变更或消灭的资格。公民的权利能力是一律平等的，《民法通则》规定，公民从出生时起到死亡时止，具有民事权利能力，依法享有民事权利，承担民事义务。而行为能力不存在一律平等问题，我国法律规定不满十周岁的未成年人为无民事行为能力人，由他的法定代理人代理民事活动；十周岁以上未成年人为限制行为能力人，可以进行与他年龄、智力相适应的民事活动，其他民事活动由他的法定代理人代理，或者征得他的法定代理人的同意；十六周岁以上不满十八周岁的公民，以自己的劳动收入为主要生活来源的和十八周岁以上的公民，为完全行为能力人，可以独立进行民事活动。《民法通则》还规定，不能辨认自己行为的精神病人为无行为能力人，由他的法定代理人代理民事活动。不能完全辨认自己行为的精神病人为限制行为能力人，可以进行与他的精神状况相适应的民事活动；其他民事活动由他的法定代理人代理，或者征得他的法定代理人的同意。因此，我们说的"人人平等"是一种权利能力上的平等，行为能力上是不平等的。

总之，我们不能将"法律面前人人平等"这一原则在生活中绝对化，"法律面前人人平等"更体现为权利能力的平等；在现实生活中存有许多例外，这一原则又具有一定的理想因素，其最终实现仍然有待于社会的全面发展。在行使这一原则时，我们既不主张平均主义，又不主张理想主义；既不放弃对这一理想的最大化追求，又能以理性的态度等待这一原则，这样有助于我们以平和的心态正确分析与处理现实生活中的诸问题，以科学的观点认识这些发展中的问题。

二、立法上的"区别对待"与要求

同样的情况同样对待，不同的情况区别对待，是平等的基本要求。平等原则在现实生活中还有许多例外，法治生活中的"差别对待"或者说"区别对待"是法伦理学的重要内容。我们认为平等有时是通过不平等实现的，如果五个手指一样长，我们将拿不起一样东西。值得一提的是，在某些情况下，只有通过立法上的不平等，才有真正意义上的平等。具体而言就是要对官与民、富人与穷人这一问题，在立法上实现差别待遇。这一立法上的"不平等"规则是对平等的重要补充。

（一）在特定领域，对官员要实行"有罪推定"

无罪推定，是指任何人在未经证实和判决有罪之前，应视其无罪。因此，无罪推定所强调的是对被告人所指控的罪行，必须有充分、确凿、有效的证据。如果审判中不能证明其有罪，就应推定其无罪。应该说这一原则对于保障被告人的诉讼权利、诉讼地位发挥了巨大的作用。从历史上看，"无罪推定"作为封建社会有罪推定和刑讯逼供相对立的产物，具有进步的意义。我国刑事诉讼法第12条规定："未经人民法院依法判决，对任何人都不得确定有罪"。一般认为，我国的刑事诉讼法没有确定完全意义上的"无罪推定"原则，只是确定了"无罪推定"原则衍生出来的"谁主张，谁举证"原则与"疑罪从无"原则。从官员的特殊地位与反腐的现状来看，"无罪推定"原则对官员腐败的收效甚微，有必要实行"有罪推定"原则。

"有罪推定"的核心内涵是"你必须用证据证明你无罪，否则你就有罪"，事实上，这一理念在我国现有法律中已有体现，这就是巨额财产来源不明罪。

自 1988 年巨财产来源不明罪产生以来，饱受争议，形成了诸多争论。1997 年 3 月 14 日，八届人大五次会议修改通过新刑法时，吸收了补充规定中关于巨额财产来源不明罪的基本内核，但对原有不太科学的表述稍作了修改，以第 395 条第 1 款作了如下规定："国家工作人员的财产或者支出明显超过合法收入，差额巨大的，可以责令说明来源。本人不能说明其来源是合法的，差额部分以非法所得论，处五年以下有期徒刑或者拘役，财产的差额部分予以追缴"。持否定论者认为，巨额财产来源不明罪有悖于现代刑法理念，与国际司法潮流背道而驰，典型的理由有：

第一、巨额财产来源不明罪的设立违背了无罪推定原则，该罪实行的是有罪推定，疑罪从有；

第二、巨额财产来源不明罪违背了刑事诉讼的举证责任规则，颠倒了控辩双方的举证责任，侵犯了犯罪嫌疑人的诉讼权利；

第三、巨额财产来源不明罪违反了"不得强制自证其罪"的原则，侵犯了犯罪嫌疑人的人权，侵害了犯罪嫌疑人的沉默权；

第四、巨额财产来源不明罪侵害了犯罪嫌疑人的私有财产权①。

今天，从法伦理学的视角来看这一问题，我们认为在法律上设立的巨额财产来源不明罪有其合理的依据，重要理由是：

第一、就组织建设而言，政府官员更应忠实于国家、忠实于人民，他们不仅在道德上，而且在法律上有义务向国家交代其某些思想与言行。

第二、从现实需要而言，有利于加大对贪污贿赂罪的打击力度。

第三、从责、权、利相结合这一制度设计的角度，三者也是平衡的。官员的身份有别于普通公民，他们掌握着相当一部分社会资源并具有制定并维护社会各种规则的权利，同时他们身上更近乎天然地存在着以权谋私等"变坏"的可能与条件。

因此，实现"有罪推定"原则以作为"无罪推定"原则的例外，无疑将极大地发挥了"无罪推定"的价值，丰富了"无罪推定"的内涵。

（二）对富人实现高额税收，以缓冲社会的"贫富差距"

富人对社会的责任，不仅仅是个道德问题，同时还是个法律问题。富人应有"取之于社会，回报于社会"的道德情怀。但道德的约束是软约束，应当建立起硬性的法律制度，让富人能够形成"回报于社会"的习惯，以发挥法律对道德的促进功能。

（三）必须对权力的行使与行使者进行制约，以协调权力与权利间的"和谐"

"有权力必有制约"已经成为一条铁律，以权力制约权力与以权利制约权力

---

① 参见范利祥：《"安徽第一贪"的罪与罚——"巨额财产来源不明罪"考辩》，载《21 世纪经济报道》2004 年 4 月 7 日。

都是法治社会中必不可少的方法。

我们坚信，任何单方面的认为他们经过了国家的层层选拔、政治上可靠、作风上正派永远不可能犯错误的想法，是法治社会中的"幼稚病"，是善良百姓的"一厢情愿"，是"性善论"的致命缺陷。这种观点也只不过是传统道德的"神话"，而且是为现实社会所不堪一击的"虚拟的神话"。我们越来越清醒地认识到，所谓法治、正义不能仅仅是宏大的标语，正义的实现需要技术与技巧，这种技术与技巧包括我们制度上对"弱者"与"强者"的区别对待。

三、守法上的"平等"与"不平等"对待

我们知道守法不仅是法治系统的一个重要环节，也是公民道德建设的一个重要内容。它是一个公民道德的底线，又是每个公民必备的道德品质。因为只有守法，才有可能成为道德高尚的人。同时守法又是公民的立身之本、处世之道，也是现代社会生活对每个公民的基本要求。所以说，守法推动着我们民族道德水平的提高，全民族道德水平的提高，又推动着法制建设的历史进程。

就法律上而言，所有公民应平等地遵守法律，这是在法律语境下的观点，但在道德领域党员、国家干部特别是各级领导干部要带头守法。领导干部不仅是公民道德建设的组织者和领导者，也是参与者和实践者；其带头学法、用法、守法，既是提高领导干部能力和管理水平的需要，也是带领广大人民群众学法、用法、守法的需要。特别重要的是，必须同时抓好执法部门的带头守法作用。公检法司和行政执法部门，是国家法律法规的具体实施者、执行者，自身守法是公正执法的前提，所谓"打铁还需自身硬"。只有把守法作为执法者的职业道德建设来认真对待，自觉做好模范守法，才能减少执法犯法的事件发生，才能促进整个社会的道德建设和法制建设。

总之，我们认为守法存在着"不平等对待"的机制，在道德领域，党员、干部特别是各级国家领导干部、执法部门应当成为守法的先锋。因此，守法中的"平等"与"不平等"在语言上看似矛盾，但因语境不同，所以语意更加深刻。具体而言，在法律领域，要求平等守法，但在道德领域，强调特殊群体的带头守法，这是守法中的"不对等对待"，这是法伦理学领域的重要理念。它深化了我们对守法观的理解，强化党员、干部特别是各级领导干部、执法部门在守法上的道德责任，对新时期守法精神的培育具有重要意义。

四、"平等"精神在我国当今社会的新发展

不论是理论还是构成理论的概念、语言等总是要根据时代的发展而不断地

对其进行更新，完善，不存在一成不变的所谓理论。"平等"一词，在今天可谓已经家喻户晓，但对平等的理解会"因人而异"。时代的进步往往以观念的进步为前提，21世纪，"平等"精神在新时代有了新的发展。

（一）国家、集体与个人三者间在法律地位上的平等

在处理国家、集体、个人三者关系问题上，根据我国社会主义的道德原则，个人应服从集体，集体应服从国家，但这只是道德上的要求，而不是法律上的要求。在法律上，国家、集体、个人三者存在平等关系，三方并不绝对的是谁服从谁的问题，如一方损害了另一方的权利，任何一方都可以赔偿或者补偿，包括通过起诉等法律形式追究对方的法律责任，在这一诉讼法律关系中就是平等关系，这正是"民告官"案件得以成立的重要条件。

因此，如果说在毛泽东时代，"为人民服务"仅仅是道德要求的话，那么在今天，为人民服务事实上还包含了法律上的义务，即是政府必须支付的对价。所谓对价是指一得到某种权利、利益、利润或好处是另一方作出某种克制、忍耐某种损害与损失，或者承担某种责任。即政府得到的同时，必须有所付出，这就是法律所特意的合同意识、平等意识。用平等的精神来理解"为人民服务"具有极其重要的现实意义。首先，这一精神有助于我们从根本上转变政府的工作作风，从而切实为人民谋利益，并从根本上树立人民主权观念，加快建设与社会主义政治文明相适应的社会主义法治文明的步伐。其次，这一观念有助于我们弱化国家与人民之间的等级关系与管理关系，而更多地强化国家与人民的平等关系与契约关系。我国具有较长的封建社会，相应也具有较深刻的封建传统，表现为等级观念较重，官文化较发达，所谓"万般皆下品，唯有读书高"。最后，这一观念于我们更新其他一系列观念。我们认为即使在最体现国家强制力的税收问题上，同样体现了国家与人民的某一方面的"平等关系"，人民交纳税收这一法律现象，可以解释为人民根据合同或者说契约而支付的必要的费用，同时政府必须向人民支付相应的对价，即履行保卫人民的生产、生活安全、履行创造公平稳定、竞争有序的社会秩序，创造高效廉洁的政府等等，确保人民权利的更好行使，而不是因为权力的存在而影响了权利的行使。否则人民可以通过行政诉讼等依法起诉政府"违约"，并要求其承担"违约责任"。这种政府与人民之间的"契约"关系，即合同关系事实上就是极为重要的行政合同，双方互相负有权利与义务。

在新的世纪，国家、集体与个人在法律地位上存在三者间的平等观念的建立，有利于我们认识到人民的主人翁地位，认识到"为人民服务"这一理念在现代社会的新涵义。同时，对广大人民而言，这一观念变化可以提高人民纳税的主动意识，把纳税作为合同意识中的守约行为，从消极纳税变为主动纳税，这就从本质与行为上提升社会大众的主人公地位与主人公意识。

（二）少数人与多数人的平等

少数人的权利但是人权保护的重要内容，传统民主集中制的原则要求少数服从多数以增加决策的效率，但根据现代法治的精神我们也不能忽视或损害少数人的权利。因为既然作为个体的人与人之间是平等的，那么作为由个人组成的少数人与多数人之间也存在着平等。保护包括少数人在内的所有人的公民权利不仅是平等的价值要求，也符合人权保护与现代法治的要求。我们强调的是任何人都是潜在的少数人，如未成年时，相对于成年人是少数人，老年时相对于青、壮年为少数人。在美国波士顿犹太人屠杀纪念碑上，铭刻著一位叫马丁.尼莫拉（Martin Niemoller）的德国新教牧师留下的发人深省的短诗。尼莫拉曾是纳粹的受害者，在诗中，他写道："在德国，起初纳粹追杀共产主义者，我没有说话——因为我不是共产主义者；接着纳粹追杀犹太人，我没有说话——因为我不是犹太人；后来纳粹追杀工会成员，我没有说话——因为我不是工会成员；此后纳粹追杀天主教徒，我没有说话，因为我是新教教徒；最后纳粹奔我而来，却再也没有人站出来为我说话了"。

我们都熟悉"真理往往掌握在少数人手上"这一格言，事实上，少数人在社会上也起着重要的作用。如在政治领域中，少数党可以制约多数党，在社会生活领域，社会弱势群体的存在，使得我们的社会与社会制度的设计上学会了宽容与厚爱等等。所以有人说："保护人权的精髓在于保护个人权利和少数人的权利"。

（三）从人的平等到物的平等 —— 物上平等权的诞生

正如我们已从尊重人的权利，发展到尊重动物的权利、植物的权利一样，平等权已由人的权利发展到物的权利，存在我们曾经忽视的物上平等权。我们提出的物上平等权是指：在人之外的物上，同样存在法律地位上的平等，如国有企业、民营企业、私营企业在经济政策上应当"一视同仁"，期刊杂志中的核心期刊，非核心期刊国家应给予同样的对待，重点大学，重点高中与非重点大学，重点高中我们不应作认为的划分。但是，事实上，国家对上述不同的对象给予不同的待遇，所谓政策上的"倾斜"。现实社会中，人们对此已经产生疑惑。21世纪的发展要求我们将人与人之间的平等要求"移植"到物上，这不仅的平等观念在现代社会的延伸，对完善平等的内涵本身也具有重要意义。

现实生活中，不少专家学者们已经在呼吁实现公有制经济与非公有制经济的平等问题，即非公有制经济的国民待遇问题。他们提出：凡竞争性领域，其他所有制经济可以进入的，民营经济都应该可以进入。给国外企业国民待遇，也要给国内民营企业以国民待遇，特别是平等的融资条件等，这些正是物上平等权观念的表达，反映了物上平等权的诞生。物上平等权的诞生拓宽了平等的内涵。

因此，不同的时代需要不同的理论，而这一不同的理论正是来自于对传统理念的更新与发展。今天有关法院受理的平等权的案件之所以不断增加，并引起了全社会的广泛重视，正反映了我们对平等的理解与运用上还有待于深化，也说明了平等的内涵在新的时期有了新的发展。

思考题

1. 你是怎样认识情、理、法三者的关系问题的？理解三者关系对当前我国的法治建设有何积极的意义？

2. 你是怎样理解或者取舍"法本有情"与"法本无情"的？

3. 评"法本无情人有情，律本无义人有义——此乃法律人的伟大"。

4. 评"对官员要实行有罪推定"。

5. 如何认识行政机关以及国家领导干部的"带头守法"？

案例分析与社会热点问题探讨

1. 女子监狱开设同居会见合情合理合法吗？

北京市女子监狱在 06 年春节期间为女子开设了同居会见。监狱方面认为在节日期间服刑人员与配偶同居会见是一种体现对女性关怀、合情合法的会见方式。监狱方面首先考虑为各方面表现良好、提出申请的服刑人员提供与配偶同居的会见方式。为此，监狱还制定了实施该种会见的具体方案。

为保障服刑人员合法的会见权利，《监狱法》第四章规定，罪犯在监狱服刑期间，按照规定，可以会见亲属和监护人。监狱方面认为：监狱法没有对监狱会见方式进行明确的限制，监狱有权力根据犯人在狱中的表现安排不同的会见方式。为女犯提供与配偶同居会见，符合《监狱法》关于照顾女性罪犯生理和心理特点的原则，目的在于促进服刑人员的改造，同居会见是一种贴近罪犯生活实际和需求的会见方式。如果这种方式在实际应用中效果良好，则将成为一种常年采用的会见方式，而不仅仅限于春节期间。根据我国法律，怀孕的女性罪犯不能在监狱中服刑。为了避免因同居导致怀孕进而逃避法律制裁，该监狱将要求获得同居会见的女犯签订有关协定，保证其在同居会见期间避免怀孕。

成立于 1999 年 10 月的北京市女子监狱，是北京地区唯一的一家关押北京籍成年女性罪犯的监狱。该女子监狱 2005 年底修建完成了供同居会见使用的大楼，并有供同居会见使用的其他各种硬件设施。

2. 讨论题：法律面前是否能有特殊化公民——兼评"大学生犯罪暂缓不起诉"。

背景知识：2003 年南京市浦口检察院刚成立的全国首家在校大学生犯罪预防中心推出一项新举措，对一些具有可塑性的学生的犯罪行为作出暂缓不起诉的决定。作为南京市浦口区检察院副检察长的黄兴武，在3月28日浦口区"大学生犯罪预防中心"成立大会上，宣读了《大学生犯罪预防、处置实施意见》（讨论稿），其中有这样的一段文字："对于已构成犯罪的在校大学生，针对不同情况，有选择性地对有帮教条件和具有可塑性的初犯、偶犯，综合考察其犯罪情节、作案手段以及犯罪动机，检察机关可相应地作出暂缓不起诉的决定。"浦口检察院为了避免涉嫌犯罪的在校大学生被校方开除，以便让其完成学业，将来成为社会的栋梁，可以对其"暂缓不起诉"。采取这一举措的理由大致有两点：一是大学生是未来社会的"精英人才"；二是大学生犯罪通常都是"一念之差"。

3月30日，当地媒体据此发布了"在校大学生失足可暂免起诉"的消息，一经见报，立即引起轩然大波。《深圳商报》等报纸还专门针对这一话题在读者中开展了讨论，一时间各种言论沸沸扬扬。

有人认为，对大学生犯罪嫌疑人采取"暂缓不起诉"，让人感觉法律对大学生进行了特殊照顾，而作为成年人，大学生与其他犯罪嫌疑人并不应区别对待。

更有评论者质问：浦口区检察院此举公然"违宪"，法律的尊严何在?! 法律面前人人平等何在?!

参考资料： 记者刘建平，"暂缓不起诉"捅了法律的娄子？《南方周末》2003年4月10日。

3. 阅读下列文章，对目前的房屋倒卖行为法律应该作出怎样的应对进行讨论。即：您认为这一行为是应当鼓励的合法行为，还是应当禁止的非法行为，或者认为根本就不是政府该管的事情？

对房屋倒卖行为，法律不应"缺位"与"放任"

"房奴"最近成了一个流行词，它指的是那些每月还贷占到其收入50%以上的房贷一族。房产价格问题已经成为目前的热点话题之一，并且房产问题如果处理不当会有滑向政治问题的危险与可能。事实说明房地产不能成为倒买倒卖者进行资本原始积累的工具和政府增加财政收入的基本手段。倒买倒卖房产违背了社会主义应有的道德准则，破坏了社会的公平和正义，极大地挫伤广大诚实劳动者的工作积极性。特别重要的是居住权是公民的基本权利之一，这种权利应公平地让所有的公民正常地享有，而不是目前的大多数人买不起房子或者必须用20年乃至30年的生命去偿还。目前，面对房屋价格发狂涨虚高所造成的社会分配不公等问题，中央与地方政府已经纷纷出台"组合拳"进行整治，但我们认为对房屋倒卖行为，法律不应"缺位"与"放任"。

一、房屋同样是国家的重要物资，不容许任何人任意倒买倒卖各国民法根据物是否可以自由流通，将物分为流通物、限制流通物。流通物亦称融通物，是指法律允许在自然人或法人之间自由让与的物；限制流通物是指法律对其流转给予一定限制或禁止流转的物，如金银是国家限制流通物，必须在专门的机构买卖，其他如专属国家所有的财产、文物等也是国家限制流通物。对限制流通物作何种限制，是由一国的行政法规定的，由于行政法规范属强制性规范，其对限制流通物的规定，民事主体必须遵循，否则，交易行为无效并承担相应的民事责任，情节严重的，还导致行政或刑事责任。"房屋非一般商品"，这已经成为一种常识；房地产的特性表现为位置的固定性、经济价值的非一般性与经济寿命的可延续性等。法律上将房屋归属于不动产，即指不能移动或移动损害其价值和用途的物。事实上，房屋还是人们不可缺少的必须的重要生活资料，而非可有可无的一般商品。正因为如此，有些国家将房地产垄断由国家经营，不允许私人经营，更不允许私人倒买倒卖，如荷兰等国。我们并不是主张房地产绝对由国家垄断经营，但法律上应当将房屋归为"限制流通物"，而非现在事实上的流通物。

对"倒买倒卖"一词，我们并不陌生，此种行为俗称"黄牛"，其行为特征是低价买进高价抛出，1979年的《中华人民共和国刑法》有一个罪名，叫做"投机倒把罪"。1997年，我国根据社会主义市场经济发展的要求修改了1979年的《刑法》，将投机倒把分解为若干种具体的犯罪，而不再笼统规定投机倒把罪名，避免因界限不清导致执法的随意性。但由于1997年修改刑法时，倒买倒卖房屋还难以进行，倒买倒卖房屋可能出现的问题还没有显现，当时的法律对此未作规定；而我国社会的现实状况已经证实房屋不能任意倒买倒卖。

二、对倒卖房屋的"缺位"与"放任"是我国法律的最大疏忽与漏洞之一

我国现有法律明确规定了伪造、倒卖伪造的有价票证罪，倒卖车票、船票罪，非法转让、倒卖土地使用权罪，倒卖文物罪等，1999年9月12日最高人民法院还专门出台了《关于审理倒卖车票刑事案件有关问题的解释》。对该类倒买倒卖的处理，我国现行《刑法》的具体规定如下：

第227条规定：伪造或者倒卖伪造的车票、船票、邮票或者其他有价票证，数额较大的，处二年以下有期徒刑、拘役或者管制，并处或者单处票证价额一倍以上五倍以下罚金；数额巨大的，处二年以上七年以下有期徒刑，并处票证价额一倍以上五倍以下罚金。

倒卖车票、船票，情节严重的，处三年以下有期徒刑、拘役或者管制，并处或者单处票证价额一倍以上五倍以下罚金。

第228条规定：以牟利为目的，违反土地管理法规，非法转让、倒卖土地使用权，情节严重的，处三年以下有期徒刑或者拘役，并处或者单处非法转让、倒卖土地使用权价额百分之五以上百分之二十以下罚金；情节特别严重的，处

134

三年以上七年以下有期徒刑，并处非法转让、倒卖土地使用权价额百分之五以上百分之二十以下罚金。

第326条规定：以牟利为目的，倒卖国家禁止经营的文物，情节严重的，处五年以下有期徒刑或者拘役，并处罚金；情节特别严重的，处五年以上十年以下有期徒刑，并处罚金。

单位犯前款罪的，对单位判处罚金，并对其直接负责的主管人员和其他直接责任人员，依照前款的规定处罚。

对上述严重行为予以制裁，而对倒买倒卖房屋这样如此重要的生活必需品却放任自流，这与我国的法律精神是相违背的，在立法技术上也是极不对称的。因为一张车船票仅仅赚取几十元甚至几元，而倒买倒卖一幢房屋却是上万元，甚至几十万元。这不仅仅破坏了生活的公平与正义观，挫伤了广大人民进行社会主义建设的积极性，而且是严重妨害社会管理秩序与经济秩序的犯罪行为。

三、对倒卖房屋追究刑事责任的法律补救

那么，如何对倒卖房屋追究刑事责任，以完善我国法律对倒买倒卖行为的制裁的法律措施？为此我们建议在我国法律上确立"倒卖房屋罪"，用刑法的重拳严厉打击非法倒买倒卖房屋的行为。

首先，以立法的形式确立房屋是国家禁止或者限制自由买卖的物资、物品。

其次，在我国现行《刑法》第228条非法转让、倒卖土地使用权罪的基础上增加一款，规定：

以牟利为目的，非法倒卖房屋，情节严重的，处三年以下有期徒刑或者拘役，并处或者单处非法倒卖房屋价额百分之五以上百分之二十以下罚金；情节特别严重的，处三年以上七年以下有期徒刑，并处非法倒卖房屋价额百分之五以上百分之二十以下罚金。

值得注意的是，刑法第231条规定："单位犯本节第221条至第230条规定之罪的，对单位判处罚金，并对其直接负责的主管人员和其他直接责任人员，依照本节各该条的规定处罚"同样适用于倒卖房屋罪。

再次，关于情节严重与情节特别严重的标准可比照非法转让、倒卖土地使用权罪各地的不同情况，由最高人民法院用司法解释予以确定。

四、"倒卖"与正常买卖的区别

"倒卖"与正常买卖两者之间在买与卖的行为方面表现相同，但区别也很明显：

1. 目的不同。正常买卖是将房屋用于自住，"倒卖"是通过对房屋买进与卖出获取非法利益。因此，在法律上建立"倒卖房屋罪"并不说一个人不能拥有两套或两套以上的住房，如果拥有两套或两套以上的住房，完全是用来自住，则其行为属于正常的房屋买卖行为，而如果一个人虽然曾拥有一套住房，但其目的在于通过"倒卖"该唯一的一套住房而获取非法利益，则符合"倒卖房屋罪"的行为要件。

2. 行为表现不同。"倒卖"往往表现为行为人没有正常职业，其以倒买倒卖为职业或者常业，经常性地、固定性地从事倒买倒卖活动，包括倒买倒卖其他物资，如外汇等，这种活动往往具有组织性。而正常买卖也会获取利益，但并不是以此为常业，不具有固定性，更表现为单个人的个人行为。

3. 其他方面的不同。倒买倒卖的行为人往往由外地人所为，作为职业性的倒买倒卖获取的利益更大，危害后果更严重等。

特别重要的是鉴于房屋系国家的重要物资，我们认为房屋应由法律、法规规定为限制流通物，所以我们建议国家对个人拥有房屋的数量或者面积作出限制，即个人在同一地区最多不能拥有超过2套房屋（含2套）或者同一地区的住房面积至多不能超过300M^2。所谓"拥有"包括共同共有，以防止家庭成员之间规避该条款。对于家庭成员已经共同"拥有"而另一成员重新购买单独"拥有"的房屋，数量作进一步的限制。对家庭成员已经共同"拥有"而另一成员打算重新购买单独"拥有"的房屋的，建议首先根据该家庭成员已经单独"拥有"部分（公式为：总面积除以人数）计算其已经"拥有"的面积，不足部分可以购买。

安得广厦千万间，大庇天下寒士俱欢颜，曾是我国古人最朴素的生活理想，倒买倒卖房屋严重影响了公民的居住权以及由此产生的生存权以及全社会的稳定局面。面对房地产价格狂涨虚高所造成的社会分配不公问题，我们认为国家应尽快考虑用刑法的重拳，严厉打击和抑制房地产领域的投机倒把行为，以从根本上解决房屋买卖上引发的诸多社会问题，最终实现整个社会的和谐发展。

法伦理学的理论问题必须落实到现实的法治实践中来、进入到司法伦理中来，我们强调，法律职业伦理学是法伦理学的重要分支，而司法伦理学又是法律职业伦理学的核心部分。法伦理学与法律职业伦理学、司法伦理学三者之间在范围上是包含与被包含的关系。

我们强调法治反对人治，但不能因此而否认"人"的作用，因为现实生活千百次地证明这样一条定律：有法律，没个好人好官，不行！

我国已经意识到建立司法伦理规则的重要性，并且也已经制定了相应的律师与法官、检察官等的职业道德。这里我们对现有的规则不作解读，理由是这些规则只是表象，其背后还有更为深刻的伦理、法理内涵，我们只有在懂得背后的机理后，才能明白现实的规则。我们深知在建立我国的司法伦理规则推进我国的法制建设方面，还有漫长的路要走。

第九章　法律人的职业伦理规范

什么是法律人？我们在两种意义上使用这一概念。一是从理论研究的角度，作为与经济人相区别的意义上使用，这是一种拟制的人，是一种假设，目的是用于理论研究；另一是从职业的角度来研究，这是一种现实中的具体的人，故我们又可称之为法律职业人，以示区别。法律职业人即法律职业共同体，指受过法律职业训练，具有特别思维方式，以法律为业的群体。法律职业人包含所有从事法律职业者的人员，包括从事法律教学与研究的人员、法官、检察官、律师等。具体而言，法律职业人又可分为两类：专门从事法律教育、研究的人和专门从事法律具体实务人。

在法治系统中，立法只是法制建设的第一步，即使立了良法，仍不能解决中国法治的所有问题。因为从形式意义上而言，立良法至多只是完成了法治的第一道工序，第二道工序就是法律在现实生活中的具体运用，如执法、司法等。显然如果没有一支良好的法律职业人队伍，立出来的良法会轻而易举地"打了水漂"。因此，法治的全部意义，不仅在于立法。但目前我国法治建设的重心过于偏向立法，造成立法之后的频繁修改。这在实践中已经产生了负面影响，值得注意的是这方面的问题尚未引起我们足够的重视。加强法制建设，还要求我们必须建立一支合格的法律职业人队伍。

第一节　我国法律职业道德建设概况

道德依据不同的标准可以进行不同的分类，如根据道德过程中心理行为表现分为道德认知、道德情感、道德行为直至道德信仰，当然这类道德不属于法伦理学研究的范围。一个社会群体的道德，依据其存在的社会空间，大体上可划分为家庭道德、社会公德和职业道德，简称为私德、公德与职业道德这三个大的领域。社会公德亦称"公共道德"，它是人们在履行社会义务或涉及社会公共利益的活动中应当遵循的道德行为准则，也即列宁所说的"起码的公共生活规则①。社会公德同个人私德的区别在于，前者指同集体、组织、阶级以至整个

---

① 《列宁选集》第 3 卷，第 247 页。

社会、民族、国家有关的道德；后者则指个人私生活中处理爱情、婚姻、家庭问题的道德以及个人的品德、作风、习惯等。但是这种区别并不是绝对的，而是有紧密的联系，在一定条件下可以相互转化的。社会公德水平的高低，直接影响着一个国家的社会秩序、社会风气、社会凝聚力，是一个社会文明程度的外在标志。职业道德是从事一定职业的人在特定的工作和劳动中所应遵循的特定的行为规范，它往往表现为"行规"与"行纪"，这种"行规"与"行纪"，我们称之为准法律，即介于法律与道德之间的行业准则。

法律职业道德，是指法律职业人员在其职务活动与社会生活中所应遵循的行为规范总和，它是社会道德在法律职业领域中的具体体现。在我国，法律从业者包括法官、检察官、律师以及从事法学教育与研究的人员等，因此就形成了法官职业道德、检察官职业道德、律师职业道德等。

我国的法律职业道德规范，可以说是在没有深厚社会基础的环境下"建构"起来的，"文革"期间在"砸烂公检法"的口号中，法院、检察院的职能作用曾经受到了冲击。先是公检法合署办公，到 1969 年取消人民检察院系统。1975 年宪法规定"检察机关的职权由各级公安机关行使"，使侦查权和起诉权合二为一，实际上取消了对侦查权和审判权的检察监督。"群众专政、群众立案、办案和群众审判"，即"甩开公、检、法，走群众专政的道路"，于是一些地方私设公堂，私立监狱，出现了"贫下中农高等法院"之类的组织。同样，在"律师是为坏人辩护的"的思想下，取消了律师制度，后在十一届三中全会后得以全面恢复。因此，可以说，我国的法律职业道德建设正是在这样的背景下开始的。

1993 年 12 月 27 日，司法部令第 30 号发布了《律师职业道德和执业纪律规范》，全文共计 21 条。2002 年 3 月 3 日中华全国律师协会修订发布的《律师职业道德和执业纪律规范》，全文共计 49 条，现行适用的是 2004 年 3 月 20 日第五届中华全国律师协会第九次常务理事会通过的《律师执业行为规范》，详细内容可见书后的附录 1。

1994 年 1 月 8 日，公安部发布了关于实施《人民警察职业道德规范》的通知，即公发〔1994〕1 号文，该《人民警察职业道德规范》的完整内容为：

一、对党忠诚：坚定信念，听党指挥，维护宪法，忠于祖国。

二、服务人民：热爱人民，甘当公仆，爱憎分明，除害安良。

三、秉公执法：不徇私情，不畏权势，严禁逼供，不枉不纵。

四、清正廉明：艰苦奋斗，克己奉公，防腐拒贿，不沾不染。

五、团结协作：顾全大局，通力协作，相互尊重，相互支持。

六、勇于献身：忠于职守，业精技强，机智勇敢，不怕牺牲。

七、严守纪律：服从领导，听从命令，遵守制度，保守机密。

八、文明执勤：谦虚谨慎，不要特权，礼貌待人，警容严整。

值得注意的是，该1994年的《人民警察职业道德规范》仍是现行有效的规范。

2001年10月18日，最高人民法院分布了《中华人民共和国法官职业道德基本准则》的通知，我国法官职业道德有了自己的准则，准则自发布之日起施行，有五十条个条文。详细内容见书过后的附录2。2010年12月6日修订后重新发布了《中华人民共和国法官职业道德基本准则》，详细内容见书过后的附录2。

2002年2月26日，最高人民检察院以高检发政字〔2002〕10号文，发布了《检察官职业道德规范》，"忠诚、公正、清廉、严明"成为全国检察官打牢道德根基的"八字箴言"。其全文如下：

一、忠诚：忠于党、忠于国家、忠于人民，忠于事实和法律，忠于人民检察事业，恪尽职守，乐于奉献。

二、公正：崇尚法治，客观求实，依法独立行使检察权，坚持法律面前人人平等，自觉维护程序公正和实体公正。

三、清廉：模范遵守法纪，保持清正廉洁，淡泊名利，不徇私情，自尊自重，接受监督。

四、严明：严格执法，文明办案，刚正不阿，敢于监督，勇于纠错，捍卫宪法和法律尊严。

2009年9月3日最高人民检察院第十一届检察委员会第十八次会议通过了《中华人民共和国检察官职业道德基本准则》（试行）。该准则共分6章48条，细化了原有《检察官职业道德规范》的内容。《准则》将有关"忠诚、公正、清廉、文明"的职业道德进行了具体化、制度化，从而有效地将检察官职业道德和执法规范化建设、纪律作风建设紧密地结合起来，这标志着我国检察队伍的职业道德建设又在法治的道路上迈出重要的一步。详细内容见书过后的附录3。

因此，总结我国的法律职业道德建设的历史轨迹，我们得出这样的结论：

（一）我国的法律职业道德建设首先是从律师的职业道德建设开始的，而且目前又以律师的职业道德与职业纪律较为全面。表现为：

1. 形成了较全面的行业自律性规范。律师职业道德除了有《律师执业行为规范》进行规范外，还有2008年5月28日司法部部务会议审议通过的《律师执业管理办法》，此外还有《律师办理刑事案件规范》、《律师和律师事务所违法行为处罚办法》、《关于反对律师行业不正当竞争行为的若干规定》等。可见，律师职业已形成了相对充分的行为规范体系。

2. 有相应的组织机构。《律师职业道德和执业纪律规范》由中华全国律师协会制定，并由其负责解释，对于违反该规范的律师、律师事务所，由律师协会依照会员处分办法给予处分，情节严重的，由司法行政机关予以处罚。实习律师、律师助理参照本规范执行。同时各地可以根据本准则制订实施细则。

3. 有明确的制裁措施。违反《律师职业道德和执业纪律规范》的律师、律师事务所，由律师协会依照会员处分办法给予处分，情节严重的，由司法行政机关予以处罚。2004 年 2 月 23 日司法部部务会议又审议通过了《律师和律师事务所违法行为处罚办法》，并于 2004 年 3 月 19 日发布，自 2004 年 5 月 1 日起施行。1997 年 1 月 31 日司法部令第 50 号发布的《律师违法行为处罚办法》同时废止。制定该规范的目的是为了规范对律师、律师事务所违法行为的监督和处罚，保障律师行业的健康发展。该《律师和律师事务所违法行为处罚办法》第 2 条规定："司法行政机关对律师、律师事务所违法行为实施行政处罚，应当根据有关法律、法规和《司法行政机关行政处罚程序规定》等规章以及本办法进行"。

（二）法官的职业道德建设取得了较大的成绩。1998 年 8 月 26 日，最高人民法院出台了《人民法院审判人员违法审判责任追究办法》（试行），即法发〔1998〕15 号。1998 年 9 月 7 日最高人民法院发布了《人民法院审判纪律处分办法》（试行），即法发〔1998〕16 号。2001 年 11 月 18 日，最高人民法院颁布实施了《中华人民共和国法官职业道德基本准则》，2010 年 12 月 6 日修订后重新发布。这一准则对于规范和完善法官职业道德标准，提高法官职业道德素质，维护法官和人民法院的良好形象，具有十分重要的意义。

（三）检察官的职业伦理，特别是公安人员的职业道德建设仍表现出明显的不足。尽管该领域的职业伦理建设取得了一定的成绩，但值得指出的是这部分规定仍存在有待改进，与律师、法官等现有的制度建设相比，存在的问题在于：

1. 条文过少，其中，就正文部分，原来的《检察官职业道德规范》总共只有 163 个字。现行的《中华人民共和国检察官职业道德基本准则》（试行）总共 48 条。在条文上比《中华人民共和国法官职业道德基本准》30 个条文要多，就内容而言，《检察官职业道德基本准则》的规范性、操作性要低一些，其六章内容包括第一章总则，第二章忠诚，第三章公正，第四章清廉，第五章文明，第六章附则。可见，在制度化方面还需要进一步深入。《人民警察职业道德规范》共有 216 个字。因此，相对而言，《律师执业行为规范》（试行）有共 190 条，章节内容清晰，可操作性强。

2. 内容过于简单，不便于操作：正因为条文比较少，相应的内容就会比较原则与宏观等问题；

3. 检察官与公安人员的职业伦理需要在实践中予以完善。检察官的职业伦理于 1994 年制定，出台的时间比较早，2009 年 9 月出台的《检察官职业道德基本准则》（试行）需要在实践中进行完善。我们知道都检察与公安人员的职业伦理在国家的法治建设中同样具有举足轻重的地位与作用。

值得一提的是，2002年3月1日，中国公证员协会三届三次理事会通过《公证员职业道德基本准则》，这无疑也是我国职业道德建设中的重要内容，并为国家公证领域的职业道德建设作出了重要的制度性探索。

职业道德对法律职业来说具有特殊重要的意义，甚至可以说是维持法律职业存在和发展的至关重要的因素。我们都知道"党风问题是关系到党的生死存亡的问题"，这一判断在法律职业领域同样成立。法律人职业道德水平的高低，关系到法律职业的声誉与社会形象，也关系到法律职业存在的合法性、正当性。法律职业共同体是我国法治建设的主力军，其专业水平与伦理状况是决定我们法治品质与成败的关键性因素，造就一支合格的法律队伍，是我国法治建设的人才基础与组织保证。

我们强调法治反对人治，但不能因此而否认"人"的作用，因为现实生活千百次地证明这样一条铁律：有法律，没个好人好官，不行！而且再好的"经"通过"歪嘴和尚"一念就坏了事，所谓歪嘴和尚念经——说不出一句正经话，同样的表达就是"歪嘴和尚没正经"。当前的道德建设存在不少障碍，涉及多方面的问题。面对复杂多样的现实状况，我们认为选择职业道德建设作为全面推进整个道德建设的突破口，是一种可行的思路。

第二节　法官的职业伦理规范

就法伦理学理论本身的发展与我们这个时代的要求而言，法律人的职业伦理是法伦理学研究在实践中需解决的重大课题。

从事法律实务人的职业伦理中，以法官的职业伦理与律师的职业伦理为主，因为这是法律职业伦理的关键。其他如检察官、警察、公务员等当然也应有其特有的职业伦理规则，但鉴于其与法官与律师职业伦理所具有的共性，以及通过对法官与律师职业伦理的研究，可以促进我们对检察官、警察等职业的伦理建设。况且，检察官、警察的职业道德的内容文字部分内容不多，并已在上一章进行了罗列。因此，对检察官、警察的职业伦理在此不作介绍。我们强调在学科体系建设中应该努力"删繁就简"、"精雕细琢"，在存在"学术泡沫"的今天，给学科"减肥"是现代学者新的责任，更是研究法伦理学的学者首先必须践行的伦理规则。

法官职业道德是调整法官与当事人，法官与法官、法官与其他群众、法官与社会之间关系的原则、规则及反映这些原则与规则的意识、观念和理性的总和。法官的职业伦理规范是法律职业伦理规范的核心，因为正义或者法律精神的最后实现，需要法官对具体的纠纷进行最终裁决，双方的是非依赖于法官的判决书予以明确。在审判活动中，法官道德因素具有极为重要的作用，法官的职业伦理规范是法治建设所必需的。古人云："己不正，焉可正人？"老百姓说"上梁不正下梁歪"。我们重复这样一条铁律：有法律，没个好人好官，不行！现实生活也已经千百次地证明这样一条定律。

一、法官不是官：法官的职业定位

我们谈论法治不能总是宏篇巨论，中国的法治建设离不开我们对法治细节的关注与培育，可以说法治是由细节构成，是一系列细节的连接，包括林林总总看得见的具体制度与摸得着的具体产品，如法袍、法锤等。对"法官"的涵义问题，我们同样存在至今仍然没有理清的重大细节问题。当前，我们之所以提出"法官不是官"，是因为在21世纪的今天，"官本位"思想依然严重，我们的一举一动仍将法官当成了官，导致了司法行为行政化等诸多现象。

事实上，法官就是审判人员。就法律依据而言，我国的三大诉讼法《中华人民共和国民事诉讼法》、《中华人民共和国刑事诉讼法》与《中华人民共和国行政诉讼法》都没有"法官"这一称呼，统一称之为审判人员。在职称方面我国也长时间使用审判员、助理审判员制度，直到目前我们的判决书中仍然使用这一称谓。1995年2月28日出台的《中华人民共和国法官法》（以下简称为《法官法》）第一次在国家法律文件中正式地使用了"法官"一词。即使如此，《法官法》仍然将"法官"定义为审判人员。《法官法》第2条明确规定：法官是依法行使国家审判权的审判人员，包括最高人民法院、地方各级人民法院和军事法院等专门人民法院的院长、副院长、审判委员会委员、庭长、副庭长、审判员和助理审判员。可见，"法官不是官"，因为审判员一说，已明确表明审判人员是专业人员的性质，而不是"官"。

我们不否认法官与其他行政官员两者存有共性，但两者的区别更加明显，这一区别从本质上表明"法官不是官"这一基本判断，具体表现为：

1. 工作手段不同。法官职业的开展主要靠专业知识，此外还包括生活经验等，而不是其他官员所依靠并强调的群众基础、人际关系等。因为法官工作就是断案，就是就事论事地把一件纠纷的是非曲直讲清楚，不需要大范围的发动、激励与协调。

2. 管理方式不同。一般官员的管理要求下级服从上级，而法官职业需要的是"独立行使审判权"，而不是一般法官服从庭长、庭长服从院长这一行政管理模式。因此，法官服从的是法律这一惟一真理，而不是上级，相反其他官员应当服从上级的行政命令。

3. 工作方式不同。其他官员要求与群众打成一片，努力做到"从群众中来到，群众中去"。法官要做到"审判中立"，遵循"不单方接触"，对双方当事人"平等对待"的原则进行审判活动，做到"形式公正"，努力追求"结果公正"。这是司法本身的中立性、被动性、终结性等特点所要求的。

4. 法官判案强调说理。对任何一起案件的判决，法官都不能用行政手段强迫当事人服从，包括在调解过程中。法律的专业性要求法官必须以说理的方式，特别是要在判决书中以说理的方式使当事人信服，当事人如果不服仍然可以通过上诉等途径解决纠纷，这是行政权力运行过程中所没有的。所以我们提出并坚持"司法要讲理"，这也是司法取信于民、司法为民的重要保证。

"法官不是官"，这一定位要求法官应当是法律专家，应当是德高望重、具有丰富社会经验的专业人士。"法官"应以此而非政府官员的形象塑造自己。

1. "法官"不能将自己等同于行政官员。法官是运用法律知识解决法律纠纷的专业人员，因此，法官首先必须是拥有专门知识的专业人员，尤其重要的是法官必须努力让自己成为法律专家，而不是社会活动家。具体而言就是要在办案中坚持"独立行使审判权"、"审判中立"，不服从任何权贵、不依赖于任何"诱惑"，按照"不单独接触"、"判决要讲理"的司法工作的规则与规律判案。

2. 在法官面前除了法律之外没有别的"上帝"。法官应当是法律最忠诚、最有力的卫士，因为，司法是社会正义的最后一道防线。法律信仰是法官基本的职业道德，法治应当是法官为之献身的一种事业。如果法官以法律为手段谋取财富，如果允许"打官司等于打关系"，那么社会的正义必将成为"空中楼阁"。

3. 法官应当是德高望重、有社会经验的专业人员。法官的产生应当是十分严格的。各国法院在选择法官时，几乎都要求"德高望重"、"社会经验"，如国际法院的《国际法院规约》规定，当选国际法院法官，必须是品格高尚并在本国具有最高司法职位的任命资格或公认的国际法专家。可见，道德对法官的重要性，正因为如此，所以近年来，我国也加强了法官的职业道德与职业纪律方面的制度建设。

就民事案件，特别是经济纠纷而言，法院基本上是收费的，而且对经济案件的收费并不低。这一收费表明了审判行为与行政行为的区别，说明法院审判工作具有一定的裁断性。

我国的"法官"曾经并且目前暂时在某些领域还有一个非常好的名称——审判员，包括助理审判员，只是这一称谓被《法官法》所改变。可喜的是法院的判决书中仍用这一称谓，笔者对此非常认同，我们由衷希望这一名称保留下去。我们说"法官不是官"，这并不是一个文字或者哲学游戏，这是一个被人忽视的重大的法治问题，反映了我们对"法官"这一概念更深刻的认识。而且对法官概念的正确认识，不仅有助于我们理解这一职业的精髓，甚至可以说是研究、推进并最终完成中国司法制度改革的关键之一。

二、法官与良知：法官的道德定位

法官是法制社会里不可或缺的重要角色，他对维护整个社会稳定与健康的发展起着重要作用，法官的具体任务就是通过对具体案件的审判来解决纷争，维护社会稳定。我们一般认为法官审理案件依据的是事实与法律，其实，法官审理具体案件时不仅仅依据的是事实与法律，还要结合自己的良知、法官的良知。随着时代的发展越来越显得重要。

在具体的案件中，究竟什么是认定某一具体案件的事实、究竟如何根据特定案件选择所适用的法律等问题的解决不能不投入法官的主观因素甚至个人感情。在原告与被告的争执中，双方针锋相对地各自提出了对自己有利的证据，那么如何对证据进行取舍使之成为法律上的事实，这就需要法官根据自己的分析、判断与推理，对证据进行辨别，并按照案件真正的内在要求选择所适用的法律，而不是站在一方的角度，作出违背客观公正的判决。特别是在法律许可的范围内，如何作出适合本案的适当的判决意义重大，因此说法官判案离不开法官本人的良知。这里必须区分正确的判决与适当的判决两者的不同，一个判决可能是正确的，但不一定是适当的。当一个法官在法律许可的范围内不合理地倾向另一方时，这个判决虽然是正确的但并不是适当的，因此能不能确保判决的适当是区分一个好法官与其他一般法官的重要分水岭。

法官的良知，一是指良好的知识结构，这种知识结构不仅仅指法律专业知识，还包括各种各样广博社会知识与社会经验；二是良好的认知水平，包括认识、判断、推理案件的能力，具体而言是快速领会案件基本情况，把握本案双方争执焦点，并准确作出谁是谁非的判断的能力；三是良好的道德水准，就是说在认识案情、把握本案所适用的法律后，真正按照客观、公平、公正的原则处理案件，做到不偏不倚、问心无愧，而不是谁有势力、谁强就帮谁或者向其倾斜；四是指法官对案件处理的适当性，因为法律往往可以给予法官一定的许可范围或者说一定的自由裁量权，在这一范围中，无论法官如何选择都是符合法律的，这时如何对案件的作出适当的判决就显得特别重要；五是指法官本人对法律的尊重程度与忠诚程度，这里着重强调的是法官绝不能将法律当作自己在社会上谋取便利的工具。在以上五个方面中，良好的道德水准对法官而言，具有特别重要的意义。因为如何认定证据，如何适用法律事实上经过原被告双方辩论，特别是代理律师的辩论，应该说已经有了相对清晰的轮廓，这时，如何对具体案件的判决更有赖于法官道德水准的高低。

提出法官的良知有着重要的社会意义：首先，认识到这一点，就可以明白法官判案并不是纯粹的客观活动，同时也是法官本人的主观活动，因此，一方面我们在考察、录用法官时要把良知纳入考察范畴；另一方面，法官在加强自身的修养中，要提高自己的认知水平与道德水准，以公正之心，对待案件，确保公平地对待双方的当事人。其次，在现代社会里强调诚实信用，对法官同样如此，而诚实信用原则反映到法官身上就是要求法官具有比一般人更高的良知。法官良知的提高，必将促进整个社会的法制水平在本质上步入一个更高的台阶。最后，认识到法官的良知，就可以努力促成一种趋势，将"法官"变成为社会的良心，并可以以此作为一个法官成熟的最高境界。

我们一再重申法律在社会生活中的运行须臾离不开道德的支持与支撑，在审理案件中，法官不仅仅依据事实与法律，还要依据自己的良知。认识到这一点对重新思考司法制度与司法体制的完善具有特别重要的社会意义与理论价值。

三、判决书的基本伦理要求 —— 判决要讲理

（一）"判决要讲理"的内涵

法官对正义与公正的表达不是通过行为，甚至也不是用有声的言语，而是通过无声而又最有力的方式 —— 判决书。

判决书是法治的最终的也是最直接的表达形式，判决书的质量是国家法治现状最直接的反映，更是法官法律职业素养、专业知识、道德水平等的综合体现。但现有判决书的形式与内容都比较简单，需要完善，具体要求为：

1. 判决书要说理，体现司法要讲理

法官在处理案件时所形成的判决书对社会大众而言是最为直接的"法律"，但现今的判决书表现为说理不足，判决书在本院认为中轻描淡写的说出某某诉讼请求应予支持、某某诉讼请求不予支持，而支持或不予支持的充分证据与理由却未予展示并加以说明，使判决不能为大众所信服。相反，在西方国家，法院的判决书经常会长达几百页纸，而在中国基本上见不到，虽然这一状况近期有所好转。造成这一"重审理、轻判决"局面的主要原因，一是对判决书的要求上缺乏严格规范，没有明确判决书该如何书写；二是法官本身的素质不够，因为把理由说充分，需要付出更大的努力；三是法院对如何在审判实践中落实取信于民仍未引起充分重视。事实上判决书中的说理部分应该是判决书最为精彩而又最为重要的部分，这是双方当事人能够服从判决并克服人情案、关系案的关键，也是宣传我们法制的重要途径。更为重要的是，强调判决书的"说理"事实上也是对法院和法官行使司法权力的重要制约。通过对"理由"的部分充分斟酌，既可以防止法院和法官枉法裁判，又可以最大程度地使当事人理解案件中"法理"，还可以是对当事人进行一次最生动、最深刻的法制教育与培训，使得最后的判决即合法又合理，使当事人能够对法律更加敬畏。哲学家培根在"论司法"中曾说："一次不公正的（司法）判决比多次不公平的举动为祸尤

烈。因为这些不平的举动不过弄脏了水流，而不公的判决书则把水源败坏了"。①为此，必须以法律或者法规的形式，明确要求法官在判决时，充分列举双方在庭审中提供的证据，并充分说明法庭采信何种证据的理由与最终判决所依据的理由，以充分展现法官在适用法律中具体阐述法律精神的能力与魅力，使法律走向人心。

2. 判决的结果要合理、适当

审判人员如何制作判决书问题上，如何让当事人"输得明白"、"赢得合理"，这在以往的法律实践中没有得到足够重视。具体而言，就是对于判决的结果不仅要合法，而且还要合理、适当。由于我国法律对法律责任的规定大多给予了一定的幅度，在这一幅度范围内的都是合法的。但对专家型的法官而言，判决还有一个精确性、精准性的问题，即究竟在什么范围当中属于适当，就需要法官在合法性之外，根据具体案情作进一步的思考。

我们提出法官水平的区别不仅表现在对合法性的判断上，更表现在合理性、适当性的判决上；事实上，后者更能显示法官的综合素养。

3. 判决书言辞重规范、重理性、力戒感性

判决书的言辞是越来越显得重要，因为判决书是具体明确当事人权利、责任的规范性文书，这一性质要求判决书在言辞方面应重规范、重理性、力戒感性，包括最基本的姓名不能搞错，有关法官个人的感想、感言不宜放在判决书中。这些方面不仅能表现法官的素质，更是判决书权威性的重要体现。

（二）"判决要讲理"的实现途径

实现"司法要讲理"或者"判决要讲理"的关键在于强化法院的组织建设，实现法官由平民型、交际型向专业式、社会精英型的转变。虽然这一转变仍将是一个长期的过程，但这是我们不得不经历的过程。

1. 说明理由制度在司法中的确立

说明理由制度本来是一项行政法律制度，在行政法上是指行政主体在作出对行政相对人权益产生不利影响的行政行为时，除法律有特别规定外，必须向行政相对人说明其作出该行政行为的事实根据、法律依据以及进行自由裁量时所考虑的政策、公益等因素②。说明理由制度引入到司法领域，不仅可作为审判人员制作判决书的一种规范要求，而且也是我们在下文中提到的判决后答疑制度的重要内容。这一制度要求审判人员在制作判决书时，必须对自己判决所依据的事实根据、法律依据以及进行自由裁量时所考虑的种种因素做出解释，而

---

① 培根：《论司法》，载《培根论说文集》（水天同译），商务印书馆1983年版，第193页。
② 姜明安：《行政法与行政诉讼法》，北京大学出版社、高等教育出版社1999年10月第1版，第50页。

不是避而不谈，也就是进一步落实司法要讲理，做到"司法为民"。

说明理由制度的建立具有较为重要的社会意义。首先说明理由制度是对司法权的一种制约，它要求审判人员的思维要符合证明逻辑规则，在判决时做到事实清楚、法律依据充分，这样可以防止审判人员个人的主观臆断，增加判决书的理性色彩，使判决书具有更高水平的合法性与合理性。其次，这对当事人本人也是一次最生动的法制教育。人民法院的审判活动本来就具有法制宣传功能，审判人员通过对当事人双方证据的全面展示与分析判断，通过对该案法律规则的具体运用，使得判决书能够起到化解当事人误会、减少不必要的上诉，所谓让当事人"输得明白"、"赢得合理"，而不是简单地自以为判决书中有"猫腻"，审判人员判决不公。借鉴行政法律制度，加强人民法院的制度化建立，是当前我国司法制度建设的重要内容，也是依法治国与民主政治的内在要求。

为了具体落实这一制度，我们提出应当在我国法律中建立判决书无效制度，即没有说明理由的判决书，还有对无管辖权案件所作的判决等认定为无效判决书，可以作为当事人上诉的理由。无效判决书由上级法院进行认定，其操作程序为"不告不理"原则，即当事人没有在法定的上诉期间内提起，则无效判决书可作为有效判决书。当事人就此提起上诉，上级法院可以在审查之后进行认定，并在查清事实后重判，也可以发回重判。

2. 时代对法官提出了新的要求

在自然经济和计划经济年代，社会关系相对简单，司法活动的专业技术性不强。因此，在司法方面，我国曾长期坚持诉讼领域的"两便原则"，即便于人民群众参加诉讼和便于人民法院办案两个方面。最典型的就是"马锡五审判方式"。为了贯彻"两便原则"，在诉讼活动中强调简易程序与调解制度。应该说"两便原则"有其时代背景，并与法院的专业性不强，法律规定比较原则、笼统，法律资源相对比较欠缺等众多因素有关。那种带卷下乡，田间地头、大槐树下就地审判，以群众呼口号开始，拍手称快结束为标志的审判方式，有其现实的必然性与合理性，但与现代法制所要求的正当程序、回避原则等有不少差距。因此，这些做法将随着社会的发展而将逐步予以改变，特别是"入世"后，法制将对法官提出更高的要求。

入世以后，随着 WTO 的各种规则转化为中国国内法，中国司法所面临的最大考验就在于：能否在审判实践中、尤其在涉外经济贸易审判实践中，切实地执行立法精神、称职地维护 WTO 规则。WTO 协议在我国不具有国内法地位，不能直接适用。在入世谈判的最后阶段，有些 WTO 成员曾经建议我国确认 WTO 协议具有国内法地位，可以直接适用；在国内法与 WTO 协议有关规定不一致的情况下，优先适用 WTO 协议的规定。最终我国是采取修改、完善国内法的方式执行 WTO 协议和我国所作承诺，因为这是对我国最有利的一种方式，也是绝大多数国家加入 WTO 时的普遍做法。加入 WTO 之后，涉外诉讼、跨国诉讼要求参与司法活动的人具有良好的外语水平、一定的世界历史文化知识，这远非常人能胜任。WTO 关于解决争端的机制，"精英司法"的特色更加突出，表现在专家组审理争端和专家组成上诉机构的规定上，专家组通常由三人组成，他们均以个人身份工作，不代表任何政府或组织，WTO 成员不得对他们作指示或施加影响。

法制最根本的不是看立法如何立，而是看法官最后怎么判。我们必须正视的一个事实是，虽然 WTO 提倡"穷尽当地救济途径"，鼓励各成员尽可能通过自身的司法机制妥善处理与其他成员的纠纷，但"穷尽当地救济途径"原则并非绝对，当一个成员的司法机制无法公正合理地维护其他成员的合法权益，其他成员就有权另觅救济道路。因此入世以后，如果中国法院不能稳定地实现公正、高效、透明、民主，那么，境外当事人的必然选择就是根本不到中国来打官司，甚至通过本国政府，将纠纷直接提交到 WTO 的争端解决机制予以处理。如果这类情形频繁发生，那么中国司法终将失去国际社会的信任，进而伤害中国的法制形象和国家信誉。

随着社会的发展，法官的学历水平会有明显的改变。"入世"对培养具有国际法律知识的高素质的法官队伍提出迫切的要求，在审判中表现为专业色彩更加浓厚，因此，法官也必须及早做好思想准备，做好由平民型转向精英型转变的准备。

3. 新时期法官的职业素养

新时期法官的素养中，除了一般地具有较高的政治素质与业务素质等表达外，我们还强调这样几个方面：

首先、对法律忠诚，敬业勤业，努力捍卫法律的尊严。就是说法官不能将法律作为自己赚钱的工具，要努力维护法律的尊严，甚至不惜用生命换取法治的进步。

其次、在审判艺术上，能够以理服人，而不是以"权"压人；在审判中表现出"不动声色"，表现出足够的理性。审判的过程就是一种美的展示，这种美不仅仅表现在形式上的庄严美，还表现在审判中的理性之美等多方面，但这些仍为不少法官所忽视。不少法官还存在"只要结果正确，咋审都成"。

再次、在审判智慧上，能够通过形式正义实现实质正义等等。我们反对法律只能追求形式正义一说，并且认为这一说法贻害无穷。而认为优秀的法官应努力透过形式正义实现实质正义。抛弃实质正义的法官，根本就不配做法官，更不能说成是人民的审判员。

如果只重视立法，而不重视法治体系的整体建设，就会成为"虎头蛇尾"的法治，或者有人称之为"法治的装潢主义"。法治的实现需要技术与技巧，包

150

括所有法律职业人的法律技术与技巧，因此法官的审判技术、法官的职业伦理建设具有重要的社会价值。

四、法官的接触原则与不单独接触原则

近年来，随着法制实践与司法改革的深入，人民法院以及其他司法机关在法制建设中作了相当多的工作。但一谈起司法公正来，老百姓仍会有怨言，在个别场合与案件中，甚至还会出现负面的评价，以至于人们认为法院的公信力还不高。现实的法制状况不难使我们发现这样一个事实，法院的某些制度的不到位甚至欠缺人为地增加了群众对法院以及其他司法机关的不满情绪。因此，在落实司法为民，强调司法质量的今天必须重视对法官司法行为的制度化建设。

（一）审判期间的不单独接触原则

人民法院在司法过程中，究竟应该坚持什么原则？或者说"为人民服务"是不是司法工作者应当一如既往坚持的主要原则，如果是，那么"为人民服务"是否可以具体化为"为当事人服务"、"为地方经济服务"？显然，司法工作是不能直接为当事人服务、为地方经济服务的，否则我们的司法改革将走进一个误区，那就是"既然您收取了我的诉讼费，您就应当为我服务"。司法工作代表的是国家的利益，是反映国家意志体现司法公正的专门活动，绝不为当事人的利益所左右。

当前我们的司法工作应当坚持与奉行"不单独接触原则"。所谓"不单独接触原则"，是指就某一具体案件而言，不在案外专门安排时间、地点与当事人或者其律师等接触或者在案外单独听取其陈述、接受其证据等。具体在民事审判中，不能在一方当事人或者其代理人不在场的情况下，单独与另一方当事人接触，包括接受其宴请、在家接待另一方当事人或者其律师等，单独听取其对案件的意见，接受其有关案件的材料。显然，"不单独接触原则"是司法公正的要求，它有利于防止法官的主观偏见与司法腐败，防止法官对一方当事人的偏听偏信而损害另一方当事人的权益。

当然，作为人民民主专政的国家机关、作为人民的法院，"为人民服务"还是法院的宗旨之一。但是"为人民服务"中人民的含义不能泛化，不能泛化成每一个具体的人。人民是一个集合概念，法官在办理案件中应当体味人民的要求与群众的疾苦，简言之就是要反映大家的意志、众人的呼声，而不是具体个人的意愿，更不是原告或者被告某一个人的意愿。司法公平、公正的基本要求，就是不偏袒任何一方当事人。一方当事人的意志一般始终与另一方当事人意志相对立，任何一方的意志都不足以简单地成为"人民"的意志、众人的意志。从证据的规则上而言，当事人的意志更不能代表法律上的真实。因此，"为人民服务"必须从宏观把握，在司法活动中"为人民服务"，就是为改革开放和经济

建设服务、为国家大局服务。如果把人民等同于当事人或者地区、地方的利益就会误入歧途，产生所谓"为地方经济服务"。为了地方、部门利益服务已经成为了危害法院工作的毒瘤；及至现在，由于地方保护主义、部门保护主义作祟，有的法院几乎成了"地方的法院"，沦为地方利益、部门利益的保护工具。有些法院提倡"服务意识"，法官上门服务、为某类企业保驾护航等等，这都是与法院的中立地位不相符的。法院为这类企业服务了，就可能造成对另外一类企业的歧视。因为法院自始就失去中立地位，何谈司法公正？而这种目光短浅的保护，最终伤害的还是地方、部门的利益。

目前，中国加入世贸组织已有多年，世贸组织的基本原则之一就是非歧视待遇原则，它由两个具体规则构成：其一是国民待遇原则，即"内外无别"；其二是最惠国待遇原则，也就是"内外均等"。具体到审判机关，就是要求法院严守中立地位，公平地对待国内外当事人，平等对待国内外所有当事人。这是"入世"后各级人民法院首先要从观念上解决的问题。

因此"司法为民"不仅不是指与"当事人"打成一片，相反，还必须主动地"疏远"当事人，特别是代表当事人而与法官可能因工作等因素而经常联系的律师，这是现代司法制度的基本要求。"不单独接触原则"不仅仅是确保司法公正的需要，也是为法官名誉与个人发展的需要。西方一直认为法官是一个"孤独"的职业，我们认为享受"孤独"，也是现代中国法官的素质之一，这一原则的建立也将为我国全面的司法改革打好坚实的基础。

（二）判决后的接触原则

仅有审判中的不单独接触原则是不够的，法官审判中不单独接触原则与审判后的接触原则是法官工作不可或缺的两个方面。

目前的司法实践中已经有了法官判后答疑制度，这一制度是指审判人员在裁判宣判后，当事人对裁判有异议、疑问来访的，由原承办法官对裁判有关程序适用、证据认定、裁判理由等向当事人解释、说明。当事人申诉、申请再审的，由原承办法官与立案法官共同进行接访。可喜的是法官判后答疑制已由最高人民法院决定在全国推广①，这也正是说明理由制度在司法领域的重要体现，是防止司法腐败的重要举措，应当引起我们足够的重视，并在法律制度层面予以完善。

接触原则与不单独接触原则，这一对矛盾反映了法官审判的规律，对完善法官的审判艺术，提升司法为民的水平与能力显然具有重要的意义与价值。

---

① 王斗斗：《法官判后答疑制将在全国推广》，《法制日报》2005 年 11 月 3 日。

第三节　律师职业伦理规范

　　律师的职业伦理是指从事律师职业的人在执行职务、履行职责时所应遵守的伦理准则。用法律与制度的形式，建立一个好的律师制度与评价标准体系，而不是现在"只要创收高就是好律师"的单一模式，这样才能有利于我国律师制度的发展，也只有这样，才能使法治走向逐步深入。目前的"只认创收不认人"做法类似于"拔苗助长"，最终毁坏的是律师制度与律师职业本身。

　　"诉讼之前先定规"，必须建立规范法律职业人，包括律师、法官及其相互关系等方面的行为规则，而不是走一步看一步，所谓"跟着感觉走"。缺乏理论的指导曾经是我国法治发展的一段短暂的历史，我们已经为此付出了沉重的代价。在新一轮的发展中，我们要强化理论建设、强化制度建设。

　　律师职业伦理规范已有现成的《律师职业道德和执业纪律规范》等具体规定，但这里我们不作一个法规的解读者，因为仍有更深的律师的伦理问题需要作进一步的思考。

一、做律师与做好人——律师的伦理困境

　　一旦律师这一名词前面加上"好"字，就成为一个难题，原因在于什么是"好"是一个主观的价值判断，各人有各人的评价，如同善与恶一样。由于律师职业的特殊性，社会公众普遍地对律师具有强烈的"爱"与"恨"的双重情感，这一现象无论中外都是如此。在文化大革命时期，我国社会上主流的观点就是"律师是为坏人说话的"。目前，许多人提出好律师可否同时也是个好人？如国内学者冯象在其《政法笔记》中有一篇文章《好律师能不能也是好人》。美国哈佛大学法学院教授、著名刑事辩护律师艾伦·德肖薇茨，在其《致年轻律师的信》这部著作的第三部分专门列了标题"做个好人"，其中又有二节内容：一是好律师可否同时也是个好人？二是为何要做个好人？律师们也经常会受到人们这样的"拷问"[①]："当你为一个明知是有罪的被告辩护，甚至使其获得自由时，晚上你还睡得着吗？你这不是在支持罪恶吗?!"

　　"好律师可否同时也是个好人"这样的思想，一方面反映了人们对于律师的期待与合理的高要求，但另一方面又是普遍地存在于人们心中的一种根深蒂固的误解。

　　（一）就语言本身而言，法律上的"坏人"不同于生活中的"坏人"

　　当我们平时说"坏人"时，相对而言，那时的"坏人"是情字的范畴；当

---

　　① 朱辉强：《律师是否应该为坏人辩护》，载《法制日报》2005 年 5 月 19 日。

我们说"律师是为坏人说话的",即当律师为某一具体的"坏人"说话的时候,这时的"坏人"已不是情字的范畴,而是理字的范畴,是法理的范畴。此时的"坏人",法律上称之为犯罪嫌疑人或者被告人,是属于被公安机关或者司法机关怀疑、控告的人,在被证明有罪前还不是法律上的"坏人",更不是罪犯。

历史与事实千百次地证明,律师为之辩护的"坏人"不一定是坏人,而可能是被冤枉的无辜者,即使他已经自认其罪。所以《刑事诉讼法》明文规定:"未经人民法院依法判决,对任何人都不得确定有罪"。现代法治已确定了"无罪推定"原则,这一原则被视为人权保障的基本原则,但"有罪推定"的习惯性思维仍充斥于人们的观念之中,使得我们难以用法律的思维理性地看待"坏人"。现今世界各国的法律基本上都已注入了刑法人道主义的理念,即使是坏人也应该有人为其说"好话",况且律师的辩护亦并非无原则地为其说"好话",而是依据事实和法律维护被告人应有的权利。"为坏人说好话"维护的只是被告人依法所应当享有的各种权利而不等于支持坏人的罪恶本身,正如同医生挽救罪犯的生命只是支持犯罪的生命权而不是支持犯罪。因此律师辩护不等于为坏人脱罪。

(二)"好人情节"反映对社会道德与律师职业道德的混同

事实上,我们常常将职业道德混同于社会道德,所谓"好律师是否可以是好人",就是典型的用一般的社会道德来评价律师职业道德。

1. 好人是相对的,对一方来说是好人,对另一方而言,则可能是坏人。就律师而言,对原告方而言是"好人",对被告方而言可能就是"坏人",对双方而言都是好人的情况虽然有,但并不多见,更不是一种常态。

2. 律师本身并不是公正的化身。与法官不同,律师的职业要求就是最大程度地维护己方当事人的合法权利与利益,而不是公正。我们已经习惯于"无商不奸"的说法,在法律职业领域,可能同样会存在"没有一个律师不坏"之说。因为要在冲突中获胜,需要运用种种方法与手段,这种方法与手段需要出其不意、需要不动声色,等等,这些无一不体现出律师应有的职业计谋。

3. 中国人根深蒂固的"好人情节"反映了泛道德情节对"好人"设计上的理想主义与完美主义,因而也是不适合法律领域的。如果律师时时刻刻要做一个生活中的好人,甚至与法官一起"同仇敌忾",可能就不再会需要律师这一职业本身了。

(三)好律师同时也是好人是法治的理想状态,但不是一种必然

好律师同时也是好人系一种最理想的状态,但现实生活的好人不一定能成为职业中的好律师,同样好律师也不一定是好人。冯象在其《好律师能不能也是好人》一文中提到:"入学后,合同法第一堂课,克朗曼先生(现在已是院长)布置我们讨论一道刺配沧州吃'杀威棍'似的题目:律师为什么不幸福?

说是许多功成名就的律师回首学生时代，都会感到失落和遗憾"。律师在与各种各样的人，特别是各色"坏人"打交道之后，常常陷入这一伦理困境，所以不幸福就不难理解。事实上，现实生活中，存在律师为了生存，不得不通过各种方法拉关系、走后门以开拓案源的现象，有些律师也认为是现实环境使得律师被"逼良为娼"。

当然，我们把好人与好律师的作了区别之后，并不是说律师不需要努力成为高尚的人，不需要努力成为好人。我们认为不应当苛求律师去做好人，但并不意味着律师可以做道德的背叛者，甚至可以同客户一起胡作非为。现实情况是由于律师制度在恢复阶段设定的律师"门槛"偏低，律师队伍依然良莠不齐，律师的业务素质亟待提高，中国律师队伍的整体素质不够理想。律师中违法乱纪、知法犯法，使用不正当手段执业的情况时有发生，这些现象损害了律师队伍的整体形象。此外，律师的职业道德也有待完善，这方面需要我们进行不断的整理与创新。

因此，一方面，我们主张应对社会道德与律师职业道德要有所区别，不应当苛求律师去做好人；另一方面也主张律师应努力成为生活中的好人，努力实现好律师也是好人这一人类社会的基本理想。

二、律师职业伦理的独特性

法律的实施是法律的生命所在，也是法治精神得以实现的关键。要把法律制度有效地转化为现实的法律，使法律精神得以实现，一方面有赖于司法机关公正的司法活动，同时不能忽视另一个重要的法律职业人——律师。律师的状况对国家的法治建设具有极为重要的意义。

（一）律师职业伦理独特性

每一种职业都有自己的职业伦理，但与其它的职业相比，律师、法官、检察官等这些法律人的职业伦理具有特殊性；在三者之中，律师的职业伦理又区别于法官、检察官，同样具有本专业领域的独特性，律师职业伦理的独特性是由以下几个因素决定的：

1. 律师身份与地位的复杂性。与法官、检察官相比，除了极少数公职律师外，绝大多数律师不属于国家干部，不具有法官、检察官那样的"公权力"，其职业活动的所有经费，包括工资、房租、各类保险等一律由自己承担。同时国家也保障律师的权利，如辩护权等，因此，律师又不是平民百姓，律师的辩护、代理权不是完全的"私权利"。因此，律师是"个体户"又不是"个体户"，这也形成了其职业地位与身份上的"尴尬"。

2. 律师职业活动的自主性。自主性是指律师执业是在委托人的委托和授权下，依据法律和事实为当事人提供法律上的帮助。律师为当事人提供法律服务是职业性的活动，不依附于任何机关或个人，甚至也要独立于当事人。律师职业的高度自主性要求其必须具有高尚的品德，要严肃对待自己的职业，实施与自己职业地位相符的行为，因此，这一职业行为具有自主性。

3. 律师职业活动空间上的特点。就工作范围上，律师往往奔走在"官"、"民"之间，与其他人员相比，律师接触法官、检察官等国家机关工作人员，是最经常、最便利也是最自然的事。在活动中如何处理好"官"、"民"关系，这是维护律师形象的重要因素。在职业活动中，律师在处理各类纷繁复杂的案件时，会接触到形形色色的社会人员。他们不仅会感受社会中光明的一面，同时也会感受甚至是更多地感受到其中黑暗的一面。近朱者赤，近墨者黑。律师要保持出污泥而不染的品格，就必须加强自身的道德修养。在职业活动的方式上，律师的执业活动也往往采取"单兵作战"、"散兵游勇"的方式。在这种相对封闭、半明半暗的环境中，律师的独善其身，即"慎独"，就显得非常重要。

4. 律师负有特殊的社会责任。我们说律师不是"个体户"是因为律师负有特殊社会责任，作为法律人一方面负有维护法律的正确实施的职责，特别是在保障公民的基本人权方面肩负着重要的社会职责。另一方面，律师在履行这些社会职责的同时，国家不提供任何物质方面的保障，律师必须自我谋生，并且还必须过上"有滋有味"的生活，以撑起当事人心目中律师的形象与地位。在经济压力与各类矛盾中，律师的职业道德和纪律为律师处理这些冲突提供了依据。

5. 律师社会活动面广、影响力大，律师中的任何问题会波及到社会生活的方方面面。律师服务空间非常广阔，接触到社会的各个阶层，与社会有一种天然的联系。因此，律师的职业风貌具有广泛的影响，律师在这一职业活动中表现出的道德风尚，必然会感染和影响整个社会。

因此，强化律师的职业伦理具有必要性。其中，恪守律师职业道德，对于维护律师职业声誉、提高律师职业素质、规范律师职业行为，从而实现社会赋予律师职业的特殊责任，具有重要意义。因为律师职业伦理不仅是律师职业生存和发展的必然要求，也是提高律师素质、纯洁律师队伍的必要手段，更是保障我国法治健康发展的并不可少的条件。

（二）律师职业道德独特性的本质内容——自律性

由于律师职业活动的特殊性，律师的职业道德与职业纪律相对比较丰富、详尽，其宗旨是要努力使律师保持其应有的品格，维护法治的健康发展。与法官、检察官职业道德相比，其更加强调严格自律。

律师职业道德具有自律性的鲜明特点。这种自律性的含义具体为：

1. 从制定机关而言，律师职业道德是律师行业协会制定的行业自律性规范，目的在行业自我管理的基础上，实现律师行业的独立性。

2. 从强制力而言，我们不否认律师职业道德具有一定的强制力，不否认律师职业道德的现实约束性。律师职业道德的现实约束性是指在律师在违反有关律师职业道德规定后，会受到职业规范的惩戒。但这种强制力不具有国家强制性，因为律师职业道德本质上属于道德规范。因此，律师职业道德具有自律性而非国家强制性。

3. 为保障律师职业道德的落实与实现，律师职业道德一般具有内部的互补性。这是上述两个特点的延伸。所谓内部的互补性，是说我国的律师职业道德需要有相应的执业纪律规范予以保障。律师职业道德的基本准则往往比较概括、原则，但是涵盖面广，而执业纪律规范则比较明确、具体，但是范围相对狭窄，只有二者的结合才能实现互补。如我国的律师在执业纪律规范方面有这样几个方面的要求：

首先，律师要执行执业工作机构的纪律。如律师应当遵守司法行政部门制定的律师工作规章，律师协会制定的行业规范，必须遵守工作纪律和规章制度；不得私自收案、收费及收取额外礼酬；不得违反收费制度和财务纪律等。

其次，律师要遵守诉讼或仲裁活动中的纪律。如不得为办案而与案件承办人在非办公场所接触，不得以办案为目的送礼或与承办案件的执法人员进行交易；不得伪造证据，不得威胁利诱他人提供虚假证据。

再次，律师应遵守与委托人、对方当事人的关系上的纪律。包括不得利用职业便利谋取当事人争议的权利；不得为谋取代理或辩护业务而作虚假承诺等。

最后，律师要遵守同行之间的纪律。如律师不得阻挠或者拒绝委托人再委托其他律师参与法律服务。

我国的《律师职业道德和执业纪律规范》于1996年10月6日由中华全国律师协会常务理事会第五次会议通过；2002年3月3日中华全国律师协会作了修订。根据中华全国律师协会2002年3月修订的《律师职业道德和执业纪律规范》，我国的律师职业道德具体包括律师职业道德基本准则和律师执业纪律规范两个组成部分，二者是互补的关系。该规范共七章四十九条，基本内容有9个方面：

1. 律师应当坚持为社会主义经济建设和改革开放服务，为社会主义民主和法制建设服务，为巩固人民民主专政和国家长治久安服务，为维护当事人的合法权益服务。

2. 律师应当忠于宪法和法律，坚持以事实为根据，以法律为准绳的基本原则，严格依法执业。

3. 律师应当忠于职守，坚持原则，维护国家法律和社会主义。

4. 律师应当道德高尚，廉洁自律，珍惜职业声誉，保证自己的行为无损于律师职业形象。

5. 律师应当诚实信用、严密审慎、尽职尽责地为当事人提供法律帮助。

6. 律师应当保守在执业活动中知悉的国家秘密、当事人的商业秘密和当事人的隐私。

7. 律师之间以及与其他法律服务工作者之间应当互相尊重，同业互助，公平竞争，共同提高执业水平。

8. 律师应当敬业勤业，努力钻研和掌握执业所应具备的法律知识和服务技能，注重陶冶品德和职业修养。

9. 律师应当遵守律师协会章程，切实履行会员义务。

强化律师职业道德的自律性是完善律师制度的关键性因素之一，并且这一自律性又通过律师执业纪律规范的方式实现互补，使得律师制度的落实更加切实可行。

三、律师伦理规则与律师公平的执业环境建设

当前的律师职业道德建设中还缺少什么？当然存在的问题还比较多，但在检讨我国当前的律师职业道德建设存在的问题之前，我们必须首先检讨一下当前我们律师的执业生存环境是多么的艰难。职业道德的建设离不开现实的环境建设，我们深刻地体会到如果人人都不守法，那么对唯一的守法者而言就是不公平的，这也许是变态的伦理规则，但确是现实的。建立真正科学合理的律师伦理规则，我们不能忘记还需要从环境治理开始，从治"根"开始，我们才能很快地找到治"标"的方法与途径。因此，为建立真正科学合理的律师伦理规则我们仍有许多工作需要去做。

（一）建立律师贿赂犯罪维护律师执业公平竞争的建议与思考

在律师伪证罪尚存争议之际，我们提出在《刑法》中建立律师贿赂犯罪一说，也许难以令人接受，我们认为我国法制建设发展到今天，其中发生的种种问题都与我国的法院组织建设与法官队伍建设跟不上有关，在法院组织建设中的最大问题是，法官一直不能真正独立行使审判权；在法官队伍建设上，法官的思想素质与业务素质一直得不到改观。为从根本上改变这一局面，努力建设一支高素质的专家型法官队伍，实现法官队伍向专家型改变，我们认为有必要用法律手段治理法官队伍的外部环境，对一批长期以贿赂争取案源，并以此来争取胜诉的律师，以及打着律师旗号的假律师，进行一次律师界的"严打"。

1. 律师贿赂犯罪是目前律师法制建设中的最大"黑洞"之一，也是产生司法腐败的重要因素之一

律师贿赂犯罪包括律师行贿罪、律师介绍贿赂罪、律师对单位的犯罪以及律师事务所的单位行贿罪和对单位行贿罪。一般认为，律师与腐败不搭界，因为律师业务的开展主要是凭借法律知识、技能与经验，而不是运用法律所赋予

的权力，这一观点貌似正确，实质是错误的。律师介入诉讼后与国家的司法权具有特殊的联系，社会现实已经表明，有不少部分律师充当了腐败的催化剂，成为司法腐败的温床。法院是实现社会公正的最有力的组织，法官正是这个组织的具体代表，是公正的化身。而律师不同于法官，律师的本质不是公正，而是最大程度地维护当事人的合法权益，其与法官之间，天然存有一种特殊的关系，一般表现为两者都熟悉法律，并且因为工作的原因使双方有机会接触较多，并在人际关系方面可能更为熟悉；这一关系的特殊表现为法官有可能利用律师这一媒介，律师利用当事人急于取胜的心理，相互谋取特殊利益。目前一些地方的律师与法官已经形成了固定的联系点，即由法官向律师介绍案源，律师在向当事人收费时，额外收取一笔活动费，有些律师甚至明确告知当事人其与某某法官具有非同一般的关系，因案情需要而必须另外收取一笔费用，这笔费用一般不出具收据；有些是由律师介绍当事人给法官行贿，甚至律师事务所也整体介入行贿中。在案件进展中，法官往往会亲自来解决行贿方法律上的问题与诉讼中的障碍，及时通报案件中的不利因素，包括合议庭的意见与审判委员会的结论，特别是在其可以自由裁量的范围内，以最大的倾斜度确保一方获取更大的利益，作出虽然可能是正确的但并不适当的判决。此时，法官已经从消极的仲裁者一跃成为一方的代理人。在这种情况下，即使双方当事人都采取这种方法，仍然不能从法官那里得到我们所说的公平与正义。当然在目前司法战线中这些现象只占极小部分，而且以这种方式从事律师工作的，大都不具有深厚的法律功底，特别是有一部分人根本不具有律师执业证书甚至律师执业资格，即所谓的假律师，他们往往采取与律师事务所里有律师执业证书的人合办案件的方式出庭。上述做法其社会危害性是非常大的，第一，这使法官的可信度下降，直接影响了法律的权威与广大人民群众对司法的信任；第二，它给"打官司就是打关系"这一说法提供了活生生的案例，给法律象征公正一说抹了黑；第三，这一做法增加了打官司的经济成本，使当事人人为地赢了官司输了钱，从而对法官与律师产生了不良的社会印象，给社会生活造成了相当大的损失。这些是当今法制社会里的一大"黑洞"，如果不及时堵住，会防碍我国法制的进一步发展，因此，设立律师贿赂犯罪是必要的也是非常急迫的。

　　律师贿赂犯罪对律师界的危害性是相当大的，这是律师界不公平竞争的罪魁祸首，律师界已经把律师大体上分为两类，一是学者型或者学院派，这些人以真正的法律知识为当事人提供法律服务；二是江湖型或者江湖派，以靠请客送礼拉关系来抢案源争取胜诉。此外，还有一批没有律师执业证却以律师名义进行活动假律师。遗憾的是现在的律师事务所甚至司法局在评价一个律师的时候，往往单纯地看其创收，并简单把创收高看作优秀律师的唯一标准或者最主要的标准，以至于全社会在评价律师时一般都是看其创收的高低。因此，规定律师贿赂犯罪不仅仅可以纯洁律师法律服务市场，而且可以从一个方面来纯洁法官队伍与律师队伍，尽可能地使一批"贪婪"的法官失去了生存的土壤。这样才能确保法律不受玷污，确保法律上正义在现实生活中有实现的可能。

2. 律师贿赂犯罪与律师伪证罪之区别与取舍

早在1997年对《刑法》修定期间，关于是否应当与一般的伪证罪相区别，在《刑法》中独立规定律师伪证罪，曾经发生了激烈的争论，最终《刑法》的第306条，以专门条款明确规定了该罪，当然该条完整的法律表述包括辩护人、诉讼代理人毁灭证据、伪造证据、妨碍作证罪。事实上，其最主要内容为律师伪证罪，因为绝大部分辩护人、诉讼代理人为律师。该条是1997年新《刑法》新增加的规定，主要是根据我国1996年修订的《刑事诉讼法》第38条的规定而增加，该条规定："辩护律师和其他辩护人，不得帮助犯罪嫌疑人、被告人隐匿、毁灭、伪造证据或者串供，不得威胁、引诱证人改变证言或者做伪证以及其他干扰司法机关诉讼活动的行为。违反前款规定的，应当依法追究法律责任"；1996年通过的我国《律师法》的45条第三项也有类似的规定。新《刑法》颁布后，律师伪证罪一说引起了更大的反响，不少人甚至认为律师伪证罪的规定是我国法制的倒退，是我国律师发展史上的一大悲哀，为此，呼吁在法律上取消该罪名，并应当借鉴国外的经验，建立律师刑事辩护豁免制度。我们同样不赞成在法律上专门规定律师伪证罪，理由是《刑法》上本身就有伪证罪，完全可以把两条并为一条。突出律师的伪证罪，显然不利于新时期我国的社会主义法制建设。但贿赂犯罪不同于伪证罪，一方面，我国目前在处理贿赂案件时存在重受贿、轻行贿的现象，律师不可能成为受贿的主体，因此打击行贿犯罪是法制现实的需要；另一方面，刑法上已经对贿赂犯罪作了严格区分，就是行贿罪、介绍贿赂罪、对单位行贿罪、单位行贿罪，现在增加律师贿赂犯罪有利于强调净化法律服务市场，有利于切断律师与法官之间的不正常关系，防止司法权受到金钱的腐蚀，防止律师利用其特殊身份进行权钱交易。两者的区别在于：律师伪证罪属于律师的业务活动中产生的，而律师贿赂犯罪却是与律师业务无关的并且属于拉拢、腐蚀法官队伍的行为；律师伪证罪"保护"的是当事人的利益，律师贿赂犯罪主要"保护"的是法官的利益，当然最本质的还是为了自己的利益。也许有些人认为律师行贿是不得已的行为，在目前的情况下，你不这样做，对方会这样做。我们认为律师是社会上的高素质人才，应当以自己的业务水平开展活动，并有责任维护律师形象，更有义务带头维护法律的尊严，成为反腐倡廉的重要力量。

3. 《律师法》与《刑法》对律师贿赂犯罪的有机衔接与律师事务所的单位犯罪

事实上，我国法律已经有了律师行贿罪与律师介绍贿赂罪的内容，我国

《律师法》在第七章法律责任中就有相应的规定，该法第44条规定："违反规定会见法官、检察官、仲裁员或者向法官、检察官、仲裁员以及其他有关工作人员请客送礼的"由省、自治区、直辖市以及设区的市的人民政府司法行政部门给予警告，情节严重的，给予停止执业三个月以上一年以下的处罚；有违法所得的，没收违法所得。第45条规定："向法官、检察官、仲裁员以及其他工作人员行贿或者指使、诱导当事人行贿的"由省、自治区、直辖市以及设区的市的人民政府司法行政部门吊销律师执业证书；构成犯罪的，依法追究刑事责任"。因此律师行贿罪与介绍贿赂罪在我国法律上并不是全新的概念，但上述规定在我国的《刑法》中没有反映，这就不利于实践中的具体操作，使这一法律精神不能得到实现，因此有必要在我国《刑法》中加以规定。关于该罪的犯罪主体，我们所说的律师行贿罪与介绍贿赂罪是一个狭义的概念，是律师法上的一个概念，广义而言应该扩大规定为辩护人、诉讼代理人贿赂犯罪。事实上，我们说的律师伪证罪也是采用的一个狭义概念，我国《刑法》中所规定的内容是辩护人、诉讼代理人的伪证罪。关于律师行贿罪上是否存在单位犯罪的问题，回答是肯定的，律师事务所同样存在单位行贿罪以及对单位行贿罪，社会现实也已经证明，律师事务所同样存在单位行贿和对单位的行贿，律师事务所为谋取不正当利益而行贿，或者违反国家规定，给予国家工作人员以回扣、手续费，情节严重的是单位行贿罪；律师事务所为谋取不正当利益，给予国家机关、国家公司、企业、事业单位、人民团体以财物，或者在经济往来中，违反国家规定，给予各种名义的回扣、手续费的是对单位行贿罪，其中律师进行该行为则构成律师对单位行贿罪。律师事务所的单位犯罪以及对单位的犯罪比一般犯罪更具危害性，对此，我国法律应当予以严惩。我们注意到《律师法》中没有单位犯罪一说，即对律师事务所没有相应的规定，因此更有必要在刑法中予以完善。在对律师贿赂犯罪的处罚上是否应该与一般的贿赂犯罪有所区别，我们认为在法律的规定上可以参照伪证罪与律师伪证罪的规定，在法律上不加区别，但在具体处理上鉴于律师的特殊身份，对律师贿赂犯罪应该在法定刑中从重处罚。

总之，对律师贿赂犯罪的重点打击，有利于纯洁法律服务市场，有利于从另一个角度来制止法官的不良行为，以纯净全社会的法律环境，从而为社会主义法制的完善迈出坚实的一步。

（二）规范法律服务市场保障我国律师业健康发展

我国律师业的发展已经取得了突飞猛进的成绩，律师的地位与执业环境等与过去相比已经有了相当的改善，但与西方发达国家相比仍有不少距离，现实的法制状况还有不少地方需要改进，其中法律服务所的诉讼行为已经制约了律师业的健康发展，应当予以调整。

1. 法律服务所的介入诉讼对我国律师业造成了哪些不利影响

由于法律服务所的法律工作者大多以"律师"身份自居，俗称"土律师"。"土律师"与执业律师的混杂，造成"律师满街跑"的局面，严重影响了律师的形象与声誉，并使得相当的城市与地区的法律服务市场提前趋向于供大于求；法律服务所与律师事务所在业务上的重叠，即民事行政诉讼领域的代理，该部分事实上是律师非常重要的业务领域，这一状况造成两者职能不分，层次无别，互争市场；法律服务所管理上的漏洞，使得法律服务所成为"土律师"们的避风港等等。上述因素已经使得现实的法律服务所的诉讼行为弊大于利，这些因素严重制约了我国律师业的健康发展，具体而言：

（1）法律服务所的工作人员常常以律师的名义进行活动，降低了律师的声望

目前我国有多少律师？这是一个并不简单的问题，因为我们统计律师人数是按照注册律师的数量进行的，而变相地履行律师全部或者部分职责的还包括一大批法律服务所的"土律师"；此外，律师事务所中一批人没有律师资格，或者虽然取得律师资格，但还没有取得律师执业证书的人员，也大量地存在以律师的名义进行活动的情况，这部分人一般以与其他具有律师职业证书的人合办案件的方式进行代理，而他们在该案中起着最为主要的作用；再有，公民代理中的部分被称为"律师"的人也在履行律师部分职责。因此仅仅从注册律师的数量出发，得出我国现有的律师远远不能满足社会需要一说，是不成立的。有不少法律服务所的工作人员，在其办公桌的牌子上清楚地写着某某律师，他们自己也常常以"律师"自居，一般的社会大众也普遍地称之为律师。而这些人员与律师相比，往往专业水平差，素质低，办案方法上有不少以"拉关系，套近乎"的方式进行，导致"打官司等于打关系"现象日益猖獗，严重损害了律师的形象与声誉，也是导致社会法制环境不能步入良性循坏的重要因素之一。

（2）法律服务所的现状造成已经取得律师资格的律师后备人员不能顺利进入律师队伍

由于大量的执业律师在业务上尚存在着"吃不饱"的状况，造成一些准备从事律师业务并且已经取得相应证书的律师后备人员不敢轻易地投入律师业专职从事律师，同时一部分已经从事律师的人员因案源等问题又不得不退出律师行列，使得律师事务所不能形成一种由合伙人、聘用律师、实习律师以及其他辅助人员所形成的梯形结构，使得律师人才结构不能走上合理的轨道，这一状况影响了律师业在深层次上的发展壮大。

（3）法律服务所的低收费现象严重冲击着律师事务所的发展与壮大

我们认为对律师事务所形成冲击的不仅仅有来自外面的"狼"，即 WTO 之

后外国律师事务所的介入，而且有来自于内部的早已经存在的"狼"，即国内大量存在的法律服务所。前者将在非诉讼领域与我国的律师事务所争抢市场，后者在民事行政诉讼领域与律师事务所争抢天下。在抢市场的方式上，法律服务所以低价位为最主要手段。由于法律服务所往往是几张办公桌，一部电话外加营业执照，造成了其运作成本大大地低于律师事务所，因此同样的案件法律服务所的收费远远地低于律师事务所，客观上形成了两者的不正当竞争。

（4）由于管理制度上的薄弱，使得某些法律服务所成为"土律师"们的避风港

国家对律师的管理有《中华人民共和国律师法》等诸多的法律法规，而对法律服务所的管理远远地弱于律师事务所。比如刑法上有律师伪证罪，而没有专门规定法律服务所工作人员伪证罪，律师有职业道德与职业纪律的约束，每年还有继续教育及政治学习的硬性规定，若有违反将不予注册等等，而法律服务所没有这些约束，加之法律服务所没有律师职业资格等要求，使得法律服务所成为一些被法院与律师事务所"清理"出来的人的避风港。这样造成法律服务所在很多方面更加"肆无忌惮"，并将其不良的工作作风传染到社会生活中，造成全社会法制环境的不良循环。

此外，法律服务所在不具备律师资格的情况下，仍然"有权"进行代理，使得在律师事务所的一些没有律师证书的其他人员以种种方式介入诉讼。因此对法律服务所进行改革已属于当务之急。

2. 法律服务所人员介入诉讼在诉讼法上没有法律依据，取消法律服务所介入诉讼是法制本身的要求

关于如何参与诉讼成为代理人、辩护人的制度，一般是由一国的诉讼法律制度加以规定的。我国的诉讼法律制度具体由三大诉讼法构成，即《中华人民共和国民事诉讼法》、《中华人民共和国刑事诉讼法》、《中华人民共和国行政诉讼法》。我国《刑事诉讼法》的规定已经彻底排除了法律服务所的法律工作者接受委托作为辩护人，对于《民事诉讼法》和《行政诉讼法》是否赋予法律服务所工作人员民事行政代理权，在理解上有争议。这两部法律同样规定，律师、当事人的近亲属、有关的社会团体或者所在单位推荐的人，经人民法院许可的其他公民，都可以被委托为诉讼代理人。有人据此认为"经人民法院许可的其他公民"包括了法律服务所的工作人员，因而这两大诉讼法似乎为法律服务所营造了民事代理与行政代理的广泛空间，其实这里所说的"经人民法院许可的其他公民"是特指的公民代理。所谓公民代理就是特指由当事人委托，经国家司法行政机关批准并不得从中收取代理费用的专门活动，并不是指法律服务所的法律工作者的职业性的专门活动。前者是临时性的、个人性的；后者是专门性的、职业性的活动。应该说我国的三大诉讼法，都没有赋予法律服务所的法

律工作者以代理诉讼的权利，因此那些要求保留现状，赞成法律服务所有权进行民事行政代理，并认为他们的代理在诉讼法上有法律依据的说法是错误的。我们常常说不能降低律师的门槛，不能认为任何具有法律大专文凭的人都能参加律师资格考试，必须提高律师档次。法律服务所的工作人员介入诉讼显然会降低"律师"的"档次"。

法律服务所之所以能够存在是有其特定原因的，这就是改革开放初期，律师制度刚刚恢复，律师的数量不多，远远不能满足社会发展的需求，况且那时还不叫律师事务所，而称为法律顾问处。因此，当时的法律服务所对弥补律师事务所的数量不足，方便广大的老百姓进行法律活动等方面也确实起了一定的作用。然而目前的状况已经完全不同于改革开放初期，目前的状况是律师数量每年大幅度地递增，以至于律师以及律师事务所为案源而发愁。要知道律师与法律服务所人员的区别在于，律师的产生除了需要其具有一定身份外，还需要有一个法定的程序。首先要求经过律师考试取得律师资格，之后要在律师事务所实习满一年，实习满一年后再申领取得律师执业证，取得律师执业证书后才能成为律师。可见律师是经过严格训练的社会专业人员，具有特殊的社会技能。

法律服务所介入诉讼也使得法律不再神圣。现实中常常会有这样滑稽的镜头，就是法官在开庭前，单方面要求律师出示证件，而不要求对方法律服务所的工作人员出示证件；一些法律服务所工作人员穿着沾满泥土的皮鞋走进法庭等。现代法制所提倡的"法律至上"，更主要的体现为法律的神圣性，法律服务所介入诉讼与庄严的法律是不相适应的，因为法律本身并没有授予其进行代理的权利。律师这个职业本身又是与高智慧、高风险、高投入、高回报相联系，加上"神圣"的法官（虽然目前的法官尚不具备）、庄严的法庭，从而使得律师成为一个非常高尚并普遍受到尊敬与欢迎的职业，但是法律服务所的工作人员不具备律师的这一独有的特点。他们不仅没有正规的教育背景，更缺乏专门的业务训练与指导。其所依附的组织法律服务所又始终处于规模小，人员少，档次低，并存在有一天混一天的局面。这一状况势必造成其急功近利并利用一切不良手段来争取案源，争取胜诉。因此法律服务所介入诉讼进行民事行政代理，不但降低了律师与律师事务所的形象，而且与现有的法律精神也是相悖的。

3. 目前如何改革现有的法律服务所

那么，法律服务所路在何方呢？回答这一问题离不开当时设立法律服务所的历史背景与现实状况。在改革开放初期，律师与律师事务所数量有限，不能满足社会的需求，特别是在广大农村，所以法律服务所应运而生，并发挥了一定的作用。但到目前为止，由于法制建设的高速发展，使得我国的律师队伍有了非同小可的改观，现有的律师以及今后的发展趋势，使得律师已经基本能够满足社会的法律需求。在这一点上，不能用简单的百分比来与美国等西方国家相比。在美国这样发达的国家，平均每 300 个人中就可以拥有一名律师，而我国的水平远远地低于美国，这确实是无可辩驳的事实。问题是，与我国的社会现实相联系，我国的老百姓遇到法律问题，大多数人首先想到的不是律师，而是"我有什么关系"，如果不到万不得已的时候，中国老百姓是不会轻易诉诸法律的。我国公民的法律意识远远没有达到美国那样的程度，中国的法制现状使得法律尚不具备其应有的高度权威性。因此，他们的很多法律事务不是通过正常的法律途径解决，而是所谓的"私了"，进行私下处理。这种处理不同于法律上意义上的协商，这样全社会对法律的需求量已经大打折扣。

那么，是不是说法律服务所的存在完全不符合法律精神，应当在全国范围内取消法律服务所？作者的观点并不是主张绝对的取消法律服务所，我们认为：

第一，在指导思想上要明确法律服务所是临时性的非正常机构，这一组织的存在有其现实性，但最终将完成其历史使命；

第二，在发展方针上，目前应该停止发展法律服务所，其中城市的法律服务所应当在近期内逐步予以取消，对于广大农村的法律服务所可以予以保留，但应当转化其功能；

第三，在业务范围上，现存的法律服务所应当完全脱离诉讼，而以调处民间纠纷为最主要内容，此外可以开展咨询、代书这些项目，法律服务所的这些业务项目应当是有偿的；

第四，各个地方、各个地区还可以因地制宜，根据自身的情况确定法律服务所的改革进程。

至于法律服务所是否可以具有担任企业法律顾问的资格，我们的看法也是否定的。因为就担任企业法律顾问，本身需要更高素质，所以除了律师以外，对其他人员担任企业法律顾问，目前国家已有相应规定，要求取得企业法律顾问资格。因此，不宜赋予他们担任企业法律顾问的权利，以净化律师的执业环境。至于有人提出如果取消了法律服务所介入诉讼领域，势必造成广大农民不能及时地得到法律帮助。我们认为目前的律师事务所已经具备相当的实力，可以在农村的各个乡镇设立分部，这无异于给了律师事务所一个前所未有的发展机遇，使其规模可以更加壮大，这也才是政府部门为律师事务所"上规模、上档次、上水平"创造条件的具体措施，而律师事务所的发展壮大是我们在加入 WTO 后与外国律师事务所竞争的根本手段。在人员去向上，城市法律服务所的原有人员可以流向企业，去充实企业的法律部，并在取得企业法律顾问资格后，可以成为企业的专门法律顾问。对于尚存的农村的法律服务所工作人员，在其工作中因具体的案件确需要代理时，可以通过公民代理的形式进行代理。

上述这一思路是符合我国法律精神的，也是与我国的三大诉讼法相协调的。

法律服务所退出诉讼领域,可以纯化我国的法律服务市场,并彻底地划清律师事务所与法律服务所的业务范围,避免了两者在业务上的冲突。这一分离也避免了两者的不正当竞争,使律师事务所能够在更加宽广的法制环境中发展壮大。律师事务所的发展壮大可以有机地将一大批具有律师资格的律师后备人才带进律师队伍,从而早日形成律师队伍的梯形结构。一旦法律服务所与诉讼脱离,律师管理制度就不会存在管理上的漏洞与死角,律师管理将会步入一个更高的台阶。这一分离使"土律师"不再具有律师所特有的职能,这也就会从根本上铲除他们以"律师"的名义进行活动的土壤等等。

律师业的健康有序的发展,是我国法治可持续发展的重要因素之一,保障律师业的健康发展还需要其他很多方面的内容,包括在法律上赋予律师更多的职权,建立律师的权利保障机制,建立律师人才的合理的流动机制,使得律师有机会从政以及纯化律师自身的队伍,确保律师素质稳步提高等等。我们相信律师业的健康发展,必将有效地推进我国的司法改革并促进全社会的民主化法制化进程。

第四节　法律学者群职业道德建设

在法律职业人道德建设中,我们忽视了很多内容,其中之一就是忽略了专门从事法律教育与研究的学者队伍群的建设,包括职业道德建设。目前这一队伍与其他高校、科研院所的教师、学者无论在管理上,还是待遇上没有任何区别。

学者队伍,同样是国家重要的法律工作队伍,我们使用学者这一概念,以扩大"职业法学家集团"这一概念的范围。法学领域的学者,主要指从事法律教育与研究的学者,包括各种各样的法律研究人员,在这类研究人员中以大学法律教师与科研院所的研究人员为主,并以专家、教授等法学家为主体。可见,法学学者不仅包括法学家,还包括每个从事法律教育与研究的人。这些人是我国法律职业共同体的重要组成部分,是我国法治建设的另一支重要力量。该领域的学者,其作用除了传播法律知识、法律精神,培养我国法治建设的新生力量外,还有一个重要任务是对我国法治的理论与实践的问题进行研究,并对中国法治建设提供不竭的思想动力。任何国家的法治建设离不开法律思想的传承、整理与创新。他们正是一个国家法治建设的智能库或者说法律思想库,这是依法治国思想得以深入进行的思想保证。任何忽视学者地位与作用的做法是极其荒谬的,并且我们认为法学领域的学者是法治理论建设的主要力量之一,也是我国法治建设的最主要的生力军之一,其作用一点都不低于法官、检察官、律师等专门人员。但在现实的法治建设中，我们忽略了这一点，表现在：

1. 在归类方面，我们常常忽略了将法学领域的学者放在法律人的行列中。

2. 在排名上，我们常常将他们放在法官、检察官、律师之后，这不是简单的排序问题，它深刻地反映了学者在现实法治生活中的地位，反映了传统的官本位思想对今天法治建设的消极影响，反映了我们对学者在法治建设中的地位、作用等尚认识不足。我们丝毫不否认法官、检察官、律师这类法律人的作用。但法律领域的学者在一个法治建设中的影响同样重要，甚至要高于法官、检察官，高于律师。

3. 在队伍建设中忽视职业道德理论建设。目前我们仍然以一般的师德标准要求法学领域的学者。

与法官、检察官、律师相比，法学领域的学者在法治建设中具有特殊的意义。从某种意义上说，法官、检察官、律师好比法律领域的技工或者技师，因为这些人具有企业中的"操作工"的性质；而学者却是法律知识传承者、法律精神的培育者、法学理论的建设者、法治改革的倡导者与法治思想的提供者。在加强法律学者队伍的发展与保护的问题上，我们提出以下几方面的想法：

1. 法学领域的学者要与法官、检察官、律师等形成良性的职业循环机制，使学者可以成为法官、检察官、律师，同样法官、检察官、律师可以成为法学者。这一思路在现实上具有操作性，并且既可促进司法体制改革，又可以起到成本小，收益大，投入小，效果明显的作用，值得推广。

2. 逐步提高法学学者的政治、经济、文化生活中的地位，以适应法治建设的现实状况。

3. 强化法学学者的职业道德建设。努力在法学教育的过程中，提高学生的法律信仰。

因此，必须将法学领域的学者纳入到法律职业共同体中，并且努力提高法学领域的地位，充分发挥他们在法治建设中的积极作用。因为只有当学者的地位，包括在形式上的地位与法官、检察官等同时，法律职业共同体间的职业循环机制才有建立的可能。而目前的现实情况是教师的地位低于法官、检察官。这与多种因素有关，包括在教育领域，我们将法学学者与其他领域的学者未作任何区分。因此，如何提升学者的地位就是我们必须思考的重大现实问题。

人们普遍认为职业法学家集团的崛起与成熟又是中国法治成功的标志，而法学学者队伍的水平与质量是职业法学家集团的崛起与成熟的保证。改革开放以来，中国社会形成了三代法学家，第一代是以张友渔为代表的法学家。在中国百废待兴的时候，登上法律舞台，大力倡导法律、法治，但仍属于普及宣传法治的时代；第二代是以沈宗灵为代表的法学家，他们除了延续第一代法律学人的使命外，以大量介绍国外法律为特征；第三代出现于 20 世纪末，仍活跃于我们现在这个时代，其总体作用主要在于挖掘法治的内涵，并努力探索中国特色的法律。但客观而言，第三代法学家与前两代法学者有着明显不同，表现为：一是成分复杂，最典型的是不少人本科、研究生甚至博士所学专业都不是法律，其专业集中为政治教育、哲学、英语等。因为在 20 世纪六、七十年代，我国大多法律院校停办，造成后来社会上的法律人才奇缺。这些原因使他们其中的一些人较早成了法学教授，但不少人终究非法律出身，其中部分人法律方面的功底相对显得不足。二是他们成长在大量需要论文、著作以获得职称的时代，以发表文章的数量为首要目标，而对于文章的质量要求相对较低。他们中有的人虽然发表了一些作品，但有影响的较少。三、随着博士、博导之类的称呼如此轻易地获得，这一途径蔓延出其他种种陋习。如：

1. 有些学者底气不足，空谈法治；

2. 有些学者研究手段单一、方法简单、创新程度较底，制造"学术垃圾"的形象较为严重；

3. 有些学者对现实的法治生活不感兴趣。越来越脱离生活，造成理论脱离实际的情况突出；

4. "虚名"盛行。部分博士、博导的"虚"名，与学者的实际贡献存在差距；

5. 有一小部分专家、学者混同于一般"商人"，利用自己的空头名声赚钱；

6. 少部分专家、学者利用不正当手段抬高自己的名声。如利用自己的学生搞著作，做科研，成果一律归于自己等等。

因此，在形成中国职业法学家的这条道路上，我们仍有漫长的道路要走。目前我们所要做的关键性工作包括：一是强化我们对法学学者在法律职业共同体中的地位与作用的认识；二是提高法学学者的政治、经济地位；三是加强包括法学学者的职业伦理的建设。作为法律职业共同体的一员，对法学学者不仅有一般的"师德"标准，还应有其作为法律职业共同体成员而应有的相应的法律职业道德，这样也才能便于实现法律职业共同体之间的横向交流。上述几个方面是有机联系的，这是不仅是法律职业共同体的职业道德问题，同样是一个事关法治全局的大问题。

思考题

1. 谈谈法官的职业性质与特点。

2. 有人提出法院的院长这一称呼应当改为首席法官，对这一建议你有何看法？

3. 判决书与其他文书的本质区别。

4. 结合现实，谈谈当前的律师职业道德建设中还缺少什么？

5. 为建立真正科学合理的律师伦理规则我们应该做些什么？

6. 试述现实环境与职业道德建设的关系。

7. 律师职业道德与法官、检察官职业道德的区别。

8. 如何认识法学学者在法治建设中的独特作用？

9. 加强法律职业人伦理规则建设的方法与途径。

案例分析与社会热点问题探讨

1. 评"教授从商"与"教授做得像商人"。

2. 阅读作者的另一篇文章，回答文后的问题。

评析"不要把自己混同于社会上的一般人"
——我们是如何伤害社会大众的

在我们的日常生活中，经常会听到这样的语言，特别是在政府与司法机关工作的人，经常会听到领导在政治学习或者各种会议上，时时刻刻都在强调"不要把自己混同于社会上的一般人"。当遇到某某思想上或生活上不思进取，甚至出现违纪违规时，领导为教育该单位职工，要求其他职工引以为诫，加强自身修养时，经常使用某某"竟然把自己混同于社会上的一般人"。我曾经参加了一次函授法律本科的论文答辩，答辩人是在法院工作的一位庭长，该庭长在文章中分析目前法制状况时，指出目前司法人员的素质还不高，一些人甚至"把自己混同于社会上的一般人"。为此，我出了一条题目：谈谈"把自己混同于社会上的一般人"这一提法是否正确，你是如何评价社会上的"一般人"的？事实上，这几乎是一条已经被社会大众接受的"真理"，甚至许多读者看了这个题目也会觉得不以为然。但是，这一"真理"却反映了人们对"社会大众"的伤害，反映了社会大众对处于社会状态下的"自我"的自残行为与自卑心理，体现了人们对"个人尊严"的漠视，以及对所谓"不一般的人"的过分盲从。

显然，对什么是"一般人"，每个人会有各自不同的看法，但总体而言，"一般人"是相对于"不一般的人"而言的，因为有"一般人"则同时意味着有"不一般的人"存在。那么，这"不一般的人"是一群什么样的人呢？"不一般的人"往往是指一个社会最突出的"两极"，即"道德高尚者或业绩突出者"与"道德败坏的违法犯罪分子"。社会上的"一般人"肯定不是"违法犯罪分子"，因为这些已经属于道德败坏者，与国家机关工作人员显然不能同日而语。在人们心目中，"一般人"就是除了"不一般的人"之外的那些人，即除了"道德高尚者或业绩突出者"与"道德败坏的违法犯罪分子"之外的人，是处于社会中游状态的人，事实上，这部分人是我们社会的中间分子，"一般人"就是指广大的社会大众。

当我们看到"不一般的人"与"一般人"的"巨大"区别的时候，也不能忽视"一般人"与"不一般的人"有共同性，表现为他们都是人，都存在生老病死、喜怒哀乐，都会有饿了吃饭、渴了喝水等正常生理需求，这说明"不一般的人"不是不食人间烟火的神仙，特别是社会上最广大存在的人是一般大众，而非"不一般的人"，因为"不一般的人"毕竟是少数，而环绕"非一般的人"的往往都是"一般人"，比如其父母、子孙、兄弟姐妹等。我们的许许多多东西，包括优良的品德都来自于普普通通的他们，如我们一开始就接受的是父母的教育，父母教育我们要好好做人，我们不能因为自己今天的一点点细小的成就，就把作为普通人的父母辈们都给"诅咒"了。其次，"一般人"与"不一般的人"两者是可以相互转化的，曾经"不一般的人"也可能转变为"一般人"，在个人的人品修养方面同样如此，一个人一旦放弃了对自己的严格要求，就会堕落，所谓道德高尚者与业绩突出者都不能排除其有可能会干违法违纪的行为，如今的贪污腐败分子有不少以前是道德高尚，业绩突出者，而在商品经济大潮中纷纷落马，到了连"一般人"都不如的境地。同样许许多多的"一般人"经过努力，也是由"一般人"转变为具有非凡业绩的"不一般的人"。因此，一般人与不一般的人之间不存在不可逾越的界限。事实上，与"不一般的人"相比，一般人更具有同情性，甚至更具有优秀的道德品质，他们是社会良好道德品质的"蓄水池"。同时，他们也是社会财富的直接创造者，离开了他们，"不一般的"英雄们甚至连一天也不能生存。此外，"一般人"是社会生活的源泉，他们从事着社会上必不可少的工作，对社会的进步作出了必不可少的贡献，所谓"人民群众是真正的英雄"，因此，我们有必要呼吁：不要轻易玷污了"一般人"。

我们不否认"人皆可以为尧舜"的豪迈意识，但如果人人真的成为英雄的话，则人们一定每天都生活在战争中，社会需要鲜花，但不能没有绿叶，社会需要英雄，但更需要作为普通人的"一般人"，他们是社会的基础与中坚。

对"不一般的人"而言，经常想想自己也是一般人，对人的发展与完善有好处：首先有利于克服骄傲自满的情绪，不管自己取得多大的成就，自己仍然是人的一分子，使自己清醒地意识到自己的位置；其次能及早认识到人自身的规律，及早认识到健康的重要性，并早日做好强身健体；最后，能正确树立群众观念，真正认识到人民群众是创造历史的主人。

只有我们从内心深处真正地树立、摆正了对"一般人"的看法，我们才能真正地践行为人民服务的思想与情怀，从而真正地认识到人民群众在社会中的地位与作用。

问题: 你是如何认识与评价"社会上的一般人"的?

1. 评"法官后语"。

背景介绍①:2005 年 1 月 1 日,陈某因沉迷赌博,居然将身上用于交纳母亲住院的医药费输掉了,随后便冒出了抢劫的念头。当日凌晨零时许,陈某窜至天心区向东南工农村马路边,在路旁拾得一支竹筷作为凶器,对女青年实施抢劫,陈胁迫其将身上仅有的一台小灵通手机交出。双方商定当日由该女青年拿 200 元人民币赎回手机。被告人陈抢得手机后,于当日上午在步行街以 60 元的价格卖给一流动人员。当日下午 2 时许,被告人陈某找到被害人,被害人给了人民币 100 元,陈以钱不够为由拿得 100 元后离去。当日下午 4 时许,陈再次找到被害人索要现金,因被害人无钱给付并将情况告知其经理,陈被扭送派出所。

在这一起普通刑事案件当中,长沙天心区法院一位法官判决书后留下 302 字"法官后语"。改变了刑事判决严谨、严肃的固有风格而充满了人情味。在接受采访时,马法官说,判决书因为固定的程序,有些东西不能写进去,但作为法官来说,却觉得有些话不得不讲,在道德引导和法律宣传上来说,使判决得到当事人真正的认同,这是法官的责任。

判决结果:陈的行为已构成抢劫罪。但本着挽救教育失足青年的精神,决定依法对被告人陈某酌情从轻处罚。依据相关法律规定,判处被告人陈致犯抢劫罪,判处有期徒刑 3 年,缓刑 3 年,并处罚金 1 万元。

判决书内容摘要:

"一个良知未泯的青年,因沉迷赌博游戏,而生谋财之邪念,走上犯罪之路,受到法律审判和制裁,作为审判长,深感痛惜"。"本着'以人为本'之精神和教育、挽救失足青年之目的,依法对被告人从轻处罚,并适用缓刑,其意在给失足者以改过自新、重新做人的机会,让其回归社会,在家孝敬父母,在外诚实劳动,通过合法手段创造财富,维持生计,建家立业"。

……

争论焦点: 此事一经传出就引起了意想不到的轩然大波,一度成为湖南法律界的一个争论热点。争论基本立足于两个观点:

一部分人认为此举与法律精神一脉相承,因为"法官后语"只是在判决书后面附加一段话,并不会对判决书作为法律文书本身的结构产生影响。而且,法官在法律上有宣传法律的义务,使用这种形式普及法律,与我们的法律精神是一脉相承的,本意很好,并且具有良好的社会效果;

另一部分人认为此举有损法律的严肃性,认为法官代表国家审判机关行使裁判权,法律文书应该具有非常强的严肃性,其中只能包括对事实的认定和法律的裁

---

① 参见颜家文:《长沙法院出现温情判决书"法官后语"引发争议》,网址: http://news.sina.com.cn。

决。不具有裁判性质的一些话，是不适合出现在判决书当中的。更有人认为"多此一举、不伦不类"。

问题： 您是如何评价该判决书书的"法官后语"的？

2. 美国前国防部长米斯曾说："法律是人类最伟大的发明，别的一切发明使人类学会驾驭自然，而法律使人类学会自己驾驭自己"。这一论断经常被引用，我们认为离开了道德的支撑，"法律使人类学会自己驾驭自己"也将成为"空想"。诸如律师如果没有职业道德与纪律的约束，这一职业将会从法律领域的"天使"成为"野兽"，您是如何认为的？

法伦理学不仅仅是形上学的理论，同样是实践性极强的学科。"为人民服务"对政府而言也是一种法律要求，服务型政府、责任政府的提出正是"为人民服务"思想的新发展。因此，行政机关的依法行政同样具有深厚的法伦理学基础。行政法上的"控权论"、"平衡论"、"服务论"、"协调论"以及"政府法治论"等思想体现了极为重要的法伦理内涵。法伦理学无疑为法治政府建设提供了新的视角、新的方法与路径。

第十章　法伦理学视野下的法治政府建设

在中国法治的发展上，我们的责任犹如孙中山先生所说的"唤起民众"。以往，人民常常被用来作为政治的注脚与法治的客体。进入 21 世纪，应赋予人民以新的内涵。我们认为现代法治的人本思想，其基本的理念就是还权于民。民众不仅是守法的主体，更是中国法治建设的主体。离开了民众谈法治，法治一定是空中楼阁，一定是中看不中用的"海市蜃楼"。

什么是公民，显然公民不是愚民，不是顺民，不是草民，更不是奴才；衡量公民成熟度的基本标志是一国公民对待政府、对待官员的心态。我们认为只能履行宪法义务的公民是顺民，愚民；不懂得行使宪法权利，见了官员，两腿就要发软，脊梁骨就想变弯的那是草民，就是过去的奴才。具有独立人格，能够享受宪法全部权利，行使宪法所有权利的人才是公民。

第一节　"为人民服务"对政府而言也是一种法律要求

"为人民服务"一词在我国可谓家喻户晓，然而我们一般认为"为人民服务"是一种政治观与道德观，从未从法律的角度去认识"为人民服务"的内在涵义。事实上，在时代进步与社会主义法治深入发展的今天，我们认为对这一用语的理解不能仅仅停留于政治水平与道德要求，"为人民服务"对政府而言也是一种法律的要求。

一、"为人民服务"的含义与新发展

"为人民服务"对中国人而言，是极为熟悉的语言，1944 年 9 月毛泽东为纪念革命战士张思德，写了题为《为人民服务》的文章，他说"我们的共产党所领导的八路军、新四军，是革命的队伍。我们这个队伍完全是为着解放人民的，是彻底地为人民的利益工作的"，"只要为人民的利益坚持好的，为人民的利益改正错的，我们这个队伍就一定会兴旺起来"[①]。"为人民服务"其含义主要是指

---

① 《毛泽东选集》，人民出版社 1964 年 4 月版。

国家机关以及国家机关工作人员在行使权力或职权的时候应该首先考虑到人民的需求，努力用人民赋予的权力最大程度地为人民谋求利益，而不是随时用手中的权利为自己谋取利益，甚至与人民互争利益。此外，"为人民服务"在一定程度上也用于社会大众，即"我为人人，人人为我"。经过多年的社会主义建设，"为人民服务"已经具有了丰富而深刻的内涵，我们已经将其作为我们政治生活中不可或缺的政治观与道德观①。然而，我们忽视了"为人民服务"同时也是我们国家生活中必不可少的法律观，就是说"为人民服务"也是一种法律上的要求。

我们知道，在专制时代，法律保护形形色色的特权，特别是强调保护君主专制社会里君主的权力，因此，这个时候法律的价值，用通俗的语言表达就是"法律是管老百姓的"，甚至可以说法律就是对付老百姓的。在民主时代，法律制约形形色色的特权，确保人民主权与公民的个人权利，保障法律面前人人平等，因此，这个时期法律的价值，用通俗的语言表达就是"法律是制约当权者的"。虽然在封建社会也有"重典治吏"的思想，就是说对当权者犯罪应该用更加严厉的法律来惩治，然而，这些只是漫长的封建社会里零星的思想火花而已，这一思想并非社会的主流思想。民主社会的政治是围绕着如何为人民谋求利益而展开的，这不仅仅是政治要求，也是法律要求。由于我国的社会主义社会是由半封建半殖民地社会发展而来，因此，我们不难解释为什么我们的不少领导干部至今对自己所做的哪怕一丁点自己应该做的份内的小事，总是习惯于用"亲自"来形容，并且还需要电视、报刊大肆渲染，它所表达的含义无非是，今天我对我的百姓又多了一份恩赐，否则我就不需要做哪怕是一件小事，就是说本来他完全可以有权"无所事事"、"无所作为"并有权"坐享其成"的，进一步推断其隐藏的含义就是我当官的目的就是为了自己享福的，有些人甚至发展到即使贪污腐败还振振有辞的地步。由此可见，如何管理好干部，控制好权力，真正实现人民主权同样是民主时代广大百姓的重要任务，这也是民主政治与现代政治的重要内容。可见从法律意义上树立"为人民服务"的观念意义非常重大。

现实生活中，几乎所有的教科书中被作为正确观点宣传的就是我们对税收的定义与理解。人们一般都把税收定义为是国家为了实现其职能，依照税法的规定，凭借政治权力参与国民收入分配与再分配，取得财政收入的一种形式。税收与其他财政收入相区别的特征第一是强制性，税收是国家通过法律规定征收的，法律的强制性构成了税收的强制性；第二是无偿性，税收是国家将征收的税款归国家所有，不再偿还给纳税人，也无任何代价作交换，是一种无偿取得；第三是固定性，税收是国家按照法律预先规定的范围、标准和环节征收的，

---

① 巩献田：《法律基础与思想道德修养》，高等教育出版社 2000 年 4 月第 1 版，第 237 页。

税法的规定具有相对稳定性。当然，我们不能否认该定义具有一定的积极意义，特别是在国家成立初期，但在民主法制深入发展的今天，我们认为上述理论有其固有的欠缺，这个定义过多地强调了国家权力，忽视或者说没有充分尊重人民的权利，这里涉及下文几个需要再深入思考的法律问题。

二、"为人民服务"对政府是一种法律要求

我们说"为人民服务"对政府而言也是一种法律要求，是一种行政法制观，这是有充分的法理依据的。理由我们在第八章分析限制权力的理论依据时已经进行了论证，即在国家权力与公民权利的关系上，权利是本，权力是末；在国家与人民的关系问题上，我们认为计划经济强调国家对人民的管理，而市场经济应该强调的是国家与人民的"平等"关系与"契约"关系①，在强调人民对国家应尽的义务的同时，应同时强调国家对人民应尽的义务；加入 WTO 后的政府，应当具有服务功能，现代政府必须实现由管制主导型政府向服务主导型政府转变②。

我国法律中已经出现"为人民服务"一词，我国现行宪法中共有三个条文出现完整的"为人民服务"字样。宪法第 22 条规定："国家发展为人民服务、为社会主义服务的文学艺术事业、新闻广播电视事业、出版发行事业、图书馆博物馆文化馆和其他文化事业，开展群众性的文化活动"。第 29 条规定："中华人民共和国的武装力量属于人民。它的任务是巩固国防，抵抗侵略，保卫祖国，保卫人民的和平劳动，参加国家建设事业，努力为人民服务"。第 76 条第 2 款规定："全国人民代表大会代表应当同原选举单位和人民保持密切的联系，听取和反映人民的意见和要求，努力为人民服务"。当然，上述这些条文仍具有"口号"的痕迹，特别是三个条文只是提到我国的文化事业、武装力量与人大代表，还未涉及到政府，如何使条文具有真正的法律意味，特别是如何把政府纳入这一领域仍然需要进一步的完善。

改革开放以来，随着政企分开，企业长期担负的部分社会职能将转由政府和社会承担，企业作为市场竞争的主体地位将得到强化。政府必须实现其社会角色的根本转变，对于建立安全、和谐的公共环境，加强国防建设，基础设施建设，发展国家民族可持续发展事业，如发展教育，保护资源和环境，维持生态平衡，这些都将继续由政府承担，并将日益成为政府的主要职能范围。随着经济发展和社会进步，公民民主意识增强，政府对政治、文化等政治思想意识形态领域的控制和管制也将逐步削弱，而其基本的服务职能日益凸现和加强。

---

① ［法］卢梭：《社会契约论》，商务印书馆 1980 年修订第二版。
② 石文龙：《"入世"与我国政府行政职能之转变》，载《行政与法》2004 年第 4 期，第 11 页。

在新的形势下，政府职能转变的趋势就是必须由管制主导型向服务主导型转变。

三、"为人民服务"是一种法律观的理论价值

树立"为人民服务"的行政法律观，具有极为重要的现实意义与理论价值，这一价值表现在以下几个方面：

首先，这一观念有助于我们弱化国家与人民之间的等级关系与管理关系，而更多地强化国家与人民的平等关系与契约关系。我国具有较长的封建社会，相应也具有较深刻的封建传统，表现为等级观念较重，官文化较发达。在新的世纪，提出"为人民服务"是一种法律要求有利于国家认识到人民的主人翁地位，认识到"为人民服务"这一现代理念的涵义变化。因为如果说毛泽东时代，为人民服务仅仅是道德要求的话，那么在今天，为人民服务事实上还包含了法律上的义务，即是政府必须支付的对价。所谓对价是指一方得到某种权利、利益、利润或好处是另一方作出某种克制、忍耐某种损害与损失，或者承担某种责任。即政府得到的同时，必须有所付出，这就是法律所特有的合同意识、平等意识。在这样的思想指导下，才能从根本上转变政府的工作作风，从而切实为人民谋利益。对广大人民而言，这一观念变化可以提高人民纳税的主动意识，把纳税作为合同意识中的守约行为，从消极纳税变为主动纳税，这就从本质上提升社会大众的主人公意识。

其次，这一观点有助于我们根据法治的精神处理国家、集体、个人三者关系。在处理国家、集体、个人三者关系问题上，根据我国社会主义的道德原则，个人应服从集体，集体应服从国家，但这只是道德上的要求，而不是法律上的要求。在法律上，国家、集体、个人三者应该是平等关系，三方不存在谁服从谁的问题，如一方存在过错，任何一方可以通过起诉等法律形式追究对方的法律责任。因此，确立"为人民服务"的行政法律观势必会有助于我们更好地从法律上来处理国家、集体、个人三者间的关系。

最后，这一观念有利于我们更新其他一系列观念。我们认为即使在最体现国家强制力的税收问题上，同样体现了国家与人民的某一方面的"平等关系"，人民交纳税收这一法律现象，可以解释为人民根据合同或者说契约而支付的必要的费用，同时政府必须向人民支付相应的对价，即保卫人民的生产、生活安全，创造公平稳定、竞争有序的社会秩序，创造高效廉洁的政府，等等，确保人民权利的更好行使，而不是因为权力的存在而影响了权利的行使。否则人民可以通过行政诉讼等依法起诉政府"违约"，并要求其承担"违约责任"。所以我们认为税收并不是无偿的，并不是人民无偿赠予而不要求回报的，同时正因为人民对政府存在上述种种要求，因此，人民从总体上还是愿意支付这些费用的，而不是仅仅凭借国家强制力。这种政府与人民之间的"契约"关系，即合

同关系事实上就是极为重要的行政合同，双方互相负有权利与义务。这一例子也说明"为人民服务"是政府在法律上的义务与职责。

总之，对"为人民服务"的正确理解，有利于我们从根本上更新一系列观念，并从根本上树立人民主权观念，这样有助于我国尽早实现政府行政职能之转变，加快建设与社会主义政治文明相适应的社会主义法治文明的步伐。

■ 第二节 "入世"与我国政府行政职能之转变 ■

有什么样的公民，就有什么样的政府，反之亦然。2001年12月11日中国已正式成为了世贸组织的成员。"入世"一方面加速了我国融入世界经济一体化潮流的进程，另一方面也促进了我国政府进行公共行政的调整与改革，为政府转变职能提供了契机。"入世"无疑对我国行政管理体制与方式等都将产生重大影响，这一影响主要表现为我们必须根据世贸规则对社会生活各方面进行管理。在新的形势下，抓住机遇、更新观念、转变职能、迎接挑战成为我国政府结构改革的重要任务。

一、经济"入世"与政府"入世"

"入世"加快了中国经济的市场化。WTO是随着"关贸总协定"（GATT）的正式签署而组建起来的"经济联合国"。加入WTO的先决条件就是成员国必须实行市场经济体制，至少在贸易领域应遵循市场经济规则。在"入世"前后的20多年中，随着我国市场经济的建立，中国的法律改革取得了巨大成就，使得中国相关的法律制度逐步与世界接轨。但是，值得注意的是，法律改革的重点主要是在经济、贸易、投资等经济活动领域，而对与WTO要求密切相关的行政法制的改革仍然缺乏足够的认识[1]。WTO协议是世界上大多数贸易国和地区通过谈判签署的，其本质是契约。目的是约束各成员方政府将其贸易政策限制在议定的范围内，从而建立一种"非歧视的、自由的、可预见的、更具竞争性的"多边贸易体制[2]。所以，世贸组织的大部分规则是规范政府行为的规则，它是以政府行为作为重要内容，以政府管理活动为调整对象。因此，怎样改革政府的管理体制和进一步转变职能，就成为加入WTO后我国政治体制改革所面临的新的问题和挑战。

---

[1] 应松年、王锡锌：《WTO与中国行政法制度改革的几个关键问题》，载《中国法学》2002年第1期，第5页。

[2] 参见世界贸易组织秘书处编：《贸易走向未来》，法律出版社1999年版，第3页。

我国于1988年政府机构改革时首次提出转变政府职能后，1998年的国务院机构改革再次把政府职能转变作为改革的关键点与突破口。"入世"是迄今为止中国最深刻的社会转型与开放，必然使政府管理面临的客观环境发生前所未有的变化，必然促进政府职能转变走向深刻。行政职能是指政府管理公共事务的范围和采取什么方式来进行管理，简单的说是管什么和如何管。目前，由于我国社会主义市场经济还处于建立和发展的初始阶段，"因而，职能转变并没有落到实处，或者说并没有得到实质性的进展，现行的政府职能及运作方式仍带有较明显的传统公共行政所突出强调的'特殊集团'意志、行政活动以行政主体的规则为导向、直接维护统治的工具性和对上级负责的色彩"①。如在行政许可中表现为行政性审批森严，范围过于宽泛，主观性、随意性很大，这与WTO规则所要求的透明度等原则是大相径庭的。

政府职能的重新定位和调整，应与世贸组织的规则和我国"入世"的承诺相协调②。WTO规则中的绝大部分条款是对政府的约束和要求。"入世"将使政府职能产生"二十多年来未有之更大变局"，并且"入世"还意味着政府职能的转变脱离"渐进"的发展轨迹，出现"飞跃性的变化"，政府职能不仅要依据国内经济变化的状况进行调整，而且还要充分考虑WTO以及国际惯例的要求③。"入世"是对政府的一种硬约束，它要求政府要按市场规则办事。因此，转变政府职能是我国行政改革、建立法治政府的核心问题所在。加入WTO必然要求政府的行为与WTO规则相协调，WTO的一套规则和原则体系体现了市场经济及价值规律的要求，其要求各国政府按照市场经济的规律运作，减少贸易壁垒，促进贸易自由化。在经济全球化的今天，只有政府实现了角色、职能以及行政方式与市场经济相适应的根本转变，才能顺利实现我国的政治体制改革，才能在日益加速的经济全球化进程中趋利避害，使国家在国际竞争中占据有利地位。

二、实现政府职能转变的具体目标与途径

（一）由无限政府向有限政府转变

无限政府就是一个政府自身在规模、职能、权力和行为方式上具有无限扩张性、不受法律和社会其他力量制约的倾向。有限政府是指政府的规模、职能、权力和行为方式都受到法律明确规定和社会有效制约的政府。有限政府与无限政府的区别在于政府的权力、职能、规模等是否受到法律的限制和社会的监督

---

① 林锦峰：《论中国"入世"后的政府职能及其转变》，载《中山大学学报（社会科学版）》2002年第6期，第99页。

② 《跨世纪的中国政府改革》，中国经济出版社1999年版，第205页。

③ 徐国庆等：《入世背景下中国政府管理嬗变的前提、理论与重点》，载《中国行政管理》2002年第7期，第45页。

与制约；政府的权力和规模逾越其法定疆界时，能否得到及时有效的纠正；政府官员、尤其是高层领导违法是否受到法律的惩罚。社会实践使我们深切认识到中国过去的行政体制最大的弊端正是权力过分集中。有限政府并不意味着政府能力削弱，而是提出了更高的要求，就是说政府要在宏观经济决策能力、市场监管能力、社会调整能力与处理国际经济事务纠纷能力等方面加大力度。此外，政府要为社会确立公平竞争的观念与机制，从过去为国有企业提供特殊关照，过渡到为所有企业包括外资企业创立一个公平竞争的市场环境，增加市场透明度。建立有限政府，使政府的职能和权限限制在一定的范围内，而不应当无限扩大；法治要求政府不是"包办政府"、全能政府，而是行政权力有限制的政府。当前，我国行政管理体制中所谓越位、缺位、错位、扰民"四毒"，正是在这个问题上搞模糊了，才出现了政府管了不该管也管不好的事、而该管的又没有管或没管理好的现象。"政府职能设定的基础和根据是市场配置的内在要求和市场运行的客观规律"①，在政府职能的转变上，既要防止行政权的泛化又要防止行政权的弱化。

（二）由任性政府向守信政府转变

任性政府的行为缺乏稳定性和可预期性，其行为会反复无常，令人无所适从。比如，政府向下级、向社会的郑重承诺瞬间可以改变。加入 WTO 以后，信用问题将是我们要面对的一个突出问题，企业要信用至上，政府更要守信。因为加入 WTO 以后，中国政府承诺在法律适用和实施方面将采用统一、公正和合理的方式。也就是说，政府在实施法律方面必须信守诺言。政府守信已经得到全世界的重视，越来越多的国家注意运用法律手段解决这一普遍性的难题。在一些政府机关和工作人员看来，政府权力是可以随意行使不受约束的，政府是为了公共利益行使职权的，可以享有不讲信用的特权。政府不守信问题在行政许可和审批领域表现最为突出，因为这一领域是政府配置资源与赋予权利的主要方面。相对人要想从事某种活动，必须首先得到政府的许可和批准，政府的权力也往往体现在这一方面。当然，政府是否守信，不单是政府官员的个人素质和品行问题，更是政府机关行使权力的观念和责任问题。每一个政府官员都应对政府权力的来源和行使规则有一个正确深刻的了解，必须认识到政府的每项权力都来自人民的赋予，必须在合法的范围内以合理的方式行使权力，错误行使权力必须承担责任，才有可能树立起政府守信的观念。个人之间的不守信只会损害当事人双方，而政府的失信则会影响社会公众，降低政府的公信力。它不仅会割裂政府与民众的互信关系，还将背离政府管理目标，损害行政效率。

---

① 林锦峰：《论中国"入世"后的政府职能及其转变》，载《中山大学学报（社会科学版）》2002 年第 6 期，第 99 页。

我们已经为政府失信付出过代价，如果不能很好地解决这个问题，那面临的不仅是短期内的经济的损失，更是长远的信誉损失。

（三）由无过错政府向责任政府转变

长期以来由于对处理国家、集体、个人三者关系原则的片面理解，片面强化个人利益、集体利益对国家利益的让步，使得代表国家利益的政府成为不受约束的任性政府；政府行使权力本来无可厚非，但如果在行使权力时忘却了政府应当承担的责任，权力往往就成为人们无法控制的"洪水猛兽"，这方面我们的教训是深刻的。遗憾的是，长期以来我们的政府机关及其工作人员始终认为政府就是用来行使权力、管理社会、约束相对人行为的，使政府成为从来不会犯错误的机关；事实上，一旦政府犯错误，其后果会比一般的企业、团体所犯的错误更严重。而在我们的观念和社会制度以及法律机制中几乎没有控制权力范围、监督权力运行的内容，即使有也是形同虚设，权力的膨胀一方面造就了官僚主义，为腐败的滋生提供了肥沃的土壤；另一方面，它颠倒了民众和政府的主仆关系，使权力擅断更加恣意。法学原理告诉我们权力与责任是紧密相连的，承担责任与行使权力是一个问题的两个方面。建立责任政府，它不仅意味着政府行使的每一项权力背后都连带着一份责任，而且意味着政府如果拒绝应当行使的权力也是一种失职，违法行使权力必须承担相应的法律责任。WTO规则中有一项重要的原则就是保障司法审查原则，也就是说，在相关的贸易领域，任何影响他人权益的政府行为都必须接受法院的司法审查，政府必须为自己的违法行为承担法律责任，可见政府承担责任依然是世界通行的做法。我国《行政诉讼法》的建立与实施，确立了我国"民告官"的法律机制，这是追究政府责任的开始；但该法在实施中仍有不少问题，因此，我们需要不断完善法律，使得确定政府的责任与政府如何具体承担责任在法律上不再含糊与保守，从而使这些法律成为公民简单易行的监督工具。

（四）要确立服务的观念，由管制主导型政府向服务主导型政府转变

政府与公民之间的关系不仅仅是管理者与被管理者的关系，政府的一切权力来自人民的授予，被授予权力的政府必须支付相应的对价，必须为人民谋利益，而不是没有任何义务与责任的约束。因此，政府与公民具有合同关系，政府也是一种为公民和社会共同利益服务的组织，其合法性的基础来自于政府与公民之间的契约。政府是为维护公共利益，保护公共秩序而产生与发展的，因而政府的根本职能之一就是服务职能。所谓服务型政府就是指在公民本位、社会本位理念指导下，在整个社会民主秩序的框架下，通过法定程序，按照公民意志组建起来的以为公民服务为宗旨并承担着服务责任的政府。纵观人类政治文明的发展历史，其基本线索就是从管制主导型政府向服务主导型政府的转变。管制型政府与服务型政府的根本区别在于强制性的有无，在管制型政府模式下，

一切服务都具有强制性；而在服务型模式下，政府的服务则是以被服务者的要求与自愿为条件的①。在社会发展的进程中，政府的服务职能曾被忽略，特别是在计划经济时代，社会全方位，甚至个人的思想都被纳入了政府的管理范围，企业的人、财、物、产、供、销均由政府具体操作，企业的一切行为需要政府主管部门审批，这种由行政权力配置资源的"审批经济"，严重制约和限制了生产者和企业活力，逐渐成为我国经济进一步发展的桎梏。

改革开放后，随着政企分开，企业长期担负的部分社会职能转由政府和社会承担，企业作为市场竞争的主体地位得到强化。政府必须实现其社会角色的根本转变，承担起建立安全、和谐的公共环境，加强国防和基础设施建设，发展国家民族可持续发展事业，如发展教育、保护资源和环境、维持生态平衡等社会公共事业，并将日益成为政府的主要职能范围。随着经济发展和社会进步，公民民主意识增强，政府对政治、文化等政治思想意识形态领域的控制和管制也将逐步削弱，而其基本的服务职能日益凸现和加强。在政府由管制主导型政府向服务主导型政府转变的过程中，需要特别注意与防止的问题是政府在所提供服务中的收费问题，如工商机关为律师等社会组织提供的企业工商档案的查询，政府为百姓提供的政策、法规的查询、复制等服务是否应当收费，以及如何收费等。我们认为政府在提供服务的过程中有一定的成本支出，所以可以收取为支付这些成本所需要的成本费用，但不应超出成本收费，不能把自己所提高的服务作为自己的赢利活动并且从中牟利。

三、"入世"后为加快实现政府职能转变目前应着力的几个措施

转变政府职能，就是要依法行政，就是要按照 WTO 规则和市场经济发展的需要进行政府的行政管理方式进行改革。当前，政府在转变职能工作中最重要的，除了抓紧熟悉 WTO 规则，对现有法律、法规进行废、改、立，提高各级公务员的素质外，就是要转变政府职能，推进行政审批制度改革。要按照社会主义市场经济要求，建立结构合理、管理科学、程序严密、制约有效的行政审批管理制度。转变政府管理经济的方式，增强政策的统一性和透明度，提高按国际通行规则办事的能力。各级各部门要更新观念，促进政企分开，充分发挥市场机制作用，减少对经济事务的行政审批。对需要保留的行政审批，要规范审批行为，明确审批责任，健全监督机制，提高服务质量和效率，刺激政府机关的廉正勤政建设。

（一）改革行政审批制度，校正与 WTO 原则相悖的传统行政模式

加入 WTO 对我国的行政法体系的完善与科学合理化将是一种促进，其中将

---

① 刘熙瑞：《服务型政府》，载《中国行政管理》2002 年第 7 期，第 5 页。

对政府管理经济活动的一个重要方式之一——行政许可会带来革命性的改革，它会大幅度降低政府管制的程度①。行政许可，是由当事人申请政府予以同意或许可其从事某项活动。中国要实现政府行政职能的根本转变，首先就要进一步加大对现行行政管理体制的改革力度，其中最为关键的是改革现行的行政审批制度。长期的计划经济体制遗产，使中国经济在很大程度上演变成了一种"审批经济"，必须经过政府审批的经济项目既多又滥，设立企业需要审批、产品上市需要审批、征用土地需要审批、开发房地产需要审批……有时候办成一件事需要盖上十个甚至几十个公章，其结果必然造成经济效率的低下；同时现行的行政审批过多过滥，也是产生腐败极为重要的温床。WTO 规则要求政府尽量减少对经济的直接干预、缩小对经济的管制范围。由于审批权往往成为收费拿好处，并且毫不费事，争权就是夺利，有关部门往往会寸步不让。改革行政审批的重点应放在改革市场准入的前置审批、许可性审批增加透明度和公众参与以及建立和完善行政审批监督责任制上②。我国已于 2003 年 8 月 27 日由第十届全国人大常委会第四次会议通过《中华人民共和国行政许可法》，并已于 2004 年 7 月 1 日开始施行。该法是世界上第一部行政许可法法典，具有重要历史意义。它的制定和施行，对改革我国现行的审批制度和规范行政审批发挥了重大作用，并对我国行政许可的法治化、规范化产生了巨大影响。

（二）透明度原则的施行，必将要求政府的行政管理克服任意性与随意性

加入世贸组织后，中国应遵守世贸组织的一系列基本原则，在法律制度方面，我国承诺了遵守 WTO 的透明度原则。这一原则要求各成员将有效实施的有关对外贸易的各项法律、行政法规、行政规章、司法判决等迅速加以公布，以使其他成员政府和贸易经营者加以熟悉。各成员政府之间或政府机构之间签署的影响国际贸易政策的现行协定、条约也应加以公布；各成员应在其境内同一、公正和合理地实施各项法律、行政法规、行政规章、司法判决等。这样，今后凡是要执行的经济法律法规都必须公布，往日暗箱操作的情况将一去不复返，所谓"重要的不公开，公开的不重要"的说法也将成为历史。近年来，人民对于公开的要求日益强烈，特别是在干部人事安排、财政资金使用等重大问题上要求增加透明度。过去中小企业信息渠道不畅，了解政府发布的政策常常滞后。实行法律透明度原则后，中小企业可以和其他企业一样在同一时间获得国家公布的所有经济法律法规，在同一起跑线上竞争。因此，一方面，入世后的中国将会取得一个稳定、透明的法律环境，为企业营造全新的、平等的竞争环境；另一方面，政务公开问题也将由于道德自律变为法律强制。随着这一过程的进

---

①　黄建春：《论 WTO 与政府职能》，载《体制改革》2002 年第 1 期，第 96 页。
②　于怀江：《政府管理要在"入世中创新"》，载《中国行政管理》2002 年第 2 期，第 61 页。

行与深入，任性政府也必将成为过去，法治政府的最终建立将指日可待。

（三）必须建立公正、合理、高效、统一的行政程序，打造依法行政的观念与政府

行政程序是现代行政法的核心内容之一，是行政机关在行使其权利时必须遵从的方式、步骤、空间、时限。从其实质上看，行政程序反映了行政权的行使过程。其价值在于行政程序可以确保行政权的行使，扩大公民行使参政权的途径，确保公民民族权利的实现，从程序上保证行政相对人的合法权益，提高行政效率[①]。此外，行政程序对反腐与防腐具有重要的作用。目前我国还没有独立、统一的行政程序法。加入 WTO 以后，制定统一的行政程序法似乎已迫在眉睫。制定统一的行政程序法，应注意以下几个问题：第一，必须满足最低程度的公正性要求，也就是正当程序的要求；第二，必须要高度重视行政效率问题（WTO 规则中多次强调效率问题）；第三，必须注意 WTO 协议和规则对行政程序的特殊要求，比如卫生检疫程序、进口许可程序、反倾销反补贴调查程序、政府采购程序等等[②]。

总之，加入世贸组织以后，政府行政面临的最大、也是最为艰巨的挑战，还是如何推进依法行政。近年来，尽管依法治国方略已经确立，依法行政亦取得很大进步，但传统行政管理模式的强大惯性，使人治观念向法治观念的转变举步维艰。因此，"入世"不仅将使我国的改革开放事业迈上一个新的台阶，也将使我国的政治体制改革以及政府职能的转变进入实质性阶段，并将促进我国社会主义法治政府的建立与完善，因此，"入世"后政府职能的转变对法治政府的最终建立具有极为重要的理论价值与现实意义。

第三节　滋养权利：政府在人权建设中的重要职责与历史使命

改革开放以来，我国法制建设取得了巨大的成就，其中之一就是"权利"或者说"人权"已经成为时代的热点话题，所以我们常常说我们已经进入了一个"权利的时代"。在"认真地对待权利"、"为权利而斗争"等理念的影响下，我们感受到了现实生活中巨大的权利"浪潮"。而改革开放初期甚至直至 90 年代以前，"人权"仍被作为资产阶级的标识。在人权建设中，我国已经走过了几个重要的阶段。中国曾是《世界人权宣言》的起草国与签署国。1997 年 10 月

---

① 参见张正钊主编：《行政法与行政诉讼法》，中国人民大学出版社 2002 年 7 月版。

② 江必新：《"入世"后行政法制建设之走向》，网址：http://www.legaldaily.com.cn。

27 日、1998 年 10 月 5 日我国分别签署了《经济、社会和文化权利国际公约》和《公民权利和政治权利国际公约》这两重要的公约。2001 年 3 月 27 日第九届人大常委会正式批准了《经济、社会和文化权利国际公约》。加入这两个国际人权公约是我国人权建设与发展进程中的第一个重要的里程碑。2004 年 3 月 14 日，十届全国人大二次会议通过了宪法修正案，首次将"人权"概念引入我国宪法，明确规定"国家尊重和保障人权"。这是中国人权建设与发展进程中的第二个重要里程碑。"人权入宪"的重要意义在于将国际法人权准则转化为国内法上的制度建设，有学者甚至认为依人权准则治国是我国新的国家哲学。

20 世纪 80 年代末，我国学术界就法律的本位问题，或者说重心问题，曾有过去激烈的争论，形成三种观点：一是认为法律的本位是权利，一是认为法律的本位是义务，还有一种观点认为法律的本位是权利与义务的对立统一。这一问题很快有了答案，这就是学者大多认为法律本质上是权利之学，反对法律本位的义务说。权利是法律的灵魂，是民主政治的核心与本质，没有权利的政治显然不是民主政治，没有权利的法制是专政的法制、当然也是缺乏民众基础的法制。一部人类文明的发展史，也是人权的发展历史，是权利不断发达的历史，具体表现为权利的范围与内容随着社会政治、经济、文化的发展而不断地丰富与扩大。我国"文化大革命"的这段历史也说明，在缺乏权利观念与权利保障机制的时代，社会必将陷入法律虚无主义的泥潭，民主也无疑是一句空话。因此，捍卫权利是法治最重要的使命，也是民主政治建设不可或缺的重要内容。

"滋养权利"的实现与落实对政府在法制建设中的提出了新的要求，表现为：

1. 尊重人权。尊重人权首先表现为敬重人民、敬畏权利，这也是法律的要求，也时代的最强音。过去我们一度曾认为法律就是镇压、法律就是管制。换句话说：法律就是管老百姓的。新的时代，政府不仅要守法，而且要带头守法，带头维护法律的尊严。因此，必须在现有的法制观念中强化如下根本观念：即党要守法、政府要守法、司法要讲理、执法要文明。也就是说党、政府与国家机关工作人员应该自觉地成为守法的模范，自觉地维护法律的尊严，这种自上而下的守法模式比自下而上的模式更具影响力、感召力与震慑力。

2. 强化与公民权利建设有关的立法活动。目前政府的重要职责就是加紧"民法典"的制定与实施，2007 年 3 月 16 日十届全国人大五次会议通过的物权法正是其中的一部分，这些是公民权利建设的重要举措。民法是社会生活中不可缺少的基本法，是市民社会的"宪法"。因此，《民法典》的酝酿与出台是滋养公民权利的重要土壤，公民权利也将最终拥有了坚强的法律后盾，使得公民的权利在国家根本法的基础上，又有了国家最基本法律的保障，从而使公民权全面、真正地实现有了现实可能性。

186

3. 规范并合理配置国家权力。我们认为对权利的侵犯不仅来自于一般的违法分子，同样来自于权力，包括合法的权力。规范国家权力，合理配置权力与权利在一国法制中的结构，是法制得到全面、均衡、协调地发展的重要内容，也是检验一国法制质量的关键，这也是政府、立法机关以及法学理论研究者的重要任务之一。公民权利与国家权力关系的协调，是公民权利最终得到法律的保障与法制的滋养的重要条件。新的时期，规范并合理配置国家权力，强调政府对公民权利的养护与培育，正是立党为公、执政为民的重要体现。

4. 为权利的实现创造条件。在现实的法制建设中，我们的权利保护需要加强，现实生活中的重视立法、轻执法、轻监督，重判决、轻执行等现象反映了对现有权利的具体落实仍然重视不够，这就是我们所反对的所谓重"物"不重"人"，这也是现实法制的不足。因此，营造法制的土壤与环境，就是要求政府尊重人民在现实生活中的法律权益的获得，创造条件，减少权利的实现障碍，让大众崇尚法制、信仰法律，让法律人队伍得以壮大、促进法律职业共同体与法学家集团的形成等等。

5. 新的形势下，需要更新"为人民服务"的内涵。更新"为人民服务"的内涵，就是需要在这一理念中注入人权的内容。具体表现为：首先，权力与权利关系问题上，权力来自于权利，权利是权力的根基；其次，就公务员与公民的两者关系上，对政府工作人员而言，其首先是公民，然后才是公务员。因此，就相互关系而言，其首先具备了作为公民的资格与权利，具备了法律上公民的权利，然后才能有助于其更好地履行其作为公务员的其他事务与职责。

政府须臾离不开人民，人民不仅是政府的权力的最终来源，更是政府财力的重要来源之一。杀鸡取卵的故事，曾经说明了税务机关"养税"，即保护税源的重要性，同时也说明了人民对国家、对政府的重要意义。政府应该自觉地加强尊重公民权利的土壤与环境建设，让权利得以滋养，所谓"滋养权利"。而不是时时处处想到去耍个人的威风，这也是法治时代对政府提出的新要求之一。这一理念对真正树立执政为民的观念、构筑新型党群关系、干群关系以及对我们建设和谐社会具有特别重要的意义。

思考题

1. "为人民服务"具有什么样的当代价值？为什么说"为人民服务"对政府而言也是一种法律要求？服务型政府与"为人民服务"是何种关系？

2. 结合下列理念，以法伦理学的视角分析政府与人民（公民）之间的关系。

（1）"发展为了人民，发展依靠人民，发展成果由人民共享"；

（2）"以民生为第一责任 让人民共享发展成果"。

3. 什么是"人性化执法"？人性化执法与严格执法、人情化执法有何不同？

执法目的、执法手段、执法效果是什么关系？

案例分析与社会热点问题探讨

建阳采访交警大队人性化执法，对准爸爸醉酒驾车执行暂缓拘留①

背景介绍： 2009年9月11日晚，建阳市公安局交警大队在整治酒后驾驶违法行为行动中，查获到陈某醉酒驾车的违法行为。大队在全面了解到陈某其妻处于分娩期等当时实际困难情况后，鉴于对醉酒驾驶的严惩和人性化执法，大队领导经过慎重考虑并向上级领导汇报后，决定先对陈某实施其它相应处罚教育，待其妻生完孩子后再对其做行政拘留处罚。这一案例所展示出的人性化执法理念，比原来简单的处罚手段起到了更好的教育作用，使群众对公安交管执法公信力度大大提高。在社会上起到了强烈感染作用和引起各界媒体广泛关注。同时也引起了中央电视台《新闻频道》法制在线栏目的关注。

---

① 南平市人民政府门户网站：http://www.np.gov.cn。

　　必须以最简单的构造，最短的篇幅将法伦理学这一学科的内涵精美地呈现出来，成为能够指导人们行动的理论。如果不能将这一学科的独特性呈现出来，那不仅难以成为指导人们行为的理论，还说明研究者本身对这一学科还未领悟透彻，没有抓住这一学科的精髓。准确地把握这一学科、有效地领会这一学科的灵魂是研究的关键，只有这样才有可能将这一学科的内容有效展现出来。而有效地领会这一学科灵魂的关键之一还在于明确时代需要什么，为什么需要，包括国际社会的呼声，这样的理论才能满足实践的需要，才能对现实作出回应并形成共鸣，同时两者也能形成相互检验。值得一提的是，我国的法理学研究始终忽视对国际法理论的研究与探索，这不能不说是一个重大失误。

第十一章　中国的和平崛起
与国际法伦理学

我们认为国际法伦理学是一门久已存在而尚未起名的学科，理由是：首先，体现国际法伦理学存在的国际人权法与国际人道主义法早已存在。其次，作为体现国际法伦理学存在的国际组织早已存在，如红十字，绿色和平组织等等。再次，作为国际法伦理学的原则内容，如善意履行国际义务原则、条约必须履行原则等早已在国际法中存在。最后，我们提出全人类共同利益原则也应是现代国际法的新原则。

第一节　国际人权法与国际人道法
在国际法中的地位

一、国际人权法与国际人道法的由来

人权是指人所享有或应享有的基本权利。在第一次世界大战前，人权是指各国国内法规定的本国公民个人享有的公民权利和政治权利，人权基本上是属于国内法管辖的事项。第一次世界大战后，人权问题开始进入国际法领域，如协约国和参战各国于1919年签订了对奥地利和约、对保加利亚和约，1920年对匈牙利和约等，这些和约都将国内少数民族保护列为专编。第二次世界大战后，人权问题全面进入国际法领域：首先表现在《联合国宪章》里，《宪章》在序言中"重申基本人权，人格尊严与价值，以及男女与大小各国平等权利之信念"。此后，联合国又通过了一系列有关人权问题的宣言、决议和公约。在这些文件中，人权既涉及个人的权利，也涉及集体权利。因此，人权不仅指个人权利和自由，而且包括集体权利和自由；不仅指政治权利，而且也包括国家和民族的生存权、自决权和发展权。人权问题已成为现代国际关系中的一个重要问题。

国际人权法（International Law of Human Rights）一般是指促进和保证人的基本权利和自由得到普遍尊重和实现的国际法原则、规则和制度的总称。国际人权法的基本文件包括：

1. 1945年的《联合国宪章》（虽不是专门性的人权条约，但它对国际人权法的发展起着不可替代的指导和规范作用）；

2. 1948 年联合国大会通过的《世界人权宣言》；

3. 1966 年通过的《经济、社会、文化权利国际公约》与《公民权利和政治权利国际公约》；

4. 1968 年第一届世界人权大会通过的《德黑兰宣言》；

5. 1993 年第二届世界人权大会通过的《维也纳宣言与行动纲领》。

此外，还有一些涉及消除种族歧视、废除奴隶制度、保护少数和处于不利境遇的人的人权等专门领域国际人权法保护文件。

其中我们平常说的《国际人权宪章》包含三个组成部分：《世界人权宣言》、《经济、社会、文化权利国际公约》、《公民权利和政治权利国际公约》。我国先后于 1997 年 10 月和 1998 年 10 月签署了《经济、社会、文化权利国际公约》、《公民权利和政治权利国际公约》。

国际人道主义法是指在武装冲突情况下，以保护各类受到冲突损害的人及扩展到以保护与军事行动无直接关系的财产为目的的所有国际法规规范的总称，也就是人们常说的 1949 年 8 月 12 日通过的四个日内瓦公约和 1977 年 6 月 8 日通过的两个附加议定书。四部《日内瓦公约》即《改善战地武装部队伤者病者境遇之日内瓦公约》（也称陆地公约）、《改善海上武装部队伤者病者及遇船难者境遇之日内瓦公约》（也称海上公约）、《关于战俘待遇之日内瓦公约》（也称战俘公约）、《关于战时保护平民之日内瓦公约》（也称平民公约）。《日内瓦公约》"附加议定书"，即《一九四九年八月十二日日内瓦四公约关于保护国际性武装冲突受难者的附加议定书》和《一九四九年八月十二日日内瓦四公约关于保护非国际性武装冲突受难者的附加议定书》。两个附加议定书将《日内瓦公约》所规定的受保护范围扩大到每一个受武装冲突牵连的人，并禁止参战各方袭击平民及平民设施，要求其军事行动必须符合公认的规定的人道主义法。

国际人道法实质上是将人道思想从伦理学范畴扩大到法学范畴，把中立性思想以法律的形式确定下来，变成有约束力的法律规范，并应用于战争或武装冲突。国际人道法是红十字运动开展人道救助工作的法律依据，传播国际人道法是红十字运动的重要职责。我国政府于 1952 年 7 月 13 日承认了日内瓦四公约。1956 年 11 月 5 日，全国人大常委会正式批准我国政府参加日内瓦四公约，但对公约的某些条款声明保留。1983 年 9 月 14 日，全国人大常委会批准我国政府加入两个附加议定书，但对其引渡条款提出了保留意见。

关于国际人道法、日内瓦公约、武装冲突法与战争法四者之间的关系，学术界有不同的观点。但一般认为，日内瓦公约是国际人道主义法的一部分，国际人道主义法又是武装冲突法的一部分，因为武装冲突法还包括武力使用法、中立法和惩治战争犯罪法等。而武装冲突法与战争法在一般意义上可以通用。在国外，国际人道主义法或日内瓦公约使用的频率较高。在我国，一般使用武装冲突法或战争法，由于战争被废弃，故认为使用"武装冲突法"的概念较为科学。

二、国际人权法与国际人道法的区别

国际人道法和国际人权法都属于国际法的法律体系，主要作用和根本宗旨都是以保护人的尊严为目标，都是以国际条约和习惯法为渊源，两者都是国际公法的两个分支。这是它们的共同之处。但两者存在许多实质性的区别：

1. 历史发展不同。国际人道法是随着战争的出现而逐渐形成并发展起来的，历史悠久；国际人权法作为国际法单独的一个分支则是《联合国宪章》以后的事，国际人权法历史比国际人道法短。

2. 适用对象不同。国际人道法保护的对象是在战争或武装冲突中的伤病员、战俘和平民；国际人权法主要在平时规范、调整国家与其本国公民之间的法律关系。

3. 适用时期不同。人道主义法适用于武装冲突的处境，属战时国际法；人权法至少其中部分内容，不论是战争或和平时期都发挥着保护个人的效力。

4. 适用目的不同。国际人道法的主要目的是为了减轻战争受难者不必要的痛苦和过分的伤害；国际人权法是为了促进和保证人的基本权利和自由得到普遍尊重和实现，为个人在社会、政治、文化、经济等方面发展提供可能。有学者称前者为生存法，后者为发展法。

5. 法律的适用范围不同。国际人道主义法所保护的是特殊条件下的特殊群体的生存权；国际人权法适用范围是除国际人道主义法保护的以外的人的社会、经济、文化及公民权利和政治权利。

6. 法律实施的方式不同。联合国在监督实施人权条约方面做出了巨大贡献；而在国际人道法领域国际红十字会做出了突出贡献。

此外，两种法律的最终效果不同，国际人道法是在武装冲突等发生的情况下，保护人类免受威胁和危险，以保护人的安全和尽可能地保护人的生活环境，因此，被认为是"维持现状"法律。而国际人权法，则是通过促进经济、政治等方面权利的实现，给个人或者集体的发展提供一个了国际保证，因此，被认为是"促进人们共同幸福"的法律。

国际人权法与是国际人道法相互关联、互为补充的。国际人道主义法作为"古老"战争法的一部分，是随着国际公法的渊源而产生的；而国际人权法则是从联合国宪章这棵树上长出来的作为国际公法的"新"的分支，随着人类社会的进步，国际人权法的发展必将进入一个新阶段。

第二节　全人类共同利益原则与
当代国际法的新发展

20世纪国际社会的发展使得发达国家、发展中国家以及不发达国家之间的相互关系已经由对立，甚至"你死我活"的冷战状态发展到总体缓和的状态①。中国的改革开放与"一国两制"的实践也说明社会主义与资本主义并不是绝对不能并存的。"地球村"，特别是"全球公域"概念的提出与发展，导致了对传统国家主权理论的变革；而在国际法领域，"人类共同继承遗产"、"人类共同财富"、"人类共同财产"等概念的提出，使体现全人类利益与意志的法律成为可能。国际社会因为存在共同的物质基础，人类共同利益原则的建立才成为可能与必然。人类共同利益原则反映了普世的伦理价值，探索人类共同利益原则与21世纪国际法的新发展具有重要意义。

一、全人类共同利益原则在当今中国

（一）我国对全人类共同利益原则的认识

"顺应历史潮流、维护全人类的共同利益"是我党的坚定主张。早在1982年中共中央十二大政治报告中即指出："祖国民族利益的充分实现离不开全人类的总体利益"，党的十六大报告在第9部分"国际形势和对外工作"中明确提出："我们主张顺应历史潮流，维护全人类的共同利益。我们愿与国际社会共同努力，积极促进世界多极化，推动多种力量和谐并存，保持国际社会的稳定；积极促进经济全球化朝着有利于实现共同繁荣的方向发展，趋利避害，使各国特别是发展中国家都从中受益"。1985年学者潘抱存在其论文《国家主权原则和全人类总体利益原则》中提出应把主权原则与全人类总体利益原则结合起来②；1998年他再次提出全人类总体利益原则是国际法进步的标志③。

"顺应历史潮流，维护全人类的共同利益"的内涵在于：首先，维护和平、促进发展是各国人民的共同愿望，也是全人类的共同利益之所在。和平与发展是当今时代的主题。十六大报告指出，维护和平，促进发展，是不可阻挡的历史潮流。和平与发展相辅相成，辩证统一。只有有了和平稳定的国际环境、地区环境、周边环境和国内环境，才能保障经济发展、社会进步、人民幸福安康。

---

①　当前国际形势的基本特征是"三个总体与三个局部"。即总体和平、局部战争；总体缓和、局部紧张；总体稳定、局部动荡。威胁世界和平与稳定的主要是霸权主义和强权政治。
②　潘抱存：《国家主权原则和全人类总体利益原则》，载《苏州大学学报》1985年第1期。
③　潘抱存：《论全人类总体利益原则》，载《政治与法律》1998年第5期，第29页。

只有经济发展，才能促进世界的和平与稳定。其次，国家利益是对外政策的出发点和归宿，但又不否认国际社会存在全人类的共同利益。在当今世界，"世界多极化和经济全球化趋势的发展，给世界的和平与发展带来了机遇和有利条件。新的世界大战在可预见的时期内打不起来。争取较长时期的和平国际环境和良好周边环境是可以实现的"①，但生态环境恶化、人口膨胀、贫困失业、疾病流行、毒品泛滥、国际恐怖主义活动猖獗、妇女儿童权益得不到保障等等，这都是事关人类生存与发展的全球性问题。各国人民必须共同应对人类生存与发展面临的挑战。维护和平、促进发展，事关各国人民的福祉，是各国人民的共同愿望，也是不可阻挡的历史潮流。

（二）全人类共同利益原则对我国国际法制实践的总体影响

全人类共同利益原则的提出是对国际法领域"阶级斗争法学"模式的否定，它不仅为国际法的理论建设提出了一个新的课题，对国际法领域的思想解放与21世纪的法律实践也将产生重要影响。

1. 坚持国家利益与全人类共同利益相结合，是我国处理对外关系的基本原则之一，也是我国国际法制实践的出发点。全人类共同利益原则是国际关系发展的产物，并随着各国相互依存关系的加深特别是经济全球化的发展而不断扩展。全球化趋势虽使传统的国家主权观念受到冲击，但在相当长历史时期内，国家仍然是国际关系最基本的行为主体，国家利益仍然在国际关系中占据主导地位。任何国家都是将国家利益作为制定对外政策的依据，中国也是如此。"维护全人类共同利益"这一崭新的思想和命题是对我国国际关系，包括国际法理论的重要发展。中国国际战略新理念是同时主张顺应历史潮流，维护全人类共同利益。坚持维护国家利益与全人类共同利益的结合是中国对外战略的基础。维护中国的国家利益当然是最重要的，在经济全球化条件下，中国的国家利益与别国的国家利益更多地相互依存，因此只有寻求中国利益与全人类利益的结合，才能更好地维护和促进中国的国家利益。在强调全人类共同利益的同时，不能忽视甚至否认国家利益，两者是和谐统一的。

2. 坚持十六大报告提出的维护世界和平、促进共同发展这一中国外交政策的宗旨，同各国人民一道，共同推进世界和平与发展的崇高事业。在经济全球化的条件下，国际社会面临着许多跨国或全球性的非传统安全问题，如国际犯罪、毒品走私、SARS、艾滋病等，需要各国相互合作、共同努力才能解决。这也是全人类共同利益凸显的一个重要表现②。恐怖主义往往是跨国犯罪，涉及的范围十分广泛，打击恐怖主义活动必须加强国际合作。对待恐怖主义问题不能

---

① 参见中共中央十六大报告第九部分内容。

② 夏立平：《中国特色的国际战略新理念》，网址：http：//www. sh. xinhua. org。

搞双重标准。各国只有在反对恐怖主义问题上达成共识，才能有效合作。合作可以采取交流情报、信息共享、相互支持、联合行动等方式。

3. 与国际社会共同努力，积极促进世界多极化，推动多种力量和谐并存，保持国际社会的稳定。十五大报告指出，多极化趋势的发展有利于世界和平、稳定与繁荣，强调中国共产党要为促进和平与发展的崇高事业作出不懈努力。十六大报告明确申明中国积极促进世界多极化，更加鲜明地表明了中国共产党对世界多极化的积极态度；同时，也更明确地表明了中国共产党推动世界多极化发展的目的，是推动多种力量和谐并存，保持国际社会的稳定；再次，中国积极促进经济全球化朝着有利于实现共同繁荣的方向发展，趋利避害，使各国特别是发展中国家都从中受益[①]。

最后，在国际法律制度中强化全人类共同利益原则的建设，使这一反映经济全球化发展要求的主张，能够保持正确方向，促进中国在经济全球化这一历史潮流中积极发展。

二、全人类共同利益原则的国际法基础

国际社会的进步与国际法的充分发展说明国际社会具有共同的物质基础与法律基础，其"相互依赖"状态更加显现，这在国际空间法、海洋法和国际环境法等法律中得到集中的反映，这也是人类共同利益原则得已显现的重要因素。

（一）空间法与人类共同利益

随着 1957 年 10 月前苏联发射第一颗人造卫星，外层空间的立法问题引起了联合国的重视。1958 年 11 月 14 日联合国大会通过决议指出为了保障外层空间物体的发射完全用于科学及和平目的，应共同研究制定一套监督制度。1958 年 12 月 13 日，又通过决议，确认外层空间是人类共同利益所在，并强调外层空间只能用于和平的目的；同时联合国确定成立了和平利用外层空间特设委员会，由 18 个国家组成，1959 年 12 月 12 日联合国大会决定将其变为永久性机构，改为和平利用外层空间委员会（简称外空委），外空委的任务之一是研究和平利用外层空间可能产生的法律问题。外空委成为制定空间法的主要机构。随后为了制定和发展外层空间法，外空委又在 1962 年成立了法律小组委员会，负责拟订有关外空活动的条约、协定和其他法律文书草案，提交外空委和联合国大会审议通过。伴随空间技术的发展，在外层空间领域也涉及到有关法律问题，促使国际法扩展到外层空间领域，形成了国际法中的一个新领域，即外层空间法，简称空间法。空间法是空间科学技术发展的产物，它随着空间技术的不断发展

---

① 参见教育部社会科学研究与思想政治工作司：《"两课"贯彻十六大精神教学指导》，载《思想理论教育导刊》2002 第 12 期。

而逐步健全和完善。空间法也为人类开展外空活动，维护各国外空的合法权益、促进外空的国际交流与合作提供了保障。1963 年 12 月 13 日，联合国大会通过了《各国探索和利用外层空间活动的法律原则宣言》，以后，又相继通过了 5 个外空条约和有关文件。其中，1979 年，联合国和平利用外太空委员会就起草了一份《月球协议》，该协议于 1979 年 12 月 18 日开放签字，1984 年 7 月 11 日生效。《月球协议》第 11 条规定："月球及其自然资源均为人类的共同财产"。"月球不得由国家依据主权要求，通过利用或占领，或以其他任何方法据为己有"。

《各国探索和利用外层空间活动的法律原则宣言》共提倡 9 项原则。1966 年签定的《外层空间条约》发展和补充了上述宣言的内容，以国际条约的形式将从事外空活动的各项基本法律原则确立下来。这些外层空间的法律原则有：共同利益原则、自由探索和利用原则，不得据为己有原则、为和平目的利用原则、救援宇航员原则等①。《外层空间条约》第 1 条第 1 款明确规定，探索和利用外层空间，包括月球和其他天体，应为所有国家谋福利和利益，而不论其经济或科学发展程度如何，并应为全人类的开发范围。故有学者将该原则总结为"为全人类谋福利和利益原则"②。在这一视角下，宇航员是人类派往外层空间的使节，各国应确保宇航员救援有保障，各国都应确保宇航员的安全。从上述空间法的形成与发展的历史中我们不难看出，长期以来国际上已经确认外层空间是人类共同利益所在，强调外层空间不得据为己有。为和平目的的探索和利用外层空间，并将由此获得的利益造福所有国家是符合人类共同利益的，这是在外空领域进行国际合作的极为重要的法律基础。

（二）海洋法与人类共同利益

海洋覆盖了地球表面的 71%，人类社会的发展必然会越来越多地依赖海洋。在新的世纪里，维护海洋健康，保护海洋环境，确保海洋资源的可持续利用，已成为人类共同遵守的准则和共同担负的使命。

1. 从海洋自由到公海自由原则

早期的古罗马法学家塞尔沙斯认为海洋与空气一样是所有人的共有之物，乌尔比安也认为海洋应是对所有的人开放的。这时已有罗马帝王对海洋主张管辖，但能力尚弱，无论主张还是实际活动均极其有限。1609 年，荷兰法学家格老秀斯发表了著名的《海洋自由论》，反对欧洲君主国对海洋的瓜分，主张海洋自由。他认为海洋不能被控制，是适合全人类使用的东西，故不受任何国家之主权的控制。因此，在古代和中世纪前半叶，公海航行是完全自由的。这种海洋自由与今天所说的公海自由不同。公海自由是一项重要的国际法原则，是各

---

① 参见曹建明等：《国际公法学》，法律出版社 1998 年版，第 368 页。

② 李希昆、陆志明主编：《国际法》，重庆大学出版社 2002 年 11 月版，第 143 页。

国利益协调的结果；而当时的海洋自由是一种在海上自由航行的状态，其原因是当时的国家尚不具备控制海洋的能力。1702 年，荷兰学者提出将海洋分为领水和公海两部分，领水属沿海国主权管辖，而在公海则适用海洋自由原则。1760 年，西班牙宣布实行六海里领水制，实际上放弃了其原来对广大海域的主权主张。法、英、俄、美等国也相继接受了公海自由原则。这样，到 18 世纪末19 世纪初时，包含海洋自由思想的公海自由原则已在海洋法领域得到普遍认同。公海自由原则体现了各国对共同利益的关注，表明国家已意识到共同利益的维护对于实现本国利益的重要性。但在公海自由原则下，共同利益的受益范围有限，实际上只是海洋强国的利益协调。因为对海洋的利用取决于实力与技术，因此尽管公海自由原则对于海洋法的发展具有革命意义，但其滥用会不可避免地使海洋成为海洋强国的乐园。

2. 从公海自由原则到人类共同继承财产概念的提出

二战以后，海洋新的利用价值，尤其是矿物资源的开采，引起了各国的重视。相继独立的广大亚非拉国家为维护国家独立、发展经济也展开了要求公平分享海洋资源、反对海洋强国独霸海洋资源的斗争。1945 年 9 月 28 日，美国总统杜鲁门发布《大陆架公告》宣布："处于公海下、但毗连美国海岸的大陆架底土和海床的自然资源属于美国"。美国的这一作法非但未受指责，反而为其他国家效仿。从此，开始了"蓝色圈地"的冲击波。许多国家宣布自己的大陆架。可以说在杜鲁门公告之后，各个国家对海洋利益的争夺进入了对洋底资源主张权利的时期。1967 年 8 月 17 日马耳他驻联合国大使阿维德·帕多向联合国大会提交提案及备忘录，建议宣布国家管辖范围以外的海床、洋底及其底土，是"人类共同的继承财产"。这项重要的提案直接触发了国际社会关于国际海底及其资源法律地位的辩论。1967 年 11 月 1 日，马耳他驻联合国代表阿尔维·帕多博士应邀就提案作解释性发言，引起各国普遍注意。之后，联合国大会通过了一系列体现人类共同继承财产原则之精神和内容的决议。其中第 2574D（XXIV）号决议为著名的暂停决议，中止了任何国家和个人对国际海底资源的开发，对国际海底的要求也一概不予承认。1970 年联大通过的《关于各国管辖范围以外海床、洋底及其底土的原则宣言》正式宣布国际海底为人类共同继承财产并对这一原则作了解释。而 1982 年的《联合国海洋法公约》不仅明确指出国际海底是人类共同继承财产，并且在第 11 部分对该原则的含义、管理机构及开发制度作了详细规定。至此，人类共同继承财产原则正式在海洋法领域得以确立。人类共同继承财产原则进一步限制了公海自由原则的适用范围。发达国家主张对国家管辖范围以外的国际海底仍适用公海自由原则，目的在于寻求对国际海底资源的实质控制；发展中国家则认为公海上覆水域与国际海底资源性质不同，而且国际海底对全人类意义重大，应确立新的国际法原则和制度予以管辖以达

198

到为全人类谋福利的目的。1982年的《联合国海洋法公约》是海洋法发展的一个里程碑，它顺应时代发展的要求建立起了较为公平合理的崭新的海洋法制度。国家主权原则、公海自由原则和人类共同继承财产原则作为海洋法的三大基本原则，各自明确了相应的管辖范围。尤其是人类共同继承财产原则的确立，更是会推动海洋法以及国际法的发展进入一个新时代。因此，前联合国秘书长加利曾高度评价了该公约，指出公约"在五十年里第一次"，通过真正的国际合作，"使对国际法的尊重成为有意义的现实"①。

人类共同继承财产正式出于对全人类共同利益的维护而提出并得以确立的，它直接体现了涉及人类共同利益的持续发展、共同发展和环境保护等方面的要求。在这一原则下，国际海底区域的概念、国际海底区域的勘探和开发制度应运而生。国际海底管理局成立，并代表全人类行使对于"区域"资源的一切权力。因此人类共同继承财产原则的有效适用可以达到节制资源开发、保护生态环境，为后代保留以持续发展，为落后国家保留以共同发展的目的。从这一角度来看，这一原则对国际法发展之重大影响绝对不会仅限于海洋法领域。目前，正式确立这一原则并规定了具体制度的仅为《联合国海洋法公约》。1979年的《月球协定》虽明确规定月球及其自然资源是全人类的共同继承财产，但未规定具体的开发制度，对于该原则含义的解释也是模糊和不确定的。有人甚至认为《月球协定》有许多规定对于私人开发月球资源是极其宝贵的。另外在1959年的《南极条约》、1967年的《外空条约》和1972年的《保护世界文化和自然遗产公约》以及1954年的《关于在武装冲突情况下保护文化财产的公约》中也看到人类共同继承财产思想的影响②。

（三）国际环境法与人类共同利益

国际环境法的基本原则有国家环境主权原则、共享共管全球共同资源原则、环境保护的国际合作原则和共同但有区别的责任原则、可持续发展原则等。共享共管全球共同资源原则，又称共有资源共享共管原则。

自《我们共同的未来》发布，尤其是1992年联合国环境与发展大会召开以来，可持续发展在经济、社会、技术和环境保护领域得到了广泛应用，并成为各国经济、科技和社会发展的一个基本方略和指导思想。可持续发展的实现需要完备的法制，包括国际法律制度的保障，于是可持续发展的法律属性随之成了国际法学者关注的热点问题之一。许多环境法学者认为可持续发展是国际环境法的基本原则。同样我也认为人类共同利益不仅指当代人的共同利益，还包括我们下一代的利益，包含人类的未来发展，而国际环境法的目的则正在于此。

---

① 转引自王传辉、历咏：《海洋法基本原则的演变》，网址：http：//shss. sjtu. edu. cn。
② 王传辉、历咏：《海洋法基本原则的演变》，网址：http：//shss. sjtu. edu. cn。

1987 年世界环境与发展委员会提出"可持续发展是满足当代人的需要，又不损害子孙后代满足其自身需要的能力的发展"。事实上，可持续发展有着丰富的内涵。作为一种全新的发展观，可持续发展是指人与人之间、人与自然的互利共生、协调进行和发展，要求在鼓励经济快速增长的过程中，注重经济增长的质量，节约资源，减少污染，与生态环境和资源承载力相协调。在其发展过程中，生态可持续发展是基础，经济可持续发展是条件，社会可持续发展是目标；目的是不断改善和提高人们的生活质量，实现社会进步。国际环境法的原则是可持续发展的主要组成部分，主要包括：地球整体性原则；各国对其管辖内的自然资源享有永久性主权的原则；全球伙伴精神原则；公平承担责任原则。《中国 21 世纪议程》指出："为了有效地将环境与发展纳入到每个国家的政策和实践中，必须发展和执行综合的、可实施的、有效的并且是建立在周全的社会、生态、经济和科学原则基础之上的法律和法规。"

其实国际环境法也包括海洋环境和空间环境的法律制度，这就牵涉到上面的两块，在此我不作一一说明。

总之，我们认为国际环境法制定与执行还是应该按照四个基本原则，即国家环境主权原则、共享共管全球共同资源原则、环境保护的国际合作原则和共同但有区别的责任原则。

三、人类共同利益原则对国际法内容的补充与完善

人类共同利益原则是当代国际社会的发展的结果，这一原则更新了国际法的原则，并大大地促进了国际法原则的发展。

（一）人类共同利益原则是当今国际社会相互合作与相互依存的反映

"人类共同利益"成为国际社会发展的一面大旗或法律原则，人类共同利益使的国际社会相互合作与相互依存的现实有了更深刻的理论基础。在全球化经济加速发展的今天，许多问题不再是一个国家内部的矛盾，不仅需要全球关注，而且往往于全人类的利益相关。科技、通信的高速发展使得国与国的经济贸易，文化交流都日趋频繁。因此，国家间的矛盾促使国际法变得越来越重要。国际法是始终代表全人类的共同利益的。在自然环境中体现得尤为重要。人类生存环境问题是全球各国关注的问题，生态系统是不分国界的。环境资源的利用也关系到国家的方方面面。在国际法中，首先是保全了国家的环境主权，同时对于任何国家领土以外的自然环境，实行共享共管全球资源原则，并兼顾各国利益和优先考虑发展中国家特殊情况和需要原则。这都体现了人类共同利益的原则，使得所有国家都能得到合理的资源利用，并担负起应有的责任。

从海洋法基本原则的演变过程可以看出，海洋法的发展，乃至国际法的发展过程是一个动态发展的过程。其目的一方面在于满足各国的特殊要求，另一

方面在于满足各国的共同要求。国际法总是在国家利益与国际社会的共同利益之间进行平衡。其演变过程是：从单纯的强权扩张到大国争大利、小国争小利的利益协调并受国际法约束的阶段，再到各国特殊利益让步与体现和平与发展精神的全人类共同利益的阶段。人类共同继承财产原则的确立标志着国际法发展的第三个阶段的开始。

在当代的国际社会，各国间已形成相互依赖的关系。有许多共同问题需要各国通力合作方能解决，也有涉及到每一个国家生存与发展的共同利益。这就要求各国在主张自身权益的同时既要尊重他国的权益又要服从于共同的利益。

（二）人类共同利益原则对传统国际法原则的完善

总体而言，人类共同利益原则是冷战后对现有国际社会发展现状的总结，是适应新的国际形势与现代国际法要求的原则，这一原则使第二次世界大战后形成的国际法原则有了变化。

1. 人类共同利益原则与国家主权

国家主权仍是今天民族国家最重要的特征和最根本的属性，这是不容置疑的。但是，随着全球化的迅猛发展和诸多因素的共同作用，"国家绝对和永久的权力"受到严峻挑战。人类社会是以民族国家为基本实体的，古典意义上的主权国家有着很强的自主性和自助性。所谓自主性，是指任何主权国家内部的事务都由自己来决定，不受任何其他外在力量的干涉；所谓自助性，是指主权国家的生存利益完全凭借自己的意志和力量获得，不指望任何其他人的帮助。然而，这种绝对化的主权国家意识面对今天经济全球化浪潮的冲击已经发生变化。比如，如何理解人类太空探索和互联网与传统意义上国家领土和主权的关系；如何看待主权国家加入国际组织（或联盟），为解决生态环境、打击跨国犯罪等全球性危机进行的国际间交流与合作，以及以领土换和平、搁置主权争议换取共同开发权力，等等。

2. 人类共同利益原则与和平共处五项原则

康德是继格老秀斯之后，西方最伟大的国际法理论家。由于现代国际法所说的国际组织都是以和平为宗旨的，因此，整个国际法组织法的理论基础来源于康德的永久和平论①。康德的永久和平理论在国际法上具有重要意义，但永久和平只是和平的一种理想，从永久和平理论到和平共处原则，反映是一种理想到现实的回归；但是国际社会分裂成对立的阵营和集团，相互之间始终处于对峙乃至冲突状态，国家之间的和平共处往往成为一种可望而不可及的理想主义目标。事实上，和平共处原则反映了冷战时期国际社会的时代呼声，而形成于冷战后的全人类共同利益原则是对和平共处原则的更新与超越。因为人类存在

---

① 张乃根：《国际法原理》，中国政法大学出版社 2002 年 12 月第 1 版，第 196 页。

有共同利益，因此和平共处原则才有其物质基础。对具体的国家而言，和平共处是一种自然选择，而非包含了过多强制性因素的选择，同时全人类共同利益原则也包含了其自身的利益，而非忽视自己的利益勉强与其他国家的和平共处（"强颜欢笑"），所以全人类共同利益原则更多地体现了国家自身的利益，是国家的自然性选择。因此，全人类共同利益是国际社会和平共处的理论基础。在经济全球化的推动下，多样性和相互依存成为国际关系最基本的特征。主权国家之间不断加深的相互依存关系和日益发展的全人类共同利益，在各个层面上影响着人类的生存和发展，促进着人们健康的全球意识的形成。这种健康的全球意识提倡各国在制定本国政策时，既要考虑本国的利益，同时也要考虑对方的利益，考虑维护全人类的共同利益，以避免"一损俱损"局面的出现，真正达到"双赢"和"多赢"。在这种情况下，各主权国家才真正具备和平共处的可能，并最终促进世界的和平、稳定、发展和繁荣。当然，当今世界并不太平。由于极个别西方国家顽固坚持"冷战思维"，坚持强权政治和霸权主义，世界的和平与发展、人类的共同利益仍面临着严峻挑战。

3. 全人类共同利益原则与国际合作原则

国际合作原则，要求各国应友好相处，以促进国与国之间相互了解与合作。《国际法原则宣言》庄严宣布：各国依照联合国宪章彼此合作是一种必须"严格遵守"的"义务"，此为"构成国际法之基本原则"。各国应与其他国家合作，维护国际和平与安全，促进国际经济、社会、教育、科学与技术等方面的进步。例如海底区域由管理局代表全人类进行开发的制度称为"平行开发制度"，就是在一区域被勘探后，开发申请者要向管理局提供两块具有同等价值的矿址，管理局选择其中一块作为保留区，留给管理局通过企业部或者与发展中国家协作的方式进行活动，另一块是合同区，可由缔约国或其企业通过与管理局签定合同进行开发。可以说"保留区"设置体现了全人类共同利益必须得到尊重与国际合作的原则。在全人类共同利益原则下，国际合作原则成为必须与可能。

4. 全人类共同利益原则与可持续性发展原则

当前各国所面临的最重要的共同问题是人类社会的可持续发展问题。人类以往的贪婪掠夺所造成的种种恶果已使各国警觉：如果人类再不改变现存的发展模式，人类将趋向灭亡。学者们已达成共识，发展不等同于单纯的经济增长，发展要讲求质量，要注重社会效益。舒马赫在20世纪80年代以前即提出适当发展理论，指出要放慢经济增长速度，以求减少大范围的、持续性的环境破坏。可持续发展有两方面的内容：一是1987年世界环境与发展委员会在《我们共同的未来》一书中提出的，即社会的发展既要满足当前的需要，又不危及下一代发展的需要；二是1993年的有关国际性文件所作的重要补充，即一部分人的发展不应损害另一部分人的利益。也就是说，消除贫富分化、合理分享人类的共同资源、寻求共同发展也是可持续发展的重要内容。1992 年联合国环境与发展大会通过的《里约宣言》又指出，为了实现可持续发展，环境保护工作应是发展进程的一个整体的组成部分。因此保持环境与发展之间的平衡是实现可持续发展的途径。总之，对可持续发展应从持续发展、共同发展和环境保护三个方面予以把握。这三个方面均体现了人类发展的共同利益。人类共同继承财产原则，完善了人类可持续发展原则，是实现人类可持续发展的一项重要国际法原则。全人类共同利益原则的含义已经表明这样的精神，即我们不仅仅要珍惜这代人的利益，还要珍惜下一代人的利益以及一部分人的发展不应损害另一部分人的利益。因此，全人类共同利益原则全面反映了新形势下可持续性发展的内涵，是对可持续性发展原则的新的概括与提升。

应指出的是，人类共同财产原则虽是代表国际法发展方向的国际法原则，但其要真正地、完全地发挥作用仍是路途艰难，基于国家利益的主权扩张仍是这一原则面临的最大威胁。但是，随着各国对共同利益关注程度的加深，人类共同继承财产原则的作用也会逐渐发挥出来。当代国际法的发展应顺应这一时代要求来发挥其促进国际社会达到公平、互利、有序发展之状态的作用。人类共同利益是当代国际法的新发展，是对国际法原则和规则的补充与完善，反映了国际法的未来走向与最终目的。

■ 第三节　中国传统和平文化对国际法治的独特价值 ■

和平是国际法的重要范畴，国际法的开山之作就是格老秀斯的《战争与和平法》。中国传统文化有丰富的和平文化资源，和平文化深入于中国文化的骨髓。到了近代社会，我国对和平的研究与运用已经落伍，导致了国际上通行的"和平"概念，基本上是以西方的和平概念为准[①]。西方文化甚至发展出世界和平日，国际和平奖等有关和平的具体活动与产品形式。20 世纪 80 年代的中国改革开放以来，和平一词又频频出现在我国的发展战略中，如"和平与发展"、"和平统一"、"和平崛起"等；中国的其他国际重大问题，如国际社会出现的"中国威胁论"等也需要我们以新的和平理论予以回应。因此，和平这一课题的重要性日益凸现，新的形势下，我们需要系统地研究和平理论，接受国际上通行的普遍性的和平概念，形成自己能够与世界对话的"和平观"。

---

① 　庞中英：《中国崛起的"和平性"判读》，载《国际观察》2004 年第 3 期，第 6 页。

一、中国和平文化的总体特征——"止戈为武"的和平观

众所周知，中国传统文化中具有极为丰富的和平思想，这也是今天"国学热"的主要原因。中国目前落后的和平研究不利于我们应对快速发展变化的世界。那么，究竟如何提炼这一文化资源的科学内涵，需要我们进行认真研究、挖掘与整理。有学者提出在中国历史上产生了三大派的和平论：秩序的和平论——儒家，行动的和平论——墨家，取法自然的和平论——道家。他们的思想成为中国思想文化的主流，一直延续着中国的和平文化①。我们认为中国和平文化的总体特征或独特性，集中体现为"止戈为武"的和平观。

（一）"止戈为武"和平观的含义

中国最早的且对后代影响极大的一部字典《说文解字》中说："止戈为武"。通过整体像形表意，用戈矛之类的兵器来制止某种局面就是武，意即用武力的唯一目的，就是制止干戈以实现和平。这既是中华民族的战争观，也是中华民族的和平观，而归根结底是和平观②。因为使用武力的最终目的是和平，而不是为了掠夺、侵略和征服。正如古人所言："仓颉作书，止戈为武。圣人以武禁暴整乱，止息干戈，非以为残而兴纵之也"③。

（二）"止戈为武"、仁义道德与"权谋"制胜的关系

大同社会，是中华民族的理想所在；"止戈为武"，是实现仁义道德所不可缺少的前提；诡诈用兵、"权谋"制胜，是实现天下和平的方法和手段。三者之间的具有内在联系，是辩证的统一。尤其当天下动乱之时，"权谋"制胜便成为关键，有了胜利才有和平，有了和平才会有仁义道德，否则一切都将落空。因此，那种把"权谋"、"诡道"与仁义道德分割开来的观点，特别是认为孙子大讲"权谋"、"诡道"就是否定仁义道德的观点是片面的形而上学，根本不能成立④。"止戈为武"并不是不要仁义道德与"权谋"。

（三）传统的和平观不仅仅是"和为贵"

儒家思想很强调一个"和"字，"和"是一种意境，内涵非常丰富。值得指出的是，儒家之"和平"不仅仅是所谓"和而不同"、"和为贵"等，而有更加丰富的内容，包括通过战争实现和平等思想。如孔子"文德论"中所体现的非战思想。孔子批评其弟子冉有、子路二人帮助季氏攻打附属国颛臾时，提出了"修文德以来远人"，说："远人不服，则修文德以徕之。既来之，则安之"。就

---

① 蔡德贵：《学术月刊》2003 年第 2 期，第 25 页。
② 霍印章：《止戈为武的和平观》，网址：http://jczs.sina.com.cn。
③ 《汉书·武五子传》。
④ 霍印章：《止戈为武的和平观》，网址：http://jczs.sina.com.cn。

是说孔子的"文德论"更强调先进的文明国不以战争的方式去强行地推广自己的文明形态，而是以感化的方式吸引别国自动的学习与参与，推崇以非战争手段解决诸侯国之间的争端问题，当然，孔子也说过："天下有道，则礼乐征伐自天子出；天下无道，则礼乐征伐自诸侯出"①。肯定了合法的战争行为，但这种战争不是国与国之间的领土、人民与财富的争夺战，而是对违背周王朝大一统的社会秩序的地方叛乱势力的讨伐。换句话说，如果服从礼制文化传统的内在道义要求，战争又是被允许的，那就是"礼乐征伐自天子出"。但是，天子从维护礼乐制度的秩序要求出发对地方暴动势力的讨伐是一种不得已的行为，正常情况下是不使用武力的②。

"止戈为武"的和平观表达了这样几个理念：首先，和平要通过斗争才能获得，即我们所说的"以战逼和"；其次，不是要不要战争的问题，战争是在一定条件下必需的；再次，在什么条件下、什么程度上使用战争，即达到制止争端的程度即可。毛泽东同志的"人不犯我，我不犯人，人若犯我，我必犯人"思想体现了这一和平观。

二、中国式"止戈为武"和平观在当代国际法中的具体运用

止戈为武的和平观是中国传统和平思想的总体特征，在实际生活中又有许多具体的表现形式，这些具体形式又进一步印证与丰富了"止戈为武"的和平观。

（一）君子和而不同——不同文明的和谐共处

《论语·子路》："子曰：君子和而不同，小人同而不和"。"和而不同"教导人们怎样和其他的外来因素、外来文明打交道。

与"君子和而不同"有同样境界的是墨子，墨子以"兼爱"、"非攻"为基本思想，核心就是主张强不凌弱、富不压贫、维护和平、反对侵略。墨子生活在饱经战乱的战国时期，深刻地了解战争在社会生活中的作用和危害。他反对战争，主张诸侯之间应遵循"兼相爱、交相利"的原则，和睦共处，做到"国与国不相攻，家与家不相乱"。墨子所说的"利"，不是一国的私利，而是天下的公利，就是要互惠互利；所说的"爱"不是自爱，而是互相尊重，就是使"天下之人皆相爱"。只要人们都信守这个原则，自然可以消除战争，共享和平与安宁。尽管当时由周朝分化出的"列国"，同今天讲的"国际"并非同一意义，墨子的主张与当时国家需要统一的大趋势也并不完全合拍，但是，他提出的"兼相爱，交相利"的处理国家关系的准则，对于今天的国际社会来说，则

---

① 《季氏》十六。

② 参见吴根友：《儒家"王道天下观"与当代国际和平的可能向度》，http：//www.ricric.org。

更具有普遍意义。当世界人民在寻求和平与安全途径的时候，墨子"兼爱"、"交利"的呼吁，不能不再次拨动人们的心弦，引起世人的共鸣。墨子的名言"强不执弱，众不劫寡，富不侮贫，贵不傲贱"，在日常生活中已被简化成"强不执弱，富不侮贫"，这一理念体现了中国的和平文化并能适用于当今的国际社会。

（二）己所不欲，勿施于人——对他国"人权"与"主权"的尊重

1998 年，全世界 100 多个宗教组织代表集会发表"普世伦理宣言"，将中国儒家"己所不欲勿施于人"思想写进宣言①。儒家文化中的"仁"将会在维护世界和平中发挥重要作用，

"仁"是儒家文化的核心内容，它要求"仁者爱人"与"己所不欲，勿施于人"，这是一个问题的两个方面。一个是从积极的意义上要求人们爱他人，另一个是从其反面通过对人们行为的限制来爱他人，特别是"己所不欲，勿施于人"。"己所不欲，勿施于人"在西方也很流行，当前以美国为首的霸权政治，特别是近几年来乔治·W. 布什上台后，做出的一系列惊人的举动，如拒签《京都议定书》、《国际刑事法规约》，撕毁《反导条约》、公然撇开联合国发动对伊拉克的侵略战争等，使美国的霸权政治表现出极为狭隘的民族主义、国家利益至上的倾向，世界和平面临着前所未有的困境。对于战争，人类应有共同伦理底线。一方面"仁者爱人"，在犹太古谚说：要像爱自己一样去爱别人；另一方面"己所不欲，勿施于人"。这两句话形成了互为补充的人类社会伦理金律。现实的国际社会里，美国人不会希望外国军队携千万颗炸弹杀到其本土来"替天行道"、"维持治安"，而美军的热压弹、集束炸弹、贫铀弹这些瞬间造成大量伤亡或长期污染环境、摧残人体的炸弹，已经造成了其他国家人民的巨大痛苦。美军在伊拉克的狂轰烂炸一定是美国不希望在其本土里发生的，是其所"不欲"的，但美国点燃的伊拉克战火至今仍未平息。中国式的"己所不欲，勿施于人"的柔性与中庸原则是布什政府所无法了解和理解的。美国强大无比的军事实力的现实，使布什将美国新战略的基调定位于"立即消灭敌人"，而没有顾及这样无限制地诉诸强权和武力，将会激起更多的敌人。美国政府认为用武力称霸全球"是通往天堂的道路之一"，但是这一道路是极其狭窄而危险的。

（三）"不战而屈人之兵"——中国式的"非战"观

"武圣"孙子不是一位霸权主义者，而是一位和平主义者。孙子主张"不战而屈人之兵"，"非战"是《孙子兵法》的精髓；所谓"百战百胜，非善之善者也；不战而屈人之兵，善之善者也"，就是说凡用兵之法，百战百胜，并不是最好的，不战而屈人之兵，才是最最好的。其具体措施为"上兵伐谋，其次伐交，

① 参见伍刚：《东亚学者取得共识：孔子思想影响世界》，网址：http://oldblog. blogchina. com。

其次伐兵，其下攻城"，许多版本一般将这段话解释为，战胜敌人最好的办法是运用谋略，其次的办法是通过外交手段，再次是用军事手段，最差的办法是攻打敌国的城池。过去《孙子兵法》文本中有"霸王之兵"的记载，使人误以为孙子是一位霸权主义者。而根据银雀山出土的《孙子兵法》竹简，真正的原文应是"王霸之兵"，其义应是"王道"。与西方的《战争论》不同，《孙子兵法》通篇贯穿着"非战、和平"的崇高理念，追求和平、谋取发展是《孙子兵法》的核心思想。"伐谋"强调"毁力为下，攻心为上"，它包含有两层意思：一层意思是运用智谋更加巧妙地调动力量、运用力量和转换力量，最终战胜对手；另一层意思是在战略层面上进行智慧的较量，迫使对方改变战争计划，放弃对抗的企图。用现在的话来说，这后一层意思是讲"攻心战"。从表面上看，战争是力量之间的对抗；从实质上看，战争是要达成政治目的，最终是为了征服对方的意志，是要攻心的。实现"非攻"而胜，就是要求战略家们充分发挥聪明才智，以征服对方的意志和迫使对方放弃企图为目的，巧妙地运用力量和各种手段，达到一种"兵不顿而利可全"的战略效果。

近来有学者对"伐交"的准确含义作出新解。但总体而言，这与现代国际法所确立的"和平解决国际争端"有相同的内涵。现代国际法允许的解决国际争端的方法主要包括政治解决与司法解决两类。和平解决国际争端的政治方法包括谈判与协商、斡旋与调停、调查与和解。可以认为这与《巴黎非战公约》具有同样的理念，其精神是国际法关于和平解决国际争端以及国际人道主义法所要求与提倡的。

（四）"先礼后兵"、"勿杀无辜"等——对国际法人道主义法思想的表达

战争在传统国际法上是合法解决国际争端的一种方式，战争并非目的，而是手段而已。即使战争不能避免，仍然要受到习惯法的约束。"先礼后兵"不仅仅是对战争程序的制约，也是对解决纠纷的友善原则，其主旨是让求战方尽最大诚意、做最大努力、通过协商等方法解决矛盾，以利各方利益。只有在不得已的情况下才可以诉诸于战争手段。

"勿杀无辜"是对战争的限度的制约，体现了国际人道主义思想。这些思想表明中华古代的和平与战争思想与当代的国际战争法规则不仅有融通之处，更有对促进当代国际法发展的因素。所以，有学者认为国际法并非西方的专利，中华法系在古代早已形成独特的国际法思想与实践。在世界近代史中，璀璨的中华文明遭到了西方殖民者炮舰的蹂躏，西方文明从此主导世界，西方的价值观也就成了"主流"的价值观。国际法也就成了所谓"西方"的国际法。在西方法律价值观主导的秩序中，其他法系包括中华法系的地位一直没有得到应有

的承认①。

三、中国和平文化对当代国际法的独特贡献

中国经济的发展与社会的转型，事实上也是在对传统文化的过滤过程，经过社会再次的筛选，中国传统文化呈现了新的面貌，在这一基础上中国式的"和而不同"与"不战而胜"的"非战"思想对当代国际法的发展具有重要意义。

"和而不同"，在中国又经过了"一国两制"的理论探索与实践，表明了不同的社会制度可以在一起"和平共处"。在经济全球化时代，"和而不同"具有更加重要的意义，它强调了各民族不同文明的和谐共处。2004年12月在北京召开的"儒家思想在世界的传播与发展"国际学术研讨会上，汤恩佳博士提出：孔子儒家能促进世界和平，能提升全人类道德素质，能与世界多元文化共存共荣，能促进中国统一。他引用联合国教科文组织泰勒博士的话说："如果人们思索一下孔子的思想对当今世界的意义，人们很快便会发现，人类社会的基本需要，在过去的二千五百多年里，其变化之小是令人惊奇的。不管我们取得进步也好，或是缺少进步也好，当今一个昌盛、成功的社会，在很大程度上，仍立足于孔子所确立和阐述过的很多价值观念。这些价值观念是超越国界、超越时代的；属于中国，也属于世界；属于过去，也会鉴照今天和未来"②。

中华文化中"不战而胜"的非战观应当成为当代国际法的至高境界，"百战百胜，非善之善者也；不战而屈人之兵，善之善者也"表达了"不战而胜"的非战思想，我们可以将其可以归纳为："非战乃真战也"。我们认为这才是当代国际法发展的至高境界，也将是中国传统文化对当代国际法发展的贡献，这也是中国传统的和平观的最高境界，问题是很多人认为"不战而胜"是不可能实现的。应该说在国际法上是可以实现的。

此外，中国式的"两国交兵，不斩来使"体现了国际法对"和平"使者的保护，从而为国际法上的外交特权与豁免权等找到了理论根据与历史渊源，而目前我国所有的教科书都没有说明外交特权与豁免权的理论根据与历史来源。

总之，当今国际社会中爆发的问题，揭示了西方文化中存在着的某些不足。而古老的东方未明日益显示其独特的价值，在这一背景之下，中国传统和平文化的魅力日益展现。对此，需要我们抓住机遇，转变我们对于传统文化的态度与认知，进一步进行挖掘、整理、提炼传统文化中的合理内核，形成对世界文明与当代国际法的发展新的精神动力，为和谐世界的建立发挥应有的作用，使东方文明的和平思想能够造福于国际社会。

---

① 吴越：《论当代西方国际法的走向》，网址：http://www.chinalawedu.com。
② 参见伍刚：《孔子思想影响世界》，网址：http://oldblog.blogchina.com。

第四节　全球治理与我国国家战略的转变

改革开放是社会主义制度的自我完善和发展，它包含两个方面的重大内容，即对内改革和对外开放。对内改革是对外开放的必然要求，对外开放是对内改革的必然结果。1984 年党的十二届三中全会把实行对外开放确定为基本国策。自此，"中国的发展离不开世界"和"现在的世界是开放的世界"成为对外开放的两个最基本的发展理念。党的十七大报告提出了"统筹国内国际两个大局"的重要思想，这一思想标志着中国运用全球治理的逻辑进行国家治理的开始。

一、"统筹国际国内两个大局"成为国家战略的基本内容之一

伴随着改革开放的深入进行，我国也在逐步融入全球治理的步伐。党的十七大报告根据当前的国内外形势的发展，提出了"统筹国内国际两个大局"的重要思想。我们认为这一思想标志着中国运用全球治理的逻辑进行国家治理的开始，它体现在国家社会生活的方方面面，具体落实到统一战线领域，就是做好国内国际"两个大局"的统筹工作。

我国社会正处于全面转型时期，中国社会正在从自给、半自给的产品经济社会向社会主义市场经济社会转型，从农业社会向工业社会转型，从乡村社会向城镇社会转型，从封闭、半封闭社会向开放社会转型，从同质的单一性社会向异质的多样性社会转型，从伦理社会向法理社会转型。伴随着改革开放的深入进行，中国社会阶层也发生了结构性变化，典型的表现是新阶层的出现。新的社会阶层的出现，形成了社会利益的分化。旧的利益格局正被打破，新的利益格局正在形成，这也是社会转型期基本特点之一。利益分化反映在政治上是公民的民主意识、权利意识、社会参与增强。因此，在新形势下，统一战线也进入一个新的发展阶段，在这一阶段，统一战线呈现出新的特征。这一特征表现为：统一战线具有了空前的广泛性 巨大的包容性 鲜明的多样性和显著的社会性等四个新的阶段性特征[①]。

2009 年 12 月 22 日，全国统战部长会议在北京举行。贾庆林在会议上发表重要讲话，提出："要坚持在统筹国内国际两个大局中谋划推进统战工作，团结引导统一战线广大成员把思想和行动统一到中央决策部署上来，积极为推动科

①　魏建、张伟林等：《浅析新中国统一战线 60 年的历程与启示》，《上海社会主义学报》2009 年第 6 期，第 43－44 页。

学发展和促进社会和谐作出新贡献。"这就是说，在新形势下，要进一步构建中国特色社会主义大统战工作的新格局，谋划大统战工作的新举措，就必须把它置于国内国际两个大局中加以研究。

所谓统筹一般是指通盘考虑，照顾到各个方面的利益和需要，不能顾此失彼。正确处理全局与局部、局部与局部之间的关系。在统一战线工作中统筹国内国际两个大局，就是要树立世界眼光，加强战略思维，立足国内、面向世界。在处理国内问题的时候要考虑到国际因素，在处理国际问题的时候要考虑到国内背景。例如台湾问题就中国的内政，但是台湾问题必然涉及了中美关系等国际因素，因此，离开了美国因素谈台湾问题是不全面的。而且，我们注意到了目前学界已经有了"国际统一战线"的说法。

科学发展观的第一要义是发展，核心是以人为本，根本方法是统筹兼顾。深入贯彻落实科学发展观，必须坚持统筹兼顾。科学发展观提出了"五个统筹"，即统筹城乡发展、统筹区域发展、统筹经济社会发展、统筹人与自然和谐发展、统筹国内发展和对外开放。五个统筹的战略方针是妥善处理当前各方面突出矛盾、协调好各种利益关系所必需的。

可见，在统一战线工作中，统筹国内国际两个大局是适应中国同国际社会关系发生重大变化的必然要求，是在新的历史起点上发展中国特色社会主义的必然要求，也是科学发展观的内容之一。

二、国家战略与"大统战"格局的建立

所谓"大统战"是相对于"小统战"而言的，目前对"大统战"与"小统战"的认识需要进一步提炼。我们认为所谓"小统战"是指：

1. 在认识上，将统战工作看成仅仅是统战部的工作，而不是全党、全社会的工作；

2. 在统战对象上，仅仅把中央确定的 15 种对象作为统战工作的对象范围，其他对象不作为统战工作对象。这 15 种对象分别是：各民主党派成员、无党派人士、党外知识分子、少数民族人士、宗教界人士、非公有制经济人士、私营企业和外资企业的管理技术人员、中介组织从业人员、自由职业人员、原工商业者、起义和投诚的原国民党军政人员及眷属、港澳同胞、台湾同胞和去台湾人员留在大陆的亲属、出国和归国留学人员、海外侨胞和归侨侨眷等。

3. 在方式、手段、机制是相对单一、简单。

与"小统战"不同，"大统战"要求将统战工作放到党和国家的战略高度上去认识，放到党和国家的工作大局中去思考和谋划，强调"以更高更开阔的视角，争取人心、凝聚力量，充分发挥统战工作的'大团结'、'大联合'作用，

为实现党和国家的宏伟目标而团结努力"①。具体而言，包括以下五个方面主要内容：

即以更高更开阔的视角，更广泛的对象、更灵活多样的方式、方法，更多的领域，更高的组织形式等手段，以争取人心、凝聚力量，充分发挥统战工作的"大团结"、"大联合"作用，为实现党和国家的宏伟目标而团结努力。重点包括以下五个方面：

1. 在统一战线的理论基础方面。在国内以建设社会主义和谐社会为目标，在国际层面以建设和谐世界为目标，这样，在国内国际有了"同中有异"、"异中有同"的同质性的理论依据，这一同质性的理论依据可以整合与同一我们的行动，使我们能够在共同的节奏之中，保持步调一致。

2. 在统战对象上，统一战线的对象是关于整个中华民族、不仅包括我国大陆全体人民、而且包括大陆范围以外一切爱国爱家乡的中华民族的大团结大联合。这是新时期的新的两个联盟，即国内联盟与国外联盟。

3. 在统一战线的范围上存在"两个大局"。统一战线涉及国际与国内"两个大局"，新时期的统一战线需要在国际与国内大个大局中进行统筹。

3. 在工作手段、方法上的多样性。与"大统战"相对应，要求统战工作的工作手段、方法由传统的思维方式和单一、严肃的工作手段向综合性并富有吸引力、感染力、亲和力的手段和方法转变。特别是需要运用国际上通行的做法来做统战工作；

4. 在统战领域上，新时期统一战线工作不只是在政治领域，还要深入到经济、文化、社会、国防、外交等各领域。

5. 在体制上，形成全党重视、政府支持、社会各界广泛参与的大格局。这正是相对于小统战即专由党委统战工作部门所统一协调和作为重点工作的范围而言的。"大统战"是与统一战线"大团结、大联合"的本质要求相一致的。"大统战"格局的基本要求是在党的统一领导下，由党委统战部协调各个方面，建立健全统一战线在各个领域、各个方面的工作制度和运作机制。

因此，在新形势下，统一战线具有统筹"两个大局"重要使命，这要求我们建立以"构建大统战、营造大和谐、共建大开放、服务大社会"为理念，建立统一战线工作的新思路与新方法。有学者提出："无论是从事国内统一战线工作还是从事国际统一战线工作，都必须摆脱专业化'隧道视野'和跳出本职工作'成熟化陷阱'，勇于并善于将国内国际两条统一战线统筹起来，从事国内统一战线工作的同志要学会处理国际统一战线的事务，从事国际统一战线工作的

<hr>

① 参见吴大兵：《大统战工作的含义及功能探微》，《福建省社会主义学院学报》，2009 年第 6 期，第 39 页。

同志也要善于做好国内统一战线的工作，这是统战干部提高自身素质的重要途径之一"①。

三、以统筹国内的"五大关系"为重点，探索开展统战工作的新思维与新方法

党的十七大报告提出要壮大爱国统一战线，促进政党关系、民族关系、宗教关系、阶层关系、海内外同胞关系和谐。我们将政党关系、民族关系、宗教关系、阶层关系、海内外同胞关系简称为为"五大关系"，这是统战工作统筹国内大局中的至为重要的关系，所以被认为是当今的爱国统一战线的五大关系。因为"把这五大关系处理好了，我国社会主义政党制度的优势、民族区域自治制度的优势、社会主义宗教制度的优势就能够得到最大限度的发挥，社会各阶层和广大海外侨胞的智慧和力量就能得到最大限度的运用，全面建设小康社会、构建社会主义和谐社会、实现中华民族伟大复兴就有了强大的力量支撑。"② 因此，正确认识和处理这五个方面的重大关系，保持和促进这五个方面的重大关系和谐，事关中国特色社会主义的全局，事关构建社会主义和谐社会的进程，事关党和国家的兴旺发达和长治久安。

统筹国际国内"两个大局"，处理好五大关系的新思路与设想：

1. 以"两种话语"为抓手，在两种语境之中处理好政党关系。在国内层面，我们要坚持中国特色的社会主义制度与理论，完善中国特色的政党制度。完善我国的政治制度是贯彻中国特色社会主义事业始终的重大任务。当前，深入挖掘中国共产党领导的多党合作制度的内涵，完善多党合作制的制度与形式，促进政治体制改革是完善多党合作的主要内容。具体为包括；

(1) 给予各民主党派予政治关心与政治信任，给予其政治发展的空间；

(2) 改善履行参政议政、民主监督的环境与条件，提高参政党成员的履行职能能力；

(3) 有序地让民主党派代表人士担任实职的机会；

(4) 逐步提高民主党派担任正职的比例。

在国际层面，坚持以"文化的多样性"开展工作，强调政治制度领域中国人民的自主选择性，以弱化国际上"两大阵营"、"冷战思维"等意识形态的对立。

2. 熟悉并运用"人权"思维为立足点，统筹处理好民族以及宗教关系。无

① 孙宝林：《做好国内国际两条统一战线统筹工作》，《湖北省社会主义学院学报》，2008 年第 6 期，第 3 页摘要部分。

② 《壮大爱国统一战线，促进政党关系、民族关系、宗教关系、阶层关系、海内外同胞关系和谐》，《人民日报》2007 年 12 月 24 日。

论在国际、还是国内的"两个大局"中，大力发展中国特色的人权事业，并将其纳入国际人权事业的一部分。

在国内层面，进一步完善民族区域自治制度。创造各民族的共同团结奋斗的政治氛围，努力实现共同繁荣发展。统筹协调的重点是着眼于促进少数民族地区经济、文化和社会的全面发展，让各少数民族都过上富裕安定的小康生活，从而促进平等、团结、互助、和谐、民族关系。

在国际层面，要熟悉和运用国际人权法规则，尊重"少数人的权利"，利用人权报告等形式宣传我国人权事业的理念与发展状况。例如，正确解读科索沃问题的人权问题，这样才能有效地维护中国西藏与新疆地区稳定和发展，而不是回避，甚至是视而不见。

统筹处理好宗教关系同样离不开人权思维。宗教自由无论中外都是国家法律保护的内容之一。当前，充分认识当前世界宗教的新情况新特点全面贯彻党的宗教信仰自由政策，依法管理宗教事务。积极引导宗教与社会主义相适应，坚持独立自主自办原则。

3. 在更加宽松的政治环境之中，统筹处理好阶层关系。伴随着改革开放的深入进行，中国社会阶层也发生了结构性变化，典型的表现是新阶层的出现。新社会阶层归纳起来有六个：民营科技创业人员和技术人员；受聘于外资企业的管理技术人员；个体户；私营企业主；中介组织的从业人员；自由职业人员；农民阶级也已经分化为八个阶层：即农业劳动者阶层；农民工阶层；雇工阶层；农民知识分子阶层；乡镇企业管理者阶层；农村管理者阶层；工人阶级也随着国企改革步伐在逐步演变为不同的利益群体。因此，我国的社会结构由最初的"两个阶级一个阶层"（工人阶级、农民阶级和知识分子阶层）发生了显著的分化组合。新的社会阶层的出现是我国经济发展和社会进步的必然结果，他们为社会主义社会的生产力和其他事业做出了重要贡献，其社会影响力日益增强。新的社会阶层的出现，形成了社会利益的分化。旧的利益格局正被打破，新的利益格局正在形成，这也是社会转型期基本特点之一。利益分化反映在政治上是公民的民主意识、权利意识、社会参与增强。

因此，在充分尊重、广泛联系、加强团结、积极引导方针下，一方面，要逐步地扩大新社会阶层人士的政治参与，诸如关心其入党、加入政协等，以给予其适当的政治发展的空间。另一方面，关心其在事业上的发展，在条件允许的情况下，提供其事业发展的必须的帮助。此外，以适当的方式，关心其生活状况，充分挖掘其建设社会主义的积极性。

4. 挖掘利用海外的力量，统筹处理好海内外同胞关系。一方面，进一步发挥台联、侨联以及欧洲同学会等现有团体的作用，坚持以凝聚侨心、汇聚侨智、发挥侨力为目标，促进中华民族伟大复兴。

另一方面，我们还应看到海外的留学生、新一代海外华侨华人不断增多，在促进经济文化交流、维护祖国统一等方面的优势日益突出。因此，要加大联谊交友的力度，引导他们全方位地发挥好作用。

四、在工作机制上建议设立更高的平台，以强化统筹"两个大局"的组织水平与能力

为能够有效地统筹统战工作中这一重要的"五大关系"我们建议在工作机制上，成立设立"统一战线领导小组"甚至可以考虑"统一战线工作委员会"，以强化组织机构，统筹与整合社会的各种资源，建设和谐社会。事实上，"大统战"格局的形成需要专门的工作机构，因此，这也是"大统战"格局的形成的组织保证。

建立"统一战线领导小组"，其具体组成可以考虑由各级党委牵头，常委挂帅，由政府相关职能部门主要负责人组成，并配备专职工作人员。

成立专门的机构"统一战线工作委员会"，其具体组成是出了上述"统一战线领导小组"的成员之外，再增加更多的专职工作人员。该机构类似于政法委员会的设置，作为各级党委的一个部门。因为党委系统已经有了统战部这一机构，也可以与各级统战部合署办公，所谓的"两快牌子、一套班子"。

"统一战线领导小组"或者"统一战线工作委员会"的独特作用是多方面的，其中主要的方面集中表现在以下几个方面：

1. 可以凸显统一战线的社会整合功能，强化统一战线提炼、表达、整合民意的功能，形成建设和谐社会的社会合力。当前，由于社会阶层构成的新变化，使新老阶层的利益格局也都发生了深刻变化。如果不妥善处理各种利益关系，不兼顾不同阶层与群体的利益，势必使阶层与阶层之间产生摩擦，造成冲突。例如就业问题、贫富差距问题、弱势群体问题，民工产生反城市社会的心理等等，都有一个利益关系是否得到有效兼顾和妥善处理的问题。要解决这些问题，统一战线就必须适应社会阶级阶层构成新变化的需要，发挥反映社情民意、化解矛盾的功能。

2. 可以提高协调政党关系、民族关系、宗教关系、阶层关系、海内外同胞关系等五大关系的能力，促进社会和谐与政治融合。协调关系五大关系直接考验党的执政能力问题，成为当前统一战线工作的重要任务之一。

3. 通过"统一战线领导小组"或者"统一战线工作委员会"这一专门组织，发挥政府、社会团体、海外华侨等在构建和谐社会中的应有作用。事实上，为探索形成大统战格局，全国各地纷纷进行了各种有益的探索。目前各地的做法一般是由市委常委担任统战部长，加强了统战系统机构、编制的建设，增加人员、补充经费。具体方法是从统战部到各民主党派、工商联、民族宗教事务

214

管理局、侨联等相关机构增加科室，增加编制。这些措施反映了统战工作在当前社会生活中的地位与作用以及发生了变化，因此，如果设立专门在机构，那么，可以强化统一战线的组成建设，并且能够发挥统一战线在当前的新职能。

此外，通过建立专门的组织，可以提供更高的平台，塑造利益表达机制。目前，我国的人大、政协在利益表达上还存在一些问题，通过扩大政治参与，可以补充人大、政协在代表与表达民意方面的不足。

因此，从中央到地方，设立"统一战线工作委员会"的工作机构，能够有效地发挥统一战线在新形势下的新功能，促进全社会的科学发展，打造和谐社会。

五、努力探索统筹统一战线"两个大局"的新举措

贾庆林在去年年底的全国统战工作会议上的讲话中，提出了要推动统战工作科学化水平，为服务科学发展和实现自身科学发展奠定坚实基础的重要指示。因此，为创造统一战线的新形式、新方法，需要在下列方面进行努力：

1. 加强新形势下统一战线的理论建设。理论是行动的先导，理论建设对统一战线工作具有极为主要的意义。目前统一战线理论研究中存在的问题在于：课题少，经费少，人员不足等情况。为此，我们建议

（1）强化国家投入，通过设立课题等形式，发动专家，进行多层次、多方面的理论研究。除了社会科学基金外，由中共中央统战部、各个省市的统战部向全社会发布关于统一战线的理论的课题，由大专院校、科研院所承担。

（2）改变当前统一战线研究的组织形式。变现行的行政化为主的组成结构为学术化为主的组成结构。目前，各地举办的统一战线理论研究会往往以官员为主，在理论研究活动的开展过程中，以行政化的形式进行得多，学术程度低。

（3）重视科研后备队伍建设。事实上，上述2个因素也是制约统战理论研究队伍的重要方面。

总之，改革开放前30年的经验、制度需要总结，新形势下出现的新情况、新问题需要及时予以分析解决。加强统一战线的理论建设对于巩固与发展新时期的统一战线具有独特的意义与价值。

2. 完善"经济统战"的时代内涵，开展统一战线的多种形式。改革开放以来，我们强调的是"一个中心，两个基本点"，即以经济建设为中心，坚持四项基本原则，坚持改革开放。正是在这一历史条件与时代背景下，经济统战工作得到了凸显。当前，我们在继续发展"经济统战"的特殊，需要完善经济统战工作的内容，重点是必须研究和把握三大基本原则：一是坚持可持续发展，立足统一战线长期的巩固和发展原则，注重长远发展或发展的质量，强调人口、资源、经济和社会的协调统一，把握可持续性、共同性和公平性。二是坚持创

新，调动统一战线诸成员的自觉性和创造性原则，在实际工作中注意解决"转换创新模式"，形成新思路和开拓新领域；注意解决"价值取向的更新"，吸收中外文化的一切精华。三是坚持体现各方的利益，调动统一战线成员积极性原则，对各方的利益不能损害，只能兼顾①

　　另一方面，经济统战显然不是统战工作的全部，除此之外，我们还要在实践中探索与发挥文化统战、宗教统战等的新形式，使得统战工作走向深入。所谓文化统战，是指利用文化的内涵、功能和理念，以唤起和影响一定社会群体产生精神共鸣，促使其形成有机的整体联盟，来促进共同利益目标实现的一种统战形式。如何创造与现代文明相协调的统战工作方式，成为新世纪新阶段统战工作的新课题，事实上，文化也是"软实力"的重要内容之一，文化的发展当然能够促进政治的、经济的、社会的各个方面事业的发展与繁荣。"文化统战"也正是在这样的背景下应运而生的。开展文化统战工作的特殊价值在于一下几个方面：

　　（1）可以淡化统战工作的政治色彩，使统战工作在相对平和的氛围中开展。"文化统战"可以淡化了统战工作的政治色彩，使得统战工作得以在更加平和的氛围中开展，这无疑会使统战的工作更具实效，也更加能够让人理解和接受，从而收到事半功倍的效果②。

　　（2）可以把对各阶层成员的理想信念、思想道德、爱国敬业精神、行为准则等教育与统战文化建设有机地融为一体。文化统战之所以能够成为统战工作创新的有效载体，是因为它拓展了统战工作的领域和空间，并且以"和而不同、求同存异"的理念，以社会主义文化精髓为核心的文化统战手段，因此，文化统战能够引导统战各阶层成员自觉把自己的行为纳入一定的轨道和模式中，实现既落实制度规范，又尊重差异的大团结、大联合的统一思想行为③。

　　（3）"以文化认同推进大陆同胞及台港澳同胞的国家认同"④。国家认同是个政治概念，它是指一个国家的公民对自己归属哪个国家的认知以及对这个国家的构成，如政治、文化、族群等要素的评价和情感。是族群认同和文化认同的升华。国家认同问题对中国具有不重要的意义，因为我国是一个由 56 个民族组成的幅员辽阔、人口众多的社会主义国家，而且存在着"一国四域"的现实状况，即当前完整意义上的中国由中国大陆、香港、澳门、台湾所组成。其中

　　① 参见莫卫红：《略论新时期经济统战的基本原则》，《山西社会主义学院学报》2000 年第 4 期。
　　② 韦丽萍：《开展"文化统战"工作的思考》，《广西社会主义学院学报》2009 年第 4 期，第 54－55页。
　　③ 参见杨琅玲：《文化统战—加强统一战线工作的新思路》，《山西高等学校社会科学学报》2010 年第 2 期，第 57 页。
　　④ 许立坤：《论文化统战工作的基本任务》，《广西社会主义学院学报》2009 年第 2 期，第 44 页。

香港和澳门经历过英国、葡萄牙长期殖民统治后回归祖国，台湾经历了日本 50 年的殖民统治，至今仍未回归祖国。当前，我国正处于社会转型期，国内政治、经济的飞速发展，难免会对发展中的问题存在不同的认识与看法。在这些情况下，国家认同的作用就具有巨大的作用。在国家认同基础上，才能建立更加牢固的统一战线。

此外，开展文化统战工作，可以有效整合各类文化资源，促进社会主义文化大发展大繁荣。

3. 争取国际组织的力量与作用，开展统一战线。随着我国加入 WTO 等国际组织，我国已经逐步地地融入了国际社会，并成为多边外交机制和行动的主动参与者和积极倡导者。如上海合作组织、朝核六方会谈等。近年来，无论是地区组织或多边机制为框架的地区多边外交，还是以联合国为中心，参与国际组织及国际机制的建设，抑或是开展跨地域的南北对话和洲际合作，中国因素和影响力日益增强，多边外交取得了一系列成果。

利用国际组织的力量，可以改变国际舆论环境对于我们的不利影响，可以逐步地减少和纠正"中国威胁论"、"中国责任论"等妖魔化中国的舆论与行为，等等。

总之，统一战线是中国革命和建设的三大法宝之一，新时期的统一战线的内涵也在不断地与时俱进。当前，全球治理与全球善治等国际背景与理念中，需要我们根据时代的发展，不断地研究新情况，分析新问题，把统一战线事业引向深入，在"两个大局"中统筹协调，以提升与完善党的执政能力与执政水平与治理国家的方式、方法与途径。

第五节　和谐世界与中国国际责任理论之构建

随着朝鲜核问题、苏丹达尔富尔问题、缅甸问题、全球变暖等问题的不断出现与解决，中国的国际责任成为越来越引人注目的国际话语，并且这一话语往往表现为种种批判与压力。另一方面，中国自身对自己作为"负责任大国"的定位与承诺，使得这一词语成为伴随中国和平崛起的重要内容。我们认为中国国际责任包含者极为丰富的内容，是中国走向世界的重要理论，是和谐世界理论的应有之意，也是中国国际法学发展的时代机遇。

一、中国国际责任概念的形成过程

尽管人们一般认为"中国责任论"的最先提出者，是美国前任副国务卿佐立克。他在 2005 年 9 月 17 日的讲话中，希望中国成为"负责任的利益攸关方"。之后，美国和西方舆论也纷纷跟进。但我们认为从总体而言，中国国际责任概念的形成是一个自然的发展过程，具有自然性。正因为如此，这一概念具有更为合理的因素，需要我们在理论上进行总结与提炼。

（一）中国的国际责任概念的形成是中国社会自身发展的自然结果

经过 30 年的改革开放，中国的综合国力已经发生了显著的变化，中国在世界经济与政治中的份量增大。就经济数据而言，根据国家统计局和世界银行的数据，2005 年，中国的 GDP 达到 22350 亿美元，占世界经济的份额的约 5%，连续超过了八国集团中的意大利、法国和英国，仅次于美国、日本和德国，总量居世界第四。2005 年，中国的贸易额已攀升至第三位，成为名副其实的贸易大国。因此，中国崛起于世界，已经是一个不争的现实和事实。这个时刻，面对"中国想要一个什么样的世界？"① 这一问题，不能仅仅看成为西方发达国家对中国的敌意，它反映了国际社会对中国在 21 世纪中的合理期待，希望中国在全球与地区事务中发挥更大、更为积极的作用，对国际社会承担更大的国际责任。

社会常识告诉我们，国家在国际社会承担的责任是与国家的实力、地位联系在一起的，通常而言，实力越强，责任越大，地位也越高。就是说对弱者要进行保护，而强者应承担更大的义务。法学理论也告诉我们，法律主体是与承担责任的能力联系在一起的。

（二）中国的国际责任是"黄祸论"、"中国威胁论"、"中国崩溃论"等"中国观"的自然演化

在历史上的不同时期，外国人主要是西方人视野中存在的片面的"中国观点"可集中为"黄祸论"、"中国威胁论"、"中国崩溃论"② 三个观点，当然三者之中以"中国威胁论"具有普遍性与影响力。三者在形式上不同，在具体内容上差别甚大，但在本质上却异曲同工，殊途同归，都充斥着对对中国人的偏见、以偏概全。19 世纪末 20 世纪初，"黄祸论"在西方社会一度闹得沸沸扬扬，甚嚣尘上。19 世纪初叶，英国学者戴维斯的《中国人的历史》、沃尔尼的《古老帝国的遗迹》、德籍英国传教士郭实拉的《中国史》等书中曾将蒙古西征称之为"中世纪最大的黄祸"。"黄祸论"之名来自 1895 年德皇威廉二世送给俄国沙皇尼姑拉二世的一幅《黄祸图》，"这副画显示出，欧洲列强以它们各自的护守天神为代表，被天上派下来的天使米迦勒召集在一起，联合起来抵抗佛教、异端和野蛮人的侵犯，以捍卫十字架。黄祸论"由"黄祸图"而起，并在德英俄

① "中国想要一个什么样的世界？"是 2007 年达沃斯世界经济论坛设定的讨论主题。

② 饶本忠：《"黄祸论""中国威胁论""中国崩溃论"探析》，《湖州职业技术学院学报》2004 年第 4 期，第 13 页。

美广泛传播开来。此后，每当中国出现一线复兴生机，侵略者们就以"黄祸"为警。一般认为："黄祸论"的始作俑者是无政府主义创始人之一俄国人巴古宁，他在 1873 年出版的《国家制度和无政府状态》一书中开鼓噪"黄祸论"之先河，英国殖民主义者皮尔逊在他的《民族生活与民族性》一书中又进一步发挥完善，使得这一理论基本形成①。

新中国成立以来，尤其是 20 世纪 90 年代以来，已经出现了几波"中国威胁论"。"中国威胁论"的始作俑者是日本防卫大学副教授村井龙秀，1992 年第一次在西方大规模泛滥。而哈佛大学教授亨廷顿在《外交》1993 年秋季号上发表的《文明的冲突与世界秩序的重建》一文，产生了重要反响。"中国威胁论"第二次甚嚣尘上是在 1998 年~1999 年，代表事件有所谓的《考克斯报告》、"李文和案件"、"政治献金案"等。2002 年 7 月美国出笼的《美国国家战略报告》和《中国军事力量年度评估报告》掀起了第三轮"中国威胁论"②。由于中国近 30 不的巨变以及意识形态等一些原因，"中国威胁论"在国际上有一定市场。

"中国崩溃论"的源头主要有两个：一个是美国匹兹堡大学罗斯基教授对中国 GDP 统计的质疑文章；另一个是美籍华裔律师章家敦出版的《中国即将崩溃》一书及其相关言论③。中国崩溃论是一个伪问题与伪结论，这一问题会在历史的发展中会得到自然的解决。

围绕上述问题，中国为应对上述观点首先提出了和平崛起的思想。这一思想侧重于向世界宣示和阐明中国崛起不会、以及为什么不会成为威胁；之后我们又提出了"和谐世界"思想，着力向世界提出了我们的理想和各国携手努力的目标。而中国的国际责任的提出使得这一问题本身趋于中性化，而这一问题的解决方式又走向了西方人法治化的轨道，这一国际社会的通行法则。因此，中国的国际责任是"黄祸论"、"中国威胁论"、"中国崩溃论"自然演化，并且是较为健康与理性的演化。

（三）中国国际责任是中国作为"负责任大国"的应有之意

十七大报告中指出，中国将始终不渝地走和平发展道路，"将继续积极参与多边事务，承担相应义务，发挥建设性作用，推动国际秩序朝着更加公正合理的方向发展"，中国也将"在实现本国发展的同时兼顾对方特别是发展中国家的正当关切"。在对外交往中与我们在国际社会的自我定位中，我们将自己定位为"负责任大国"，所谓"负责任大国"，根据十七大报告，就是要积极参与国际事

---

① 饶本忠：《"黄祸论""中国威胁论""中国崩溃论"探析》，《湖州职业技术学院学报》2004 年第 4 期，第 13 页。

② 江永红：《从"中国威胁论"到"中国责任论"、"中国机遇论"》，《生产力研究》2007 年第 7 期，第 3 页。

③ 彭庆红：《"中国崩溃论"的实质及其影响》，《高校理论战线》2002 年 12 期。

务，推动国际秩序的公正合理。事实上，在外交策略上，我们已经从"韬光养晦"转化为"韬光养晦，有所作为"这一新阶段。

二、国际责任的涵义分析

中国的国际责任的内涵方面，我们必须明确，目前我们所说的国际责任是一种政治话语，需要转化才能成为国际法的语言。我们说在国际法领域，中国的国际责任，不同于我们平时说的法律责任，也不同于国际法上的国家责任。在国际法上国际责任的涵义偏重于国际义务，但又比国际义务的适用范围更广，在内容上具有道义上的因素，是一种特殊的国际义务。国家国际责任的范围与程度是随着一个国家的综合实力与国际环境等因素的变化而不断变化的。

（一）国际责任不同于现行国际法上的国家责任

国家责任的主体主要是国家，因此国际责任法主要是指国家的法律责任，现有的国际法理论与实践均用国家责任来表达该部分内容。因此，我们一般认为国家责任（state responsibility），也称"国家的国际责任"。[①] 传统上国家责任仅仅指国家对其国际不法行为所应负担的国际法律责任。这种意义上的国家责任可简称为国际不法行为法律责任或者传统国家责任。20世纪中叶以来，在传统国家责任概念之外，产生了一种新型的国家责任，我们称之为"国际法不加禁止行为所产生的损害性后果的国际责任"，这一表达是由1948年成立伊始，就将国家责任法列入了编纂的议程，并一直负责国际责任编纂工作的联合国国际法委员会首先使用的。

国家责任的形式主要有限制主权；恢复原状；赔偿；道歉等。在一般国际关系中，凡违反条约义务或国际法义务的行为都是国际不法行为，国家须为此承担法律上的后果。1979年联合国国际法委员会草拟的《关于国家责任的条文草案》，将国际不法行为（国际法委员会工作报告中文文本中称为国际不当行为）区分为国际罪行和国际侵权行为（国际法委员会上述文本中称为国际不法行为）。国际罪行指违背对保护国际社会的根本利益至关重要的一项义务的行为，如侵略、武力建立殖民统治、实行奴隶制、灭绝种族、大规模污染大气或海洋等。国际罪行之外的其他违反国际法的行为为国际侵权行为。为违反国际义务行为的是国家的任何一个机关。对任何国家机关的违反国际义务的行为或不行为，国家都须为之负责。如国家应给外国人司法救济而没有给予，就构成"司法的拒绝"，国家因此而须承担国际责任。

国际法不加禁止行为所产生的损害性后果的国际责任。1976年12月15日，联合国大会通过决议，敦促国际法委员会尽快研究审议"国际法不加禁止行为

---

① 《中国大百科全书·法学》，中国大百科全书出版社1984年版，第252页。

的国家责任问题"。根据联大的决议，国际法委员会从 1977 年第 29 次会议起，将该问题列入工作计划，自 1978 年起就国际法不加禁止的行为引起的国家责任问题进行编纂。"国际法不加禁止行为所产生的损害性后果的国际责任"就是指国际环境损害责任，又称为"跨界损害责任"，是指国家为其管辖或控制下的本身并不被国际法所禁止的活动造成国家管辖或控制范围以外地区的环境损害而承担的赔偿责任。国际环境损害责任是随着人类科学技术的发展和工业化水平不断提高而出现的①。"国际法不加禁止的行为产生的损害性后果的国际责任"存在的困境在于造成跨境环境损害的主体通常为私法主体，却要由国家为其承担国际责任，故难以为各国接受。预防原则已经成为国际环境法的基本原则，确立了国家对实施预防原则的国际义务，损失分担的安排借鉴了国际海上油污损害等领域环境损害责任私法化的成果，标志着国际环境损害责任正在向私法化发展。同时，国家在跨界环境损害中承担补充责任并应在安排损失分担方面起重要作用，而在国家作为造成跨界损害主体的某些特别领域，国家依然是承担责任的主体②。

（二）在现有国际法理论上，我们所谓的国际责任事实上更偏重于国际义务

从上文分析，我们发现，目前我们所说的国际责任，既不是国际不法行为法律责任又不是国际法不加禁止行为所产生的损害性后果的国际责任，因此，现有国际法理论上的国家责任是具有严格限制的，或者说是在最狭义上使用这一概念。

那么既然这一词汇不同与现有的国际法的国家责任一说，我们将国际责任一词引入国际法是否形成概念混同？国际责任这一概念有什么特殊作用与理论价值。我们认为在国际法中引入这一概念具有极为重要的意义与价值。

首先，法律责任一词本来就有义务一说。法律责任是一个重要的概念，但对于什么的"法律责任"，学者们依然是众说纷纭。将前人提出的种种观点进行梳理，以其指称中心词不同，法律责任的概念大致有以下几种：一是义务说。它把法律责任定义为"义务"；二是处罚说。它把法律责任定义为"处罚"、"惩罚"、"制裁"；三是后果说。它把法律责任定义为某种不利后果；四是责任能力说及法律地位说。它把法律责任说成是一种主观责任③。可见，将法律责任定义为一种"义务"这一思想由来已久，而且代表了西方的主要观点。《布莱克法律词典》就将法律责任解释为"因某种行为而产生的受惩罚的义务及对引起

①　王秀梅：《国际环境损害责任私法化析论》，盐城师范学院学报 2007 年第 3 期，第 22 页。
②　王秀梅：《国际环境损害责任私法化析论》，盐城师范学院学报 2007 年第 3 期，第 21 页。
③　刘作翔、龚向和：《法律责任的概念分析》，《法学》1997 年第 10 期，第 8 页。

的损害予以赔偿或用别的方法予以补偿的义务"①。美籍奥地利法学家，纯粹法学派（又称规范法学派）创始人凯尔森（Kelsen，Hans，1881～1973）也认为，"法律责任的概念是与法律义务相关联的概念，一个人在法律上对一定行为负责，或者他在此承担法律责任，意思就是，如果作相反的行为，他应受制裁"②。

其次，在国际法上，选择以义务为重心解释国际责任一词的理论依据。鉴于现有的国际法理论与实践是在"最狭义"的意义上使用国家责任一词，故直接将政治生活中的语言"国际责任"照搬到国际法中来是不适宜的，因为两者在语意上暂时还不具有"兼容性"，特别是作为法律用语，即使是国际法同样要注意到语言的"概括性"、"精确性"与"可操作性"，将目前仍主要是政治语言的国际责任直接"生吞活剥"地搬到国际法中，就与法律语言要求的"概括性"、"精确性"与"可操作性"相去甚远。但是，另一方面，国际法上的国家责任理论是极其重要，目前的理论还很不成熟的制度，需要成熟的国际法实践予以支持，这当然包括运用政治实践中的成功实践予以推动，因此，目前的国际责任一词具有极高的信息量，可以转化为国际法上的制度。

同时，在国际法现有的关于国家义务的理论上，同样存在着严重的不足，表现为：一是以往我国国际法学者所界定的国家的权利与义务，是从基本权利与基本义务来设置国家在国际法上的权利与义务的，那么，这里就自己人为地设定了一个问题，那就是什么是"基本权利"，隐含的另一个问题就是什么是"非基本权利"或者"一般权利"，在这一问题上需要与宪法学一样，必须要有理论上的"清醒"，而不是"跟着感觉走"。因为我国几乎所有的学者在解释国家的权利与义务的依据是1996年联合国《国家权利与义务宣言草案》；二是正因为目前国际社会关于国家权利与义务的理论来源是1996年联合国《国家权利与义务宣言草案》，因此，在该领域尚无正式宣言，所谓的权利与义务目前尚没有约束力。正因为上述不足，所以国际法中关于国家义务的规定同样需要我们在理论建设中予以高度关注。

再次，将国际责任界定为国际义务的"国家普遍义务说"的理论反映。"普遍义务"（obligation erga omnes）又有译为"对一切"义务，是指一国对所有国家、整个国际社会、对一切的义务。该概念首次出现于20世纪70年代，它不同于一国对某个特定国家或对象承担的义务，普遍义务所对应的权利主体是所有国家、全人类和整个国际社会③。普遍义务弥补了传统国际法的部分不足。因为传统国际法在提到国家的义务时，主要是指国家应尊重他国的权利，遵守条约

---

① 《布莱克法律词典》（英文版），美国西部出版公司1983版，第1197页。
② 凯尔森著，沈宗灵译：《法与国家的一般理论》，中国大百科全书出版1996年版，第73页。
③ 周露露：《试论普遍义务及其对国际刑法的影响》，《现代法学》2006年甀3期，第166页。

规定的义务，即国家的义务主要是相对的义务。然而，随着国际社会的发展，国家之间的相互依赖增强，出现了超越个别国家利益的国际社会的整体利益，在此基础上，国家应承担普遍义务。普遍义务的概念是现代国际法上的一个重要概念，得到了广泛的承认①。这一概念体现了全人类对善良公允、正义和平、人格尊严的追求。

事实上，目前的国际社会遇到了大量的共同性问题，如打击恐怖主义，共同保护环境，防止全球气候变暖等问题，需要国际社会采取共同的行为。而共同行为的行为动力源恰恰就是基于"国家普遍义务"上的国际责任。

最后，将国际责任界定为国际义务具有道义的因素。与国内法不同，国际法更深刻地体现了国际道德的内容，所以在很早的时候就有学者认为国际法不是法，而是道德，尽管这一说法在今天已经"不攻自破"，但其价值在于这一说法本身说明就国际法与国际道德之间的密切联系。

根据以上分析，我们认为，所以，我们认为在国际法上，国际责任是偏重于国际义务而言的，是一种特殊的国际义务。中国国际责任对国际法本身的价值与意义在于，这一概念是通过对国际义务的强调，深化了国际法国家义务与国家责任理论的建设，而且，事实上，鉴于在社会心理上而言，义务具有主动性，责任具有被动性这一特征。这就使得国际责任理论的建立能够促进国家积极投身于国际事务，自觉地成为国际事务的建设者与维护者，这对建立多边的民主的国际社会，同样具有极为重要的理论与现实价值。

三、中国国际责任实践中的应注意平衡的几个关系

尽管我们在上述分析中，将国际责任界定为国家的义务，但是不管是责任还是义务，都是要在国际社会更多的行动与作为，这些行为与作为离不开国家的人力、物力与财力。因此，在国际责任理论建立中应注意各方面关系的平衡。

（一）"国际责任"与"不干涉内政"

正因为勇于承担国际责任是一种义务，这一责任往往具有道义的内容，因此承担国际责任也有一个度。如在国外的维和行动中绝不是一方的"单相思"，在实践中我们就遇到对方的反对集团认为是"不干涉内政"。在国际法理论上，由于国际人权法的发展，"不干涉内政"已经不再绝对，例如，如果一国因国内政治动荡等情况而发生人道主义灾难时，国际社会可以采用积极行为。

（二）中国的国际责任与国内责任

国际责任具有内外两个方面，如果说对外是国际责任，那么对内国家责任，或者说对内责任。中国的国际责任必须从国际与对内的互动来实现。而且，国

---

① 王秀梅：《普遍义务论纲》，《西南政法大学学报》，2007年第6期，第25页。

家责任是对外的国际责任的基础，这就是国际交往中的"国家利益"原则。

3. 中国国际责任的能力与范围

显然，一个基本的常识就是中国应该在自己力所能及的范围内自主地承担力所能及的责任，赢得世界的信任。目前，提起中国的国际责任，我们存在心理上的"尴尬"，我们已经习惯了这样的表达，即虽然我国的经济总量排名靠前，但是我国是一个拥有13亿人口的发展中大国，按人均GDP计算，我们仍然排在许多国家之后；我们还有2000多万贫困人口；城乡之间、地区之间发现还很不平衡。要步入世界发达国家行列，我们还有很长的路要走。所以，目前，当我们说中国是一个大国，主要是从国土面积、人口数量等方面而言的，在经济方面我们仍在奋斗之中。因此，中国的国际责任存在着一个责任范围问题，这方面与家庭生活一样，同样需要以"量力而行"为原则。

4. 中国国际责任中的国际责任与地区责任

从地域范围而言，中国的国际责任中存在着全球性与地区性的责任两个方面，任何一方面都不能忽视。日常生活中有所谓"远亲不如近邻"一说，因此，我们认为中国的亚洲责任是中国国际责任理论的不可或缺的内容。

总之，中国的国际责任的提出与建构是和谐世界理论的重要内容之一，这一概念的提出有其时代的必然性。我们需要将这一必然性转化为国际法理论建设的主动性与自觉性，形成中国国际法学的独特范式与特殊话语，以在中国走向大国的过程中，使得得到国际法的支持，并使得国际法成为真正的发展中的国际学说与国际制度。

思考题

1. 人们一般认为国际法属于"软法"，据此，有人认为应当强化国际法的法律效力，使其能够在国际社会得到与像国内法一样的强制执行力；有人认为国际法的特征与魅力恰恰在于其"软法"的特性，对此您如何认识与评价？
2. 试述和平在国际法中的地位与价值。
3. 什么是全人类共同利益原则？它与现有国际法的基本原则有何关联？
4. 试述和平与全人类共同利益原则在国际法伦理学中的地位。

附录：我国法律职业道德建设的主要制度

1. 律师执业行为规范（试行）

（2004 年 3 月 20 日第五届中华全国律师协会
第九次常务理事会通过本规范自 2004 年 3 月 20 日起施行）

第一章 总 则

第一条 律师是依法取得执业资格和律师执业证书，为委托人提供法律服务的专业人员。律师的执业权利源于法律的规定和委托人的授权。律师执业应当遵循法律的规定和律师执业规范的要求，按照委托人授权的范围和权限，为委托人提供法律服务。

第二条 根据《中华人民共和国律师法》和中华全国律师协会《律师协会章程》制定《律师执业行为规范》（以下简称"规范"）。

第三条 本规范是指导律师执业行为的准则，是评判律师执业行为是否符合律师职业要求的标准，是对违规律师、律师事务所进行处分的依据。

第四条 本规范适用于中华全国律师协会会员中的所有律师事务所和律师。

第五条 律师事务所、律师应以良好的职业道德修养，善意地理解、判断和执行本规范。

第二章 律师的职业道德

第一节 基本准则

第六条 律师必须忠实于宪法、法律。

第七条 律师必须诚实守信，勤勉尽责，依照事实和法律，维护委托人利益，维护法律尊严，维护社会公平、正义。

第八条 律师应当注重职业修养，珍视和维护律师职业声誉，以法律法规以及社会公认的道德规范约束自己的业内外言行，以影响、加强公众对于法律权威的信服与遵守。

第九条 律师必须保守国家机密、委托人的商业秘密及个人隐私。

第十条 律师应当努力钻研业务，不断提高执业水平。

第十一条 律师必须尊重同行，公平竞争，同业互助。

第十二条 律师应当关注、积极参加社会公益事业。

第十三条 律师必须遵守律师协会章程，履行会员义务。

第二节 执业职责

第十四条 律师不得在两个或两个以上律师事务所执业。同时在一个律师事务所和一个其他法律服务机构执业的视同在两个律师事务所执业。

因涉及专业领域问题而邀请另一律师事务所参与办理，且该律师所在的律师事务所与被邀请的律师事务所之间以书面形式约定法律后果由前者承担并告知委托人的，不违背上述的规定。

第十五条 律师提供法律服务时，应当进行独立的职业思考与判断，认真、负责。

第十六条 律师不得向委托人就某一案件的判决结果作出承诺。

律师在依据事实和法律对某一案件做出某种判断时，应向委托人表明做出的判断仅是个人意见。

第十七条 律师提供法律服务时，不仅应当考虑法律，还可以以适当方式考虑道德、经济、社会、政治以及其他与委托人的状况相关的因素。

第十八条 律师提供法律服务时，应当庄重、耐心、有礼貌地对待委托人、证人、司法人员和相关人员。

第十九条 律师在执业活动中不得从事，或者协助、诱使他人从事以下行为：

（一）具有恶劣社会影响的行为；

（二）欺骗、欺诈的行为；

（三）妨碍国家司法、行政机关依法行使权力的行为；

（四）明示或暗示具有某种能力，可能不恰当地影响国家司法、行政机关改变既定意见的行为；

（五）协助或怂恿司法、行政人员或仲裁人员进行违反法律的行为。

第二十条 律师不得私自接受委托承办法律事务，不得私自向委托人收取费用、额外报酬、财物或可能产生的其他利益。

第二十一条 曾任法官、检察官的律师，离任后未满两年，不得担任诉讼代理人或者辩护人。

第二十二条 律师事务所不得指派非律师人员以律师身份或以其他变相方式提供法律服务。律师事务所不得为本所非律师人员以律师身份或以其他变相方式提供法律服务提供任何便利。

第三章　执业前提

第二十三条　律师执业必须持有司法行政机关颁发的有效的律师执业证。律师执业证是律师执业的唯一凭证。

第二十四条　律师执业必须经过律师协会规定的岗前培训。

第二十五条　律师应按照当地律师协会的安排进行执业宣誓，执业宣誓誓词是本规范的组成部分，是律师承担职业责任的庄严承诺。

律师执业宣誓誓词：我志愿加入律师队伍，成为中华人民共和国律师和中华全国律师协会会员，忠实宪法、法律，严格执行《律师法》，遵守《律师协会章程》，履行律师义务，恪守律师职业道德，勤勉敬业，为维护法律的正确实施，捍卫法律的尊严而努力奋斗。

第四章　执业组织

第二十六条　律师事务所是律师的执业机构。

第二十七条　律师的执业活动必须接受律师事务所的管理、监督。

第二十八条　律师事务所应当建立健全人事、财务、业务、收费等内部管理制度。

第二十九条　律师事务所应当与所内执业律师、其他工作人员签订聘用合同，并按期如实交纳事务所律师、其他工作人员的失业保险金、养老保险金、医疗社保金、住房公积金等社会保障费用。

第三十条　律师事务所必须依法纳税。

第三十一条　律师事务所按照章程组织律师开展业务工作，学习法律和国家政策，总结、交流工作经验。

第三十二条　律师事务所不得投资兴办公司、直接参与商业性经营活动。

第三十三条　在本所律师受到停业处罚期间，不得允许或默许其以律师名义继续从事律师业务活动。

第三十四条　不得采取出具或者提供律师事务所介绍信、律师专用公文、收费凭据等方式，为尚未取得律师执业证书的人员或者其他律师事务所的律师从事违法执业提供便利。

第三十五条　不得向法官、检察官、仲裁员行贿。不得为承揽案件事前和事后给予有关人员任何物质的或非物质的利益。

第三十六条　不得拒绝或疏怠履行有关国家机关、律师协会指派承担的法律援助和其他公益法律服务的义务。

第三十七条　律师变更执业机构的，应当按规定办理转所手续。

第三十八条　转所后的律师，不得损害原所属律师事务所的利益，应当信守对其作出的保守商业秘密的承诺；不得为原所属律师事务所正在提供法律服务的委托人提供法律服务。

第三十九条　接受转所律师的律师事务所应当在接受转所律师时注意排除不正当竞争因素，不得要求、纵容或协助转所律师从事有损于原所属律师事务所利益的行为。

第四十条　律师在承办受托事务时，对出现的不可克服的困难和风险应当及时向律师事务所报告。

第四十一条　律师与委托人发生纠纷的，律师应当接受律师事务所的解决方案。

第四十二条　律师因执业过错给律师事务所造成损失的，律师事务所有权向律师追究。

第四十三条　律师对受其指派办理事务的辅助人员出现的错误，应当采取制止或者补救措施，并承担责任。

第四十四条　律师事务所有义务通过建立律师事务所的规章制度和有效的管理措施，规范自身执业行为并监督律师认真遵守律师执业行为规范。

第四十五条　律师事务所对本所律师执业行为负有监督的责任，对律师违规行为负有干预和补救的责任。

第四十六条　律师事务所有义务对律师以及实习律师、律师助理、法律实习生、行政人员等辅助人员在律师业务及职业道德方面给予指导和监督。

第五章　委托代理关系的建立

第四十七条　律师应当与委托人就委托事项的代理范围、代理内容、代理权限、代理费用、代理期限等进行讨论，经协商达成一致后，由律师事务所与委托人签署委托代理协议或者取得委托人的确认。

第四十八条　律师应当谨慎、诚实、客观地告知委托人拟委托事项可能出现的法律风险。

第一节　委托代理的基本要求

第四十九条　律师应当充分运用自己的专业知识，根据法律的规定完成委托事项，维护委托人的利益。

第五十条　律师有权根据法律的要求和道德的标准，选择实现委托人目的的方法。

第五十一条 律师应当严格按照法律规定的期间、时效以及与委托人约定的时间，办理委托事项。

第五十二条 律师应当建立律师业务档案，保存完整的业务工作记录。

第五十三条 律师应当谨慎保管委托人提供的证据和其它法律文件，保证其不遭灭失。

第五十四条 律师对委托人了解委托事项情况的要求，应当及时给予答复。

第五十五条 律师应当在授权范围内从事代理。如需特别授权，应事先取得委托人的书面确认。

第五十六条 律师事务所、律师及其辅助人员不得泄露委托人的商业秘密、隐私，以及通过办理委托人的法律事务所了解的委托人的其他信息。但是律师认为保密可能会导致无法及时阻止发生人身伤亡等严重犯罪及可能导致国家利益受到严重损害的除外。

第五十七条 律师可以公开委托人授权同意披露的信息。

第五十八条 律师在代理过程中可能无辜地被牵涉到委托人的犯罪行为时，律师可以为保护自己的合法权益而公开委托人的相关信息。

第五十九条 律师代理工作结束后，仍有保密义务。

第二节 接受委托的权限

第六十条 接受委托后，律师只能在委托权限内开展执业活动，不得擅自超越委托权限。

第六十一条 律师在进行受托的法律事务时，如发现委托人所授权限不能适应需要时，应及时告知委托人，在未经委托人同意或办理有关的授权委托手续之前，律师只能在授权范围内办理法律事务。

第六十二条 律师接受委托时必须与委托人明确规定包括程序法和实体法两方面的委托权限。委托权限不明确的，律师应主动提示。

第六十三条 律师在委托权限内完成了受托的法律事务，应及时告知委托人。律师与委托人明确解除委托关系后，律师不得再以被委托人的名义进行活动。

第六十四条 在未征得委托人同意的情况下，律师不得同时接受有利益冲突的他方当事人委托，为其办理法律事务。

第六十五条 律师接受委托后，无正当理由不得拒绝履行协议约定的职责，不得无故拒绝辩护或代理。

第三节 禁止虚假承诺

第六十六条 律师不得为建立委托代理关系而对委托人进行误导。

第六十七条 律师不得为谋取代理或辩护业务而向委托人作虚假承诺，接受委托后也不得违背事实和法律规定做出承诺。

第六十八条　律师在接受刑事辩护委托后，应当依据事实和法律提出无罪、罪轻或减轻、免除其刑事责任的辩护意见；刑事辩护证据不足以否认有罪指控，不得承诺经过辩护必然获得无罪的结果。

第六十九条　律师根据委托人提供的事实和证据，依据法律规定对案件进行分析后，应向委托人提出预见性、分析性的结论意见，但应当注意避免虚假承诺。

第七十条　律师依法辩护、代理案件提出的正确意见未被采纳或因枉法裁判，使律师的预先分析意见没有实现，不能认为律师的意见是虚假承诺。

第七十一条　委托人拟委托事项或者要求属于法律或者律师执业规范所禁止时，律师应当告知委托人，并提出修改建议或者予以拒绝。

第四节　禁止非法牟取委托人的利益

第七十二条　律师和律师事务所不得利用提供法律服务的便利，非法牟取委托人的利益。

第七十三条　除依照相关规定收取法律服务费用之外，律师不得与委托人争议的权益产生经济上的联系，不得与委托人约定胜诉后将争议标的物出售给自己，不得委托他人为自己或为自己的亲属收购、租赁委托人与他人发生争议的诉讼标的物。

第七十四条　律师不得向委托人索取财物，不得获得其他不利于委托人的经济利益。

第七十五条　非经委托人同意，律师不得运用来自于向委托人提供法律服务时所得到的信息牟取对委托人有损害的利益。

第五节　利益冲突和回避

第七十六条　利益冲突是指同一律师事务所代理的委托事项与该所其他委托事项的委托人之间有利益上的冲突，继续代理会直接影响到相关委托人的利益的情形。

第七十七条　在接受委托之前，律师及其所属律师事务所应当进行利益冲突查证。只有在委托人之间没有利益冲突的情况下才可以建立委托代理关系。

第七十八条　拟接受委托人委托的律师已经明知诉讼相对方或利益冲突方已委聘的律师是自己的近亲属或其他利害关系人的，应当予以回避，但双方委托人签发豁免函的除外。

第七十九条　律师在接受委托后知道诉讼相对方或利益冲突方委聘的律师是自己的近亲属或其他利害关系人，应及时将这种关系明确告诉委托人。委托人提出异议的，律师应当予以回避。

第八十条　律师在接受委托后知道诉讼相对方或利益冲突方已委聘同一律师事务所其他律师的，应由双方律师协商解除一方的委托关系，协商不成的，应与后签订委托合同的一方或尚没有支付律师费的一方解除委托关系。

第八十一条　曾经在前一法律事务中代理一方法律事务的律师，即使在解除或终止代理关系后，亦不能再接受与前任委托人具有利益冲突的相对方委托，办理相同法律事务，除非前任委托人做出书面同意。

第八十二条　曾经在前一法律事务中代理一方法律事务的律师，不得在以后相同或相似法律事务中运用来自该前一法律事务中不利前任委托人的相关信息，除非经该前任委托人许可，或有足够证据证明这些信息已为人所共知。

第八十三条　委托人拟聘请律师处理的法律事务，是该律师从事律师职业之前曾以政府官员或司法人员、仲裁人员身份经办过的事务，律师和其律师事务所应当回避。

第六节　保管委托人财产

第八十四条　律师应当妥善保管与委托事项有关的财物，不得挪用或者侵占。

第八十五条　律师事务所受委托保管委托人财物时，应将委托人财产与律师事务所的财产严格分离。委托人的资金应保存在律师事务所所在地信用良好的金融机构的独立账号内，或保存在委托人指定的独立开设的银行账号内。委托人其他财物的保管方法应当经其书面认可。

第八十六条　委托人要求交还律师事务所受委托保管的委托人财物，律师事务所应向委托人索取书面的接收财物的证明，并将委托保管协议及委托人提交的接收财物证明一同存档。

第八十七条　律师事务所受委托保管委托人或第三人不断交付的资金或者其他财物时，律师应当及时书面告知委托人，即使委托人出具书面声明免除律师的及时告知义务，律师仍然应当定期向委托人发出保管财物清单。

第七节　转委托

第八十八条　未经委托人同意，律师不得将委托人委托的法律事务转委托他人办理。

第八十九条　律师在接受委托后出现突患疾病、工作调动等情况，需要更换律师的，应当及时告知委托人。委托人同意更换律师的，律师之间要及时移交材料，并通过律师事务所办理相关手续。

第九十条　非经委托人的同意，律师不能因为转委托而增加委托人的经济负担。

第六章　律师收费规范

第九十一条　律师费用的收取应当合理。

律师事务所和律师应当根据国家行政管理部门、律师协会制定的相关规定合理收费。

第九十二条　律师收费应当考虑以下合理因素：

（一）从事法律服务所需工作时间、难度、包含的新意和需要的技巧等；

（二）接受这一聘请会明显妨碍律师开展其他工作的风险；

（三）同一区域相似法律服务通常的收费数额；

（四）委托事项涉及的金额和预期的合理结果；

（五）由委托人提出的或由客观环境所施加的法律服务时间限制；

（六）律师的经验、声誉、专业水平和能力；

（七）费用标准及支付方式是否固定，是否附有条件；

（八）合理的成本。

第九十三条　律师收费方式依照国家规定或由律师事务所与委托人协商确定，可以采用计时收费、固定收费、按标的比例收费。在一个委托事项中可以同时使用前列几种方式，也可使用法律不禁止的其他方式。

第九十四条　采用计时收费的，律师应当根据委托人的要求提供工作记录清单。

第九十五条　律师事务所应当在委托代理合同中约定收费方式、标准、支付方法等收费事项。

第九十六条　以诉讼结果或其他法律服务结果作为律师收费依据的，该项收费的支付数额及支付方式应当以协议形式确定，应当明确计付收费的法律服务内容、计付费用的标准、方式，包括和解、调解或审判不同结果对计付费用的影响，以及诉讼中的必要开支是否已经包含于风险代理酬金中等。

第九十七条　律师和律师事务所不能以任何理由和方式向赡养费、扶养费、抚养费以及刑事案件中的委托人提出采用根据诉讼结果协议收取费用，但当事人提出的除外。

第九十八条　律师不得私自收案、收费。委托人所支付的费用应当直接交付律师所在的律师事务所，律师不得直接向委托人收取费用。委托人委托律师代交费用的，律师应将代收的费用及时交付律师事务所。

第九十九条　律师不得索要或获取除依照规定收取的法律服务费用之外的额外报酬或利益。

第一百条　律师事务所收取的法律服务费用，应当在计入会计账簿后才可以按规定项目和开支范围使用。

第一百零一条 律师事务所不得向委托人开具非正式的律师收费凭证。

第一百零二条 下列费用应当由委托人另行支付：

（一）司法、行政、仲裁、鉴定、公证等部门收取的费用；

（二）合理的通讯费、复印费、翻译费、交通费、食宿费等；

（三）经委托人同意的专家论证费；

（四）委托人同意支付的其他费用。

第一百零三条 律师对需要由委托人承担的律师费以外的费用，应本着节俭的原则合理使用。

第一百零四条 律师事务所因合理原因终止委托代理协议的，有权收取已完成部分的费用。

第一百零五条 委托人因合理原因终止委托代理协议的，律师事务所有权收取已完成部分的费用。

第一百零六条 委托人单方终止委托代理协议的，应按约定支付律师费。

第七章　委托代理关系的终止

第一百零七条 律师在办理委托事项过程中出现下列情况，律师事务所应终止其代理工作：

（一）与委托人协商终止；

（二）被取消或者中止执业资格；

（三）发现不可克服的利益冲突；

（四）律师的健康状况不适合继续代理；

（五）继续代理将违反法律或者律师执业规范。

第一百零八条 终止代理，律师事务所应当尽量不使委托人的合法利益受到影响。

第一百零九条 终止代理，律师应当尽可能提前向委托人发出通知。律师事务所在征得委托人同意后，可另行指定律师继续承办委托事项，否则应终止委托代理协议。

第一百一十条 出现下列情况时，律师可以拒绝辩护、代理：

（一）委托人利用律师提供的法律服务从事犯罪活动的；

（二）委托人坚持追求律师认为无法实现的或不合理的目标的；

（三）委托人在相当程度上没有履行委托合同义务，并且已经合理催告的；

（四）在事先无法预见的前提下，律师向委托人提供法律服务将会给律师带来不合理的费用负担，或给律师造成难以承受的、不合理的困难的；

（五）委托人提供的证据材料不具有客观真实性、关联性与合法性，或经司法机关审查认为存在伪证嫌疑的；

（六）其他合法的缘由。

第一百一十一条 律师在接受委托后发生可以拒绝辩护或代理的情况，应当向委托人说明理由，促使委托人接受律师的劝告，纠正导致律师拒绝辩护或代理的事由。

第一百一十二条 在解除委托关系前，律师必须采取合理可行的措施保护委托人利益，如及时通知委托人，使其有充分时间再委聘其他律师、收回文件的原件以及返还提前支付的费用等。

第一百一十三条 因拒绝辩护、代理而解除委托关系的，律师可以保留与委托人有关的法律事务文件的复印件。

第八章　执业推广

第一节　业务推广原则

第一百一十四条 律师和律师事务所推广律师业务，应当遵守平等、诚信原则，遵守律师职业道德和执业纪律，遵守法律服务市场及律师行业公认的行业准则，公平竞争，禁止行业不正当竞争行为。

第一百一十五条 律师和律师事务所应当通过努力提高自身综合素质、提高法律服务质量、加强自身业务竞争能力的途径，推广、开展律师业务。

第一百一十六条 律师和律师事务所不能向中介人或者推荐人以许诺兑现任何物质利益或者非物质利益的方式，获得有偿提供法律服务的机会。

第一百一十七条 律师可以通过简介等方式介绍自己的业务领域和专业特长。

第一百一十八条 律师可以发表学术论文、案例分析、专题解答、授课等，以普及法律并宣传自己的专业领域。

第一百一十九条 律师可以举办或者参加各种形式的专题、专业研讨会，以推荐自己的专业特长。

第一百二十条 律师可以以自己或者律师事务所的名义参加各种社会公益活动，参加各类依法成立的社团组织。

第一百二十一条 律师在执业推广中，不得提供虚假信息或者夸大自己的专业能力，不得明示或者暗示与司法、行政等关联机关的特殊关系，不得贬低同行的专业能力和水平，不得以提供或者承诺提供回扣等方式承揽业务，不得以明显低于同行业的收费水平竞争某项法律业务。

第二节　律师广告规范

第一百二十二条　律师广告是指律师和律师事务所为推广业务与获得委托，让公众知悉、了解律师个人和律师事务所法律服务业务而发布的信息及其行为过程。

第一百二十三条　律师广告应当遵守国家法律法规和本规范。坚持真实、严谨、适度原则。

第一百二十四条　律师广告应当具有可识别性，应当能够使社会公众辨明是律师广告

第一百二十五条　律师广告可以以律师个人名义发布、也可以律师事务所名义发布。以律师个人名义发布的律师广告应当注明律师个人所在的执业机构名称。

第一百二十六条　下列情况下，律师和律师事务所不得发布律师广告：

（一）没有通过年度年检注册的；

（二）正在接受暂停执业处分的；

（三）受到通报批评处分未满一年的。

第一百二十七条　律师个人广告的内容应当限于律师的姓名、肖像、年龄、性别、出生地、学历、学位、律师执业登记日期、所属律师事务所名称、在所属律师事务所的工作时间、收费标准、联系方法，以及依法能够向社会提供的法律服务业务范围。

第一百二十八条　律师事务所广告的内容应当限于律师事务所名称、办公地址、电话号码、传真号码、邮政编码、电子信箱、网址、所属律师协会、所辖执业律师及依法能够向社会提供的法律服务业务范围简介。

第一百二十九条　不得利用广告对律师个人、律师事务所作出容易引人误解或者虚假的宣传。

第一百三十条　律师和律师事务所发布的律师广告不得贬低其他律师或律师事务所及其服务。

第一百三十一条　律师和律师事务所不能以有悖于律师使命、有失律师形象的方式制作广告，不能采用一般商业广告的艺术夸张手段制作广告。

第一百三十二条　律师在执业广告中不得出现违反所属律师协会有关律师执业广告管理规定的行为。

第三节　律师宣传规范

第一百三十三条　律师宣传是指通过公众传媒以消息、特写、专访等形式对律师和律师事务所进行报道、介绍的信息发布行为。

第一百三十四条　律师和律师事务所不得自己进行或授意、允许他人以宣传的形式发布律师广告。

第一百三十五条　律师和律师事务所不能进行歪曲事实或法律实质，或可能会使公众产生对律师不合理期望的宣传。

第一百三十六条　律师和律师事务所可以宣传所从事的某一专业法律服务领域，但不能自我声明或暗示其被公认或证明为某一专业领域的专家。

第一百三十七条　律师和律师事务所不能进行律师之间或律师事务所之间的比较宣传。

第一百三十八条　通过公众传媒以回复信函、自问自答等形式进行法律咨询的行为，亦应当符合有关律师宣传的规定。

第九章　律师同行关系中的行为规范

第一节　尊重与合作

第一百三十九条　律师和律师事务所不得阻挠或者拒绝委托人再委托其他律师和律师事务所参与同一事由的法律服务。

第一百四十条　就同一事由提供法律服务的律师之间应明确分工，相互协作，意见不一致时应当及时通报委托人决定。

第一百四十一条　律师和律师事务所不得在公众场合及传媒上发表贬低、诋毁、损害同行声誉的言论。

第一百四十二条　在庭审或谈判过程中各方律师应互相尊重，不得使用挖苦、讽刺或者侮辱性的语言。

第二节　禁止不正当竞争

第一百四十三条　律师执业不正当竞争行为是指律师和律师事务所为了推广律师业务，违反自愿、平等、诚信原则和律师执业行为规范，违反法律服务市场及律师行业公认的行业准则，采用不正当手段与同行进行业务竞争，损害其他律师及律师事务所合法权益的行为。

第一百四十四条　律师和律师事务所在与委托人及其他人员接触中，不得采用下列不正当手段与同行进行业务竞争：

（一）故意诋毁、诽谤其他律师或律师事务所信誉、声誉；

（二）无正当理由，以在同行业收费水平以下收费为条件吸引客户，或采用承诺给予客户、中介人、推荐人回扣，馈赠金钱、财物方式争揽业务；

（三）故意在委托人与其代理律师之间制造纠纷；

（四）向委托人明示或暗示律师或律师事务所与司法机关、政府机关、社会团体及其工作人员具有特殊关系，排斥其他律师或律师事务所；

（五）就法律服务结果或司法诉讼的结果做出任何没有事实及法律根据的承诺；

（六）明示或暗示可以帮助委托人达到不正当目的，或以不正当的方式、手段达到委托人的目的。

第一百四十五条　律师或律师事务所在与行政机关或行业管理部门接触中，不得采用下列不正当手段与同行进行业务竞争：

（一）借助行政机关或行业管理部门的权力，或通过与某机关、某部门、某行业对某一类的法律服务事务进行垄断的方式争揽业务；

（二）没有法律依据地要求行政机关超越行政职权，限定委托人接受其指定的律师或律师事务所提供的法律服务，限制其他律师正当的业务竞争。

第一百四十六条　律师和律师事务所在与司法机关及司法人员接触中，不得采用下列不正当手段与同行进行业务竞争：

（一）利用律师兼有的其他身份影响所承办业务正常处理和审理；

（二）在司法机关内及附近 200 米范围内设立律师广告牌和其他宣传媒介；

（三）向司法机关和司法人员散发附带律师广告内容的物品。

第一百四十七条　依照有关规定取得从事特定范围法律服务的执业律师和律师事务所不得采取下列不正当竞争的行为：

（一）限制委托人接受经过法定机构认可的其他律师或律师事务所提供法律服务；

（二）强制委托人接受其提供的或者由其指定的其他律师提供的法律服务；

（三）对抵制上述行为的委托人拒绝、中断、拖延、削减必要的法律服务或者滥收费用。

第一百四十八条　律师和律师事务所相互之间不得采用下列手段排挤竞争对手的公平竞争，损害委托人的利益或者社会公共利益：

（一）串通抬高或者压低收费；

（二）为低价收费，不正当获取其他律师和律师事务所收费报价或者其他提供法律服务的条件；

（三）非法泄露收费报价或者其他提供法律服务的条件等暂未公开的信息，损害所属律师事务所合法权益。

第一百四十九条　律师和律师事务所不得擅自或非法使用社会特有名称或知名度较高的名称以及代表其名称的标志、图形文字、代号以混淆、误导委托人。

所称的社会特有名称或知名度较高的名称是指：

（一）有关政党、国家行政机关、行业协会名称；

（二）具有较高社会知名度的高等法学院校名称；

（三）为社会公众共知、具有较高知名度的非律师公众人物名称；

（四）知名律师以及律师事务所名称。

第一百五十条　律师和律师事务所不得伪造或者冒用法律服务质量名优标志、

荣誉称号。使用已获得的律师以及律师事务所法律服务质量名优标志、荣誉称号的应当注明获得时间和期限。

第十章　律师在诉讼与仲裁中的行为规范

第一节　调查取证规范

第一百五十一条　律师不得伪造证据，不能为了诉讼意图或目的，非法改变证据的内容、形式或属性。

第一百五十二条　律师在收集证据过程中，应当以客观求实的态度对待证据材料，不得以自己对案件相关人员的好恶选择证据，不得以自己的主观想象去改变证据原有的形态及内容。

第一百五十三条　律师不得威胁、利诱他人提供虚假证据；不得利用他人的隐私及违法行为，胁迫他人提供与实际情况不符的证据材料；不得利用物质或各种非物质利益引诱他人提供虚假证据。

第一百五十四条　律师不得向司法机关和仲裁机构提交已明知是由他人提供的虚假证据。

第一百五十五条　律师在已了解事实真相的情况下，不得为获得支持委托人诉讼主张或否定对方诉讼主张的司法裁判和仲裁而暗示委托人或有关人员出具无事实依据的证据。

第一百五十六条　律师作为必要证人出庭作证的，不得再接受委托担任该案的辩护人或代理人出庭。

第二节　庭审仪表规范

第一百五十七条　律师担任辩护人、代理人参加法庭审理，必须按照规定穿着律师出庭服装，注重律师职业形象。

第一百五十八条　律师出庭服装应当保持洁净、平整、不破损。

第一百五十九条　在出庭时，男律师不留披肩长发，女律师不施浓妆，面容清洁，头发齐整，不佩戴过分醒目的饰物。

第三节　体态语态规范

第一百六十条　律师的庭审发言用词应当文明、得体，表达意见应当选用规范语言，尽可能使用普通话。不得使用黑话、脏话等不规范语言。

第一百六十一条　律师庭审发言时应当举止庄重大方，可以辅以必要的手式，避免过于强烈的形体动作。

第四节　谨慎司法评论

第一百六十二条　律师不得在公共场合或向传媒散布、提供与司法人员及仲裁人员的任职资格和品行有关的轻率言论。

第一百六十三条　在诉讼或仲裁案件终审前，承办律师不得通过传媒或在公开场合发布任何可能被合理地认为损害司法公正的言论。

第五节　尊重法庭与规范接触司法人员

第一百六十四条　律师应当遵守法庭、仲裁庭纪律，遵守出庭时间、举证时限、提交法律文书期限及其他程序性规定。

第一百六十五条　在开庭审理过程中，律师应当尊重法庭、仲裁庭，服从审判长、首席仲裁员主持，不能当庭评论（包括批评和颂扬）审判人员、仲裁人员言论。对于庭审中存在的问题，可以在休庭后向法官、仲裁员个人或其主管部门口头或书面提出。

第一百六十六条　律师在执业过程中，因对事实真假、证据真伪及法律适用是否正确而与诉讼相对方意见不一的，或为了向案件承办人提交新证据的，可以与案件承办人在司法机关内指定场所接触和交换意见。

第一百六十七条　律师不得以不正当动机与司法、仲裁人员接触。

第一百六十八条　律师不得向司法机关和仲裁机构人员馈赠财物，更不得以许诺回报或提供其他便利（包括物质利益和非物质形态的利益）等方式，与承办案件的司法或仲裁人员进行交易。

第十一章　律师与律师行业管理或行政
管理机构关系中的行为规范

第一百六十九条　律师和律师事务所应当遵守司法行政管理机构制定的有关律师管理的规定、律师协会制定的律师行业规范和规则。律师和律师事务所享有律师协会章程规定的权利，承担律师协会章程规定的义务。

第一百七十条　律师和律师事务所应当办理入会登记手续和年度登记手续。

第一百七十一条　律师和律师事务所应当参加、完成律师协会组织的律师业务学习及考核。

第一百七十二条　律师和律师事务所参加国际性律师组织或者其他组织并成为会员的，应当提前报律师协会批准。律师以中国律师身份参加境外国际性组织的，应当报律师协会备案，在上述会议作交流发言的，其发言内容亦应当报律师协会备案。

第一百七十三条 律师和律师事务所因执业成为民事被告或被确定为犯罪嫌疑人或受到行政机关调查、处罚，应当向律师协会做出书面报告。

第一百七十四条 律师和律师事务所应当参加律师协会组织的律师业务研究活动，完成律师协会布置的业务研究任务，参加律师协会布置的公益活动。

第一百七十五条 律师和律师事务所应当妥善处理律师执业中发生的各类纠纷，自觉接受律师协会及其相关机构的调解处理。

第一百七十六条 律师和律师事务所应当认真履行律师协会就律师执业纠纷做出的裁决。

第一百七十七条 律师和律师事务所应当按时缴纳会费。

第十二章　执业处分

第一百七十八条 违反律师执业规范，情节显著轻微，且没有造成严重后果的，应当给予训诫处分。训诫处分做出后的两年内，该律师再次受到处分的，应考虑已受过训诫处分的情况。

第一百七十九条 违反律师执业规范，情节轻微，应当给予通报批评的处分。通报批评处分作出后的任何时候，该律师再次受到处分时，应考虑已受过通报批评处分的情况。

第一百八十条 违反律师执业规范，情节严重，给委托人或律师事务所造成一定损失的，应当给予公开谴责的处分。公开谴责处分作出后的任何时候，该律师再次受到处分时，应考虑已受过公开谴责处分的情况。

第一百八十一条 违反律师执业规范，情节特别严重，应当给予取消会员资格的处分

第一百八十二条 对律师严重违反律师执业行为规范以及违法的行为可能由司法行政管理机关处罚或司法机关追究法律责任的，律师协会应作出提交相关机关处罚或追究法律责任的建议。

第一百八十三条 上列处分方式适用于律师事务所违反律师执业行为规范的处分。

第一百八十四条 律师违规执业处分的机构及程序由中华全国律师协会另行规定。

第十三章　附　则

第一百八十五条 本规范经中华全国律师协会常务理事会通过试行，理事会通

过后正式实施。

第一百八十六条 本规范以修正案的方式进行修改，修正案由常务理事会通过后试行，理事会通过后正式实施。

第一百八十七条 本规范由中华全国律师协会常务理事会负责解释。

第一百八十八条 公职律师、公司律师对本规范中对其适用的条款，应当尊重并遵守

第一百八十九条 实习律师、律师助理参照本规范执行。

第一百九十条 本规范自 2004 年 3 月 20 日起试行。

2. 中华人民共和国法官职业道德基本准则

（最高人民法院 2001 年 10 月 18 日发布
2010 年 12 月 6 日修订后重新发布）

第一章 总 则

第一条 为加强法官职业道德建设，保证法官正确履行法律赋予的职责，根据《中华人民共和国法官法》和其他相关规定，制定本准则。

第二条 法官职业道德的核心是公正、廉洁、为民。基本要求是忠诚司法事业、保证司法公正、确保司法廉洁、坚持司法为民、维护司法形象。

第三条 法官应当自觉遵守法官职业道德，在本职工作和业外活动中严格要求自己，维护人民法院形象和司法公信力。

第二章 忠诚司法事业

第四条 牢固树立社会主义法治理念，忠于党、忠于国家、忠于人民、忠于法律，做中国特色社会主义事业建设者和捍卫者。

第五条 坚持和维护中国特色社会主义司法制度，认真贯彻落实依法治国基本方略，尊崇和信仰法律，模范遵守法律，严格执行法律，自觉维护法律的权威和尊严。

第六条 热爱司法事业，珍惜法官荣誉，坚持职业操守，恪守法官良知，牢固树立司法核心价值观，以维护社会公平正义为己任，认真履行法官职责。

第七条 维护国家利益，遵守政治纪律，保守国家秘密和审判工作秘密，不从事或参与有损国家利益和司法权威的活动，不发表有损国家利益和司法权威的言论。

第三章 保证司法公正

第八条 坚持和维护人民法院依法独立行使审判权的原则，客观公正审理案件，在审判活动中独立思考、自主判断，敢于坚持原则，不受任何行政机关、社会团体和个人的干涉，不受权势、人情等因素的影响。

242

第九条　坚持以事实为根据，以法律为准绳，努力查明案件事实，准确把握法律精神，正确适用法律，合理行使裁量权，避免主观臆断、超越职权、滥用职权，确保案件裁判结果公平公正。

第十条　牢固树立程序意识，坚持实体公正与程序公正并重，严格按照法定程序执法办案，充分保障当事人和其他诉讼参与人的诉讼权利，避免执法办案中的随意行为。

第十一条　严格遵守法定办案时限，提高审判执行效率，及时化解纠纷，注重节约司法资源，杜绝玩忽职守、拖延办案等行为。

第十二条　认真贯彻司法公开原则，尊重人民群众的知情权，自觉接受法律监督和社会监督，同时避免司法审判受到外界的不当影响。

第十三条　自觉遵守司法回避制度，审理案件保持中立公正的立场，平等对待当事人和其他诉讼参与人，不偏袒或歧视任何一方当事人，不私自单独会见当事人及其代理人、辩护人。

第十四条　尊重其他法官对审判职权的依法行使，除履行工作职责或者通过正当程序外，不过问、不干预、不评论其他法官正在审理的案件。

第四章　确保司法廉洁

第十五条　树立正确的权力观、地位观、利益观，坚持自重、自省、自警、自励，坚守廉洁底线，依法正确行使审判权、执行权，杜绝以权谋私、贪赃枉法行为。

第十六条　严格遵守廉洁司法规定，不接受案件当事人及相关人员的请客送礼，不利用职务便利或者法官身份谋取不正当利益，不违反规定与当事人或者其他诉讼参与人进行不正当交往，不在执法办案中徇私舞弊。

第十七条　不从事或者参与营利性的经营活动，不在企业及其他营利性组织中兼任法律顾问等职务，不就未决案件或者再审案件给当事人及其他诉讼参与人提供咨询意见。

第十八条　妥善处理个人和家庭事务，不利用法官身份寻求特殊利益。按规定如实报告个人有关事项，教育督促家庭成员不利用法官的职权、地位谋取不正当利益。

第五章　坚持司法为民

第十九条　牢固树立以人为本、司法为民的理念，强化群众观念，重视群众诉求，关注群众感受，自觉维护人民群众的合法权益。

第二十条 注重发挥司法的能动作用，积极寻求有利于案结事了的纠纷解决办法，努力实现法律效果与社会效果的统一。

第二十一条 认真执行司法便民规定，努力为当事人和其他诉讼参与人提供必要的诉讼便利，尽可能降低其诉讼成本。

第二十二条 尊重当事人和其他诉讼参与人的人格尊严，避免盛气凌人、"冷硬横推"等不良作风；尊重律师，依法保障律师参与诉讼活动的权利。

第六章 维护司法形象

第二十三条 坚持学习，精研业务，忠于职守，秉公办案，惩恶扬善，弘扬正义，保持昂扬的精神状态和良好的职业操守。

第二十四条 坚持文明司法，遵守司法礼仪，在履行职责过程中行为规范、着装得体、语言文明、态度平和，保持良好的职业修养和司法作风。

第二十五条 加强自身修养，培育高尚道德操守和健康生活情趣，杜绝与法官职业形象不相称、与法官职业道德相违背的不良嗜好和行为，遵守社会公德和家庭美德，维护良好的个人声誉。

第二十六条 法官退休后应当遵守国家相关规定，不利用自己的原有身份和便利条件过问、干预执法办案，避免因个人不当言行对法官职业形象造成不良影响。

第七章 附 则

第二十七条 人民陪审员依法履行审判职责期间，应当遵守本准则。人民法院其他工作人员参照执行本准则。

第二十八条 各级人民法院负责督促实施本准则，对于违反本准则的行为，视情节后果予以诫勉谈话、批评通报；情节严重构成违纪违法的，依照相关纪律和法律规定予以严肃处理。

第二十九条 本准则由最高人民法院负责解释。

第三十条 本准则自发布之日起施行。最高人民法院 2001 年 10 月 18 日发布的《中华人民共和国法官职业道德基本准则》同时废止。

3. 中华人民共和国检察官职业道德基本准则（试行）

（2009 年 9 月 3 日最高人民检察院
第十一届检察委员会第十八次会议通过）

第一章　总　则

第一条　为加强检察官职业道德建设，正确履行宪法法律赋予的职责，根据《中华人民共和国检察官法》制定本准则。

第二条　检察官职业道德的基本要求是忠诚、公正、清廉、文明。

第三条　检察官应当高举中国特色社会主义伟大旗帜，深入贯彻落实科学发展观，坚持党的事业至上、人民利益至上、宪法法律至上，在履行职责、行使检察权的各个方面和职务外活动中恪守职业道德要求。

第四条　对模范践行检察官职业道德，品德高尚，业绩突出的，予以表彰奖励；对违反职业道德的行为，予以批评谴责，构成违法违纪的，依照法律和检察人员纪律规定予以惩戒。

第二章　忠　诚

第五条　忠于党、忠于国家、忠于人民、忠于宪法和法律，牢固树立依法治国、执法为民、公平正义、服务大局、党的领导的社会主义法治理念，做中国特色社会主义事业的建设者、捍卫者和社会公平正义的守护者。

第六条　尊崇宪法和法律，严格执行宪法和法律的规定，自觉维护宪法和法律的统一、尊严和权威。

第七条　坚持立检为公、执法为民的宗旨，维护最广大人民的根本利益，保障民生，服务群众，亲民、为民、利民、便民。

第八条　热爱人民检察事业，珍惜检察官荣誉，忠实履行法律监督职责，自觉接受监督制约，维护检察机关的形象和检察权的公信力。

第九条　坚持"强化法律监督，维护公平正义"的检察工作主题，坚持检察工作政治性、人民性、法律性的统一，努力实现执法办案法律效果、社会效果和政治效果的有机统一。

第十条　维护国家安全、荣誉和利益，维护国家统一和民族团结，严守国家秘密和检察工作秘密。

第十一条 保持高度的政治警觉，严守政治纪律，不参加危害国家安全、带有封建迷信、邪教性质等非法组织及其活动。

第十二条 初任检察官、检察官晋升，应当进行宣誓，牢记誓词，弘扬职业精神，践行从业誓言。

第十三条 勤勉敬业，尽心竭力，不因个人事务及其他非公事由而影响职责的正常履行。

第三章　公　正

第十四条 树立忠于职守、秉公办案的观念，坚守惩恶扬善、伸张正义的良知，保持客观公正、维护人权的立场，养成正直善良、谦抑平和的品格，培育刚正不阿、严谨细致的作风。

第十五条 依法履行检察职责，不受行政机关、社会团体和个人的干涉，敢于监督，善于监督，不为金钱所诱惑，不为人情所动摇，不为权势所屈服。

第十六条 自觉遵守法定回避制度，对法定回避事由以外可能引起公众对办案公正产生合理怀疑的，应当主动请求回避。

第十七条 以事实为根据，以法律为准绳，不偏不倚，不滥用职权和漠视法律，正确行使检察裁量权。

第十八条 树立证据意识，依法客观全面地收集、审查证据，不伪造、隐瞒、毁损证据，不先入为主、主观臆断，严格把好事实关、证据关。

第十九条 树立程序意识，坚持程序公正与实体公正并重，严格遵循法定程序，维护程序正义。

第二十条 树立人权保护意识，尊重诉讼当事人、参与人及其他有关人员的人格，保障和维护其合法权益。

第二十一条 尊重律师的职业尊严，支持律师履行法定职责，依法保障和维护律师参与诉讼活动的权利。

第二十二条 出席法庭审理活动，应当尊重庭审法官，遵守法庭规则，维护法庭审判的严肃性和权威性。

第二十三条 严格遵守检察纪律，不违反规定过问、干预其他检察官、其他人民检察院或者其他司法机关正在办理的案件，不私自探询其他检察官、其他人民检察院或者其他司法机关正在办理的案件情况和有关信息，不泄露案件的办理情况及案件承办人的有关信息，不违反规定会见案件当事人、诉讼代理人、辩护人及其他与案件有利害关系的人员。

第二十四条 努力提高案件质量和办案水平，严守法定办案时限，提高办案效率，节约司法资源。

第二十五条　严格执行检察人员执法过错责任追究制度，对于执法过错行为，要实事求是，敢于及时纠正，勇于承担责任。

第四章　清　廉

第二十六条　以社会主义核心价值观为根本的职业价值取向，遵纪守法，严格自律，并教育近亲属或者其他关系密切的人员模范执行有关廉政规定，秉持清正廉洁的情操。

第二十七条　不以权谋私，以案谋利，借办案插手经济纠纷。

第二十八条　不利用职务便利或者检察官的身份、声誉及影响，为自己、家人或者他人谋取不正当利益；不从事、参与经商办企业、违法违规营利活动，以及其他可能有损检察官廉洁形象的商业、经营活动；不参加营利性或者可能借检察官影响力营利的社团组织。

第二十九条　不收受案件当事人及其亲友、案件利害关系人或者单位及其所委托的人以任何名义馈赠的礼品礼金、有价证券、购物凭证以及干股等；不参加其安排的宴请、娱乐休闲、旅游度假等可能影响公正办案的活动；不接受其提供的各种费用报销，出借的钱款、交通通讯工具、贵重物品及其他利益。

第三十条　不兼任律师、法律顾问等职务，不私下为所办案件的当事人介绍辩护人或者诉讼代理人。

第三十一条　在职务外活动中，不披露或者使用未公开的检察工作信息，以及在履职过程中获得的商业秘密、个人隐私等非公开的信息。

第三十二条　妥善处理个人事务，按照有关规定报告个人有关事项，如实申报收入；保持与合法收入、财产相当的生活水平和健康的生活情趣。

第三十三条　退休检察官应当继续保持良好操守，不再延用原检察官身份、职务，不利用原地位、身份形成的影响和便利条件，过问、干预执法办案活动，为承揽律师业务或者其他请托事宜打招呼、行便利，避免因不当言行给检察机关带来不良影响。

第五章　文　明

第三十四条　注重学习，精研法律，精通检察业务，培养良好的政治素质、业务素质和文化素养，增强法律监督能力和做群众工作的本领。

第三十五条　坚持打击与保护并重、惩罚与教育并重、惩治与预防并重，宽严相济，以人为本。

第三十六条 弘扬人文精神，体现人文关怀。做到执法理念文明，执法行为文明，执法作风文明，执法语言文明。

第三十七条 遵守各项检察礼仪规范，注重职业礼仪约束，仪表庄重、举止大方、态度公允、用语文明，保持良好的职业操守和风范，维护检察官的良好形象。

第三十八条 执行公务、参加政务活动时，按照检察人员着装规定穿着检察制服，佩戴检察标识徽章，严格守时，遵守活动纪律。

第三十九条 在公共场合及新闻媒体上，不发表有损法律严肃性、权威性，有损检察机关形象的言论。未经批准，不对正在办理的案件发表个人意见或者进行评论。

第四十条 热爱集体，团结协作，相互支持、相互配合、相互监督，力戒独断专行，共同营造健康、有序、和谐的工作环境。

第四十一条 明礼诚信，在社会交往中尊重、理解、关心他人，讲诚实、守信用、践承诺，树立良好社会形象。

第四十二条 牢固树立社会主义荣辱观，恪守社会公德、家庭美德，慎独慎微，行为检点，培养高尚的道德操守。

第四十三条 不穿着检察正装、佩戴检察标识到营业性娱乐场所进行娱乐、休闲活动或者在公共场所饮酒，不参与赌博、色情、封建迷信活动。

第四十四条 不要特权、逞威风、蛮横无理。本人或者亲属与他人发生矛盾、冲突，应当通过正当合法的途径解决，不应以检察官身份寻求特殊照顾，不要恶化事态酿成事端。

第四十五条 在职务外活动中应当约束言行，避免公众对检察官公正执法和清正廉洁产生合理怀疑，避免对履行职责产生负面作用，避免对检察机关的公信力产生不良影响。

第六章　附　则

第四十六条 人民检察院的其他工作人员参照执行本准则。

第四十七条 本准则由最高人民检察院负责解释。

第四十八条 本准则自发布之日起施行。

后　记

　　法的伦理性，不仅仅是传统"中国法"的特色之一也是未来中国法发展的方向之一，从过去的"亲亲得相首匿"带今天的大学生偷钱被"以善代刑"，半年不挂科可免于起诉等，尽管"以善代刑"是否可取？看谓见仁见智，但这一做法反映了中国法治建设中的伦理因素。因此，法治的伦理基础问题、依法治国与依德治国的关系问题值得我们进行深入的思考。构筑"中国法"的伦理特色是我们中国时代的内在要求。同时多年的法律实践，使我深深地认识到法治的运行离开了一国伦理道德的支撑，终将成为徒有其表的政治"装潢品"，而沦落为"任人任意揉捏的橡皮"，并因其缺乏应有的权威性而难以被民众所信仰。因此，2002 年，当我从法律实务部门回到高校，第一件想做的事就是写一本书《法伦理学》，2004 年我就该课题向上海市教育委员会申请，并最终获得通过。我完成这部书稿后，越发认识到法伦理学是一门不可或缺的法学，其重要性一点都不比民法、刑法弱，而且随着时间的推移，其重要性将越发显现。

　　尽管我意识到伦理道德在法治建设中的作用，如何完成这一学科体系建设，却是一件难度相当大的工程。在这一问题上，存在的最大障碍就是《法伦理学》是不是主要阐述法律与道德的关系科学？回答当然不是，因此我自一开始准备做这一课题的时候，就坚持认为《法伦理学》的学科体系应该更加宽广，也只有这样，才能使这一学科具有更高的理论价值与社会效应。而目前伦理学界的主流观点认为伦理就是道德，翻遍我国的伦理学的书籍，其内容基本都是道德。但是如果法伦理学的内容只是法律与道德的关系的话，那么，就等于亲手把法伦理学这一新兴学科扼杀在摇篮里，因为法律与道德的关系之争，无论在中国还是外国都已经进行了几千年，至今没有结论。我相信自己通过研究在这方面虽然可能会有一些独特的见解，但不会在这一迷团中有所作为，更可能是把这一迷团越搅越乱，而且中国人也几乎早已经厌倦了空洞的道德说教。而如果法伦理学的内容不以法律与道德的关系问题为核心，那么我们将面对更大的难题，我想这就是如何建立法伦理学的学科体系，这就是为什么法伦理学作为交叉学科在 20 世纪的八十年代初就有学者提出，而这方面的权威性著作至今尚未问世的重要原因。

　　因此，在经过反复的推敲与修改后，把《法伦理学》的学科内容定格为现在的样式或者体系，就是围绕法治与人，法治与人性，法治与善恶、法律与道德，法与情、理等相互关系以及良法与法律职业道德等问题，对法律与伦理间的关系问题进行研究。这一样式或者体系无疑拓宽了法伦理学的研究领域，其中心思想就是探讨如何在法治的氛围中重新寻找人的价值，重新思考法治与人以及人性的关系问题，以在目前法治研究似乎出现"瓶颈"现象的时候，打开法治的另一个视角，开辟法治研究的另一片天地。

在研究过程中，我面对的第二个障碍，就是对概念的困惑，诸如什么是伦理？什么是伦理学？伦理与道德究竟有没有区别？究竟什么是人性、善、恶等，这些似乎已经有了定论的东西，在我看来都有问题。套用辩证法的观点就是，最常用的最难，最简单的最复杂。当然在研究过程中还有其他的困难，正因为这样，我深深地体会到在建立新学科时，研究方法显得特别重要，这也是本课题成功与否的关键性因素，本课题研究也运用了许多的方法，为此，本书的第二章也进行了专门的论述。尽管面对上述种种困难，但我总认为这是我们法治建设不可回避的课题，事实上，对这些问题的研究，也是目前推进我国法治建设走向深入的关键性因素之一。

就理论建设而言，《法伦理学》本身也是一国法学体系中不可缺少的重要学科，因此，也是目前司法考试的重要内容之一。尽管国内目前已经有了类似《法伦理学》的著作，但从法律的角度相对全面地进行论证的著作极少，可资借鉴的资料也不多。因此，所谓"万事开头难"，本书中一定还存在很多的不足，但这毕竟是一本原创性的著作，作者已经在法伦理学的路上走出了自己的一步，我愿意与所有读者就这一问题进行进一步的探讨。在构建《法伦理学》的路上，我不过是一个探索者，探索的路上难免会有错误，希望能够在与读者的探讨中共同进步，努力使这一学科尽早臻于完善。

因为法伦理学仍然是探索中的学科，因此，本书的大部分章后附有案例分析与社会热点问题探讨，这部分内容一般都选取了社会中的热点问题与热点案例进行评论与分析，相信这些材料对我们深化对法伦理学的理解具有重要的价值。

感谢中国法制出版社的鼎力相助，感谢第一版责任编辑王烈琦与再版责任编辑冯雨春、赵宏对本书的出版所付出的种种努力，这些因素使得本书最终得以问世。

这本书的最终效果如何需要等待与接受社会的检验，我期待着读者的批评与指正，期待能与读者进行各种形式的交流。我相信这也是学术得以成长不可缺少的重要社会基础与人文空间。

作者：石文龙
于上海 2011 年 8 月暑假修订

图书在版编目（CIP）数据

法伦理学/石文龙著 . —2 版 . —北京：中国法制出版社，2011.9
现代法学教材
ISBN 978 - 7 - 5093 - 3114 - 9

Ⅰ①. 法⋯　Ⅱ. ①石⋯　Ⅲ. ①法伦理学 - 教材
Ⅳ. ①D90 - 053

中国版本图书馆 CIP 数据核字（2011）第 178003 号

责任编辑　赵宏　　　　　　　　　　　　封面设计　蒋怡

法伦理学

FALUNLIXUE

著者/石文龙

经销/新华书店
印刷/涿州市新华印刷有限公司
开本/787×960 毫米 16　　　　　　　　印张/ 16.25　字数/ 236 千
版次/2011 年 9 月第 2 版　　　　　　　　2011 年 9 月第 1 次印刷

中国法制出版社出版
书号 ISBN 978 - 7 - 5093 - 3114 - 9　　　　　　定价：35.00 元

北京西单横二条 2 号　邮政编码 100031　　　　　　传真：66031119
网址：http://www.zgfzs.com　　　　　　编辑部电话：66010483
市场营销部电话：66033393　　　　　　邮购部电话：66033288